AF331903

LA COOPÉRATION

dans les Pays Latins

Amérique Latine
Italie, Espagne, Roumanie

par

Charles GIDE

—

1926-1927

ASSOCIATION
POUR L'ENSEIGNEMENT DE LA COOPÉRATION
85, Rue Charlot, Paris

LA COOPÉRATION

dans les Pays Latins

Amérique Latine

Italie, Espagne, Roumanie

par

Charles GIDE

1926-1927

ASSOCIATION

POUR L'ENSEIGNEMENT DE LA COOPÉRATION

85, Rue Charlot, Paris

AVANT-PROPOS

Qui veut étudier la Coopération trouvera dans les pays latins un champ beaucoup moins exploré que ceux de l'Angleterre ou même de la Russie, qui ont fait l'objet de notre Cours de l'année précédente. Et s'il n'a point eu l'occasion de les visiter personnellement, ce qui est mon cas, il sera parfois en peine de se procurer des renseignements.

C'est pourquoi je dois remercier particulièrement les coopérateurs de ces pays qui ont bien voulu me fournir des documents et les commenter : en Espagne, MM. Rivas Moreno, bien connu par de nombreuses publications sur la Coopération, José Gardo, Ventosa Roig, leaders du mouvement coopératif en Catalogne, et Léopold Palacios, directeur de l'Ecole Sociale à Madrid ; en Roumanie, M. Axentic, directeur de la Banque Centrale agricole ; pour la Grèce, MM. Tsouderos, sous-gouverneur de la Banque Nationale grecque, et M. Spetsiotis, député ; pour la République Argentine, les professeurs Bunge et Carlos Garay et M. Angel Gimenez, vice-président de la grande coopérative de Buenos-Aires, *Le Foyer ouvrier* ; pour le Mexique, M. Sesma, président de la Coopérative des ouvriers de l'Etat.

Pour l'Italie, j'ai été en relations personnelles avec la plupart de ceux qui depuis un demi-siècle ont créé la coopération italienne, Rabbeno, Luzzatti, Buffoli, Vergnanini ; mais depuis que le mouvement coopératif a été pris en mains par les fascistes, les communications sont devenues difficiles et rares.

Pour le Portugal, si je n'ai pu lui donner que deux pages c'est que toutes mes tentatives pour obtenir des renseignements sont restées sans réponse, même en les faisant passer par l'intermédiaire de la Légation du Portugal à Paris ; le peu que j'ai recueilli est dû à M. Luiz de Castro, professeur à l'Institut agronomique de Lisbonne, et à M. le Dr Fauquet, directeur du service coopératif au Bureau International du Travail.

On trouvera dans un Appendice quelques renseignements de dernière date mais qui me sont arrivés trop tard pour que j'aie pu les utiliser dans le texte.

Même avec tant de secours, je ne doute pas que les lecteurs, du moins ceux appartenant aux pays qui figurent dans ce livre, n'y trouvent bien des lacunes et même des erreurs : je les prie de m'excuser et, en tous cas, d'en imputer la responsabilité à moi-même et non à mes correspondants.

Je n'ai voulu retenir, du reste, que les traits caractéristiques de chaque pays et non ceux qui se retrouvent en tous pays.

CHARLES GIDE.

INTRODUCTION [1]

UN PROBLÈME DE GÉOGRAPHIE SOCIALE

I

La coopération est une plante singulière qui ne fleurit et ne porte de fruits que dans le Nord et ne fait que végéter dans le Midi. Prenez une carte d'Europe : elle est coupée par le 45° degré de latitude qui se trouve à égale distance du pôle et de l'équateur, en sorte qu'on peut dire que c'est la ligne de démarcation entre le Nord et le Sud. Eh bien, c'est au-dessus de cette ligne que vous trouvez ces géants de la coopération qui sont la Russie et la Grande Bretagne, l'Allemagne, qui est aussi un grand pays coopératif, puis deux petits pays qui ont mérité le nom de perles de la coopération, le Danemark et la Finlande, puis aussi les États scandinaves, les États baltes, la Belgique, la Suisse, la Tchécoslovaquie, l'Autriche, la Hongrie, la Pologne, tous pays où la coopération est très prospère.

Et quels pays trouvons-nous au sud de cette ligne ? L'Italie, l'Espagne le Portugal, les pays de la péninsule Balkanique, la Grèce — tous pays où la coopération n'existe qu'à l'état disséminé. La France est juste à cheval sur le 45° degré : or sa moitié Nord est assez riche en coopératives, mais sa moitié Sud est très pauvre.

Le contraste est d'autant plus frappant qu'on s'écarte de la ligne-médiane. Montez vers l'extrême Nord, vous trouvez des coopératives au milieu des glaces de l'Islande, mais vous n'en trouvez point dans les îles heureuses de la Méditerranée où fleurit l'oranger.

---

(1) Cette leçon d'ouverture a paru sous forme de contribution au Livre jubilaire offert au professeur J.-B. Clark, de Columbia University, en l'honneur de son 80ᵉ anniversaire.

De même en Amérique, quoique le contraste y soit moins apparent parce que la coopération n'y est nulle part très dense. Cependant on trouve des coopératives aux Etats-Unis et plus encore, proportionnellement à la population, dans le Canada et jusque dans la zone polaire de l'Alaska, mais dans toute l'Amérique du Sud l'Argentine est la seule qui compte quelques coopératives et peu importantes.

§ 1. — Comment expliquer la faible densité coopérative dans les pays latins.

Voici un peu de statistique, pour montrer combien les pays du Midi sont encore fort en retard dans le mouvement coopératif.

Si nous prenons comme mesure la plus simple qui est le nombre de personnes adhérant aux sociétés coopératives de consommation (je dirai tout à l'heure pourquoi je ne regarde qu'à celles-ci), nous constatons que le nombre de ces coopérateurs, en totalisant les pays du Midi sus-indiqués, ne dépasse guère trois millions. On ne peut le fixer qu'à un million près, mais cette incertitude même est déjà une marque d'infériorité, car elle indique un manque d'organisation et un état de dispersion des sociétés qui ne permet pas de dresser une statistique. Elle révèle aussi l'indifférence des sociétés locales qui ne se font pas connaître, vivent en sauvages, et ne prennent pas la peine de répondre aux questionnaires qui leur sont envoyés par les fédérations centrales et par les administrations publiques. On peut dire que l'incertitude des renseignements sur la population coopérative est un des critériums les plus sûrs du degré d'avancement du mouvement coopératif. En Suisse et en Angleterre, elle est presque parfaite et régulièrement tenue à jour. En France, elle est encore assez incertaine et toujours en retard de trois ou quatre années.

Dans les pays que je viens d'énumérer, on n'a que quelques chiffres dispersés. Même en Italie, qui est le plus avancé de beaucoup de tous ces pays au point de vue coopératif, jamais on n'est arrivé à établir une statistique exacte des sociétés coopératives, malgré de nombreuses tentatives faites par la Fédération centrale et par l'Administration publique. On n'en a publié que de fragmentaires, et depuis les derniers événements, par suite de la désorganisation qui est résultée du coup d'état fasciste, c'est l'ignorance absolue.

On peut très grossièrement évaluer pour l'Italie le nombre des membres des coopératives de consommation à un million (encore ce chiffre doit-il être réduit depuis le fascisme) ; pour la Roumanie, à 300.000 ; l'Espagne, 80.000 ; le Portugal, la Grèce, la Bulgarie, la Serbie-Croatie, à peut-être une centaine de mille, au total. Si même, forçant un peu le chiffre pour arriver à un million et demi, nous comparons ce chiffre, soit à celui de la population de ces pays, soit à celui des coopérateurs européens dans leur ensemble, nous serons frappés en voyant combien il est misérable. Le nombre total des coopérateurs en Europe est d'un peu plus de 25 millions, sur une population totale pour l'Europe de 400 millions, soit une proportion d'environ 5,5 %. Mais dans certains pays la proportion s'élève à 10 % et même au-dessus. Or, la population des sept pays de l'Europe méridionale totalisée est de 105 millions; ils devraient donc, s'ils étaient dans la moyenne européenne, compter plus de 5 millions de coopérateurs inscrits, au lieu de 1.500.000. La population coopérative dans ces pays ne représente donc que 1,5 %, et même si l'on multiplie par le coefficient 4, pour tenir compte des membres de la famille, on n'arrive qu'à 6 % de la population totale, c'est-à-dire que sur quinze à seize personnes, il n'y a qu'un seul coopérateur, tandis qu'en Autriche, Hongrie, Suisse, Angleterre, la proportion (y compris les membres de la famille) s'élève à un coopérateur pour sept ou huit habitants ; je ne parle que des coopératives de consommation.

Si on classe les pays d'Europe, qui sont au nombre de 29 depuis la guerre (avant ils n'étaient qu'au nombre de 20), selon le nombre absolu des coopérateurs et selon la proportion au chiffre de la population, on voit que l'Italie n'occupe que le 5ᵉ rang comme nombre absolu, le 7ᵉ comme nombre proportionnel ; la Roumanie le 13ᵉ et le 19ᵉ ; l'Espagne le 25ᵉ ; le Portugal, la Bulgarie, la Serbie, la Grèce, les tout derniers rangs.

Il n'y a pas seulement l'infériorité numérique, mais aussi celle de l'organisation. Aucun de ces pays ne possède cet organe central et vital qu'est le Magasin de Gros. Il y en a bien eu un en Italie mais qui n'a mené qu'une existence misérable, avant même d'avoir disparu dans la bourrasque fasciste.

Reste à expliquer pourquoi les pays méridionaux sont si en retard pour la coopération de consommation.

Mais, direz-vous peut-être, puisque ces pays latins sont encore peu avancés dans la voie coopérative, pourquoi les avoir choisis comme sujets d'étude ? Parce que ce qui est intéressant c'est précisément de chercher quelles causes, quelles conditions de milieux, enrayent le développement de la coopération dans un pays ; pourquoi, comme dans la parabole de l'Evangile, le grain qui ailleurs a germé et donné des épis s'est-il trouvé ici étouffé sous les pierres et les ronces ? De ces échecs on peut tirer de plus utiles enseignements que des pays privilégiés où la coopération germe et fleurit spontanément. Et aussi parce que la France est un pays latin, sinon par la race, du moins par sa civilisation, et semble destiné à le devenir de plus en plus, par suite de l'immigration italienne et espagnole qui s'accroît chaque année. En sorte que même au point de vue de la coopération française, nous trouverons peut-être plus d'instructions en regardant par dessus les Alpes ou les Pyrénées que par-delà la Manche ou le Rhin.

La coopération serait-elle une question de latitude, de climat ? Sans doute l'infériorité du Sud relativement au Nord est un fait que nous venons de constater. Mais quelle relation de cause à effet peut-on imaginer entre le climat et l'association coopérative ? Peut-on croire, tout au moins en ce qui concerne la société de consommation, que celle-ci, par définition, répond mieux aux besoins des gros consommateurs, tels que les gens du Nord, les Anglais, gros mangeurs de bœuf et de pudding, plutôt qu'aux méridionaux qui n'ont besoin pour vivre que de peu de chose : les Italiens, de macaroni ; les Espagnols, de pois chiches ; les Roumains, de bouillie de maïs ; les Grecs, de raisins secs ou d'olives ?

Mais cette explication simpliste doit être écartée avec un sourire, car si les Italiens, les Espagnols, et les peuples des Balkans sont sobres, ils ont par contre les plus nombreuses familles de tous les pays d'Europe, en sorte que leur consommation familiale doit être relativement considérable. Et le fait que leur menu est peu varié doit être regardé au contraire comme une condition favorable à l'établissement des coopératives, car il suffit à une coopérative italienne d'avoir en magasin quatre ou cinq marchandises, pain, vin, pâtes alimentaires et fromages, c'est là une grande simplification que nos sociétés du Nord, obligées de tenir un approvisionnement très varié, ont bien sujet de leur envier.

Cherchons donc ailleurs, et au lieu d'interroger le ciel interrogeons la terre. Nous remarquerons que les pays du soleil ne sont pas les pays de la houille ; il n'y a point de mines de charbon en Italie, en Espagne, en Portugal, ni dans l'immense Afrique aussi loin que vous descendiez au Sud ; et même fort peu dans la France du Sud. Même différence d'ailleurs entre les deux Amériques. C'est dans le Nord que se trouve la houille. Curieuse loi qui limite le royaume de la houille là où commence le royaume du soleil ! comme si la nature prévoyante avait pensé que ceux de ses enfants à qui elle avait donné pour richesse le soleil n'avaient pas besoin par surcroît de charbon.

Et ainsi, tout semble s'expliquer bien mieux, car les pays de la houille sont ceux des grandes cités industrielles et naturellement la coopération trouve un milieu plus favorable dans les populations industrielles groupées autour des mines, des hauts fourneaux et des usines, que dans les populations agricoles ou de petite industrie. Le facteur géologique n'agit donc ici que par l'intermédiaire du facteur économique. Le charbon crée l'industrie et l'industrie, à son tour, crée l'association coopérative.

Il semble qu'ici nous approchions de la solution. Toutefois, ce n'est qu'à regret que j'accepterais cette explication matérialiste. Voici d'ailleurs qui complique le problème. Si, au lieu d'opposer en bloc tous les pays du Midi à tous les pays du Nord, nous considérons ces pays séparément, nous voyons se produire pour chacun d'eux ce même phénomène : cette localisation de la coopération dans le Nord se retrouve dans chacun d'eux séparément. En Italie, c'est en Piémont et en Lombardie, c'est à Turin, à Milan, à Trieste, que l'on trouve les grandes coopératives. On en trouve encore dans la Toscane et l'Émilie mais à Rome et surtout au-dessous de Rome, presque plus rien. En Espagne, il n'y a que deux foyers coopératifs, celui de Catalogne, à Barcelone, et en Biscaye, autour de Bilbao : or, ce sont les deux provinces de l'extrême-Nord. La coopération ne descend guère au-dessous de Valence (Espagne). Et pourtant, le Nord de l'Italie et de l'Espagne, cela va sans dire, sont à une latitude inférieure à celle du Midi de la France que je disais tout à l'heure stérile ! Ce n'est donc pas une question de latitude. D'autre part, il n'y a point de mines de charbon dans le Nord de l'Italie, ni dans le Nord de l'Espagne (seulement des mines de fer, il est vrai, proches de Bilbao) en sorte que notre explication de la houille fait aussi défaut.

Il semble que dans chaque pays séparément, il y ait une sorte de polarisation qui concentre ses énergies dans le Nord, car remarquez que ce n'est pas seulement pour le mouvement coopératif mais dans toutes les manifestations de la vie nationale que ce curieux phénomène se reproduit. Dans l'ordre politique, c'est le Piémont, la Maison de Savoie, qui a fait l'unité italienne. C'est la province des Asturies et celle de Biscaye, au pied des Pyrénées, qui ont été le dernier refuge des rois catholiques, lors de l'invasion maure et c'est de là qu'ils sont partis pour reconquérir toute l'Espagne.

De même, vous savez que c'est l'Ile-de-France qui a été le centre de cristallisation du royaume de France.

Il y donc là un problème de géographie humaine, dont je n'ai pas l'explication. Je ne sais si mon collègue au Collège de France, dont le cours porte précisément sur « la géographie humaine », M. Bruhnes, serait plus heureux.

Cherchons donc une autre explication. Je remarque que presque tous les pays situés au sud de 45 degrés de latitude sont des pays de langue et de civilisation latine, Italie, Espagne, Portugal, Roumanie, et la France elle-même précisément dans sa moitié sud. Nous pourrions y ajouter la Grèce, quoi qu'il ne faille pas confondre les Grecs avec les Latins, mais en la considérant dans le passé sinon comme la mère, du moins comme la grand'mère des pays que je viens d'énumérer, et dans le présent aussi comme solidaire des pays assis autour de la vieille Méditerranée.

Est-il besoin de faire remarquer qu'il en est de même dans le Nouveau Monde où tous les Etats au sud des Etats-Unis sont d'origine espagnole ou portugaise ?

Faudrait-il donc conclure à l'inaptitude de la race latine à comprendre et à pratiquer la coopération ?

J'ai déjà maintes fois protesté contre cette explication fataliste, quoique affirmée par des auteurs français tels que le comte de Gobineau et M. Vacher de Lapouge. Non ! Qu'ils soient brachycéphales ou dolichocéphales, bruns ou blonds, les hommes de la race latine ont montré, non seulement dans leur antique passé mais dans le présent, qu'ils ne manquent pas des dons nécessaires pour n'importe quel mode d'activité. On dit les Latins individualistes, oui, mais si ce mot est pris au sens péjoratif, c'est-à-dire antisocial, comme tendance à agir isolément, cette imputation ne paraît pas fondée. Le fascisme lui-même, par sa définition et son symbole quelque peu brutal du faisceau, évoque l'idée d'association et de discipline.

Faudrait-il plutôt croire que ces pays se trouvent infériorisés pour la coopération par le fait qu'ils sont tous de religion catholique (catholique latine et catholique grecque)? Il y a un demi-siècle, a peru une brochure d'un économiste belge, le professeur Emile de Laveleye, qui avait pour titre : « De l'infériorité des nations catholiques ». Il est vrai que de son temps, cette infériorité était manifeste dans tous les domaines — instruction, industrie, transports, commerce et même évolution politique. Mais depuis lors, les choses ont un peu changé. Certains pays catholiques ont fait de grands progrès : l'Italie avec ses ambitions impérialistes, la Belgique héroïque dans la guerre, la Pologne reconstituée, et même les pays de l'Amérique latine qui certainement vont prendre une place considérable au cours du siècle présent.

On ne saurait dire que l'Eglise romaine soit réfractaire à l'association puisqu'elle est elle-même le plus grandiose exemple d'une association internationale que le monde ait jamais vu et qu'elle a donné naissance à ces prodigieuses associations qui sont les Ordres Reli-

gieux. Pour ne citer précisément que les pays latins, une religion qui a donné en Italie un François d'Assises et l'ordre des Franciscains, en Espagne Ignace de Loyola et l'Ordre des Jésuites, est apte assurément à enfanter de grandes organisations coopératives.

Peut-être, plutôt que le facteur religieux, faudrait-il incriminer le facteur politique? Les pays que nous avons cités sont des pays qu'on peut, sans leur faire injure, qualifier de pays agités. Est-il besoin de montrer à l'heure présente la dictature en Italie et en Espagne ? En Portugal les révolutions qui, non pas seulement chaque année mais presque chaque saison, renversent le gouvernement ? A l'autre extrémité de l'Europe, la Grèce qui semble vouloir rivaliser avec le Portugal ? Et même la Roumanie, avec son prince héritier renonçant à la couronne pour la revendiquer à nouveau, peut bien être classée aussi parmi les pays agités.

Et quant aux Républiques de l'Amérique Latine, Mexique, Brésil, etc., inutile d'énumérer la série de leurs révolutions. Il n'y en a qu'une où le gouvernement paraisse stabilisé : c'est la République Argentine ; aussi bien est-ce la seule où la coopération donne quelques promesses.

En effet, la coopération ne se plaît pas dans les milieux agités. Je l'ai comparée souvent à ces beaux cristaux qui ne se forment et ne grossissent que dans des liquides au repos. Si vous secouez le vase ou le heurtez, tout est à recommencer.

Peut-être direz-vous que tout de même la coopération s'est bien développée au milieu de la révolution bolchevique et aussi durant le cataclysme qu'a été la Grande Guerre ? Oui, mais ceci est autre chose : la coopération peut trouver dans une grande catastrophe, comme la guerre ou la révolution sociale, une occasion de se déployer et de gagner des adhérents parce qu'elle apparaît comme un lieu de refuge, comme l'arche durant le déluge. Ce dont elle ne s'accommode pas c'est de l'état de crise chronique. Elle n'aime pas les populations qui font du bruit, ce qui est le cas des méridionaux. Dans la ville de Nîmes, qui est presque ma ville natale et qui a été le berceau de ce réveil coopératif qu'on appelle l'Ecole de Nîmes, néanmoins la coopération n'a pu prendre racine. C'est parce que dans cette ville, qui est encore presque romaine, avec ses arènes, ses temples en ruines, et la statue de l'empereur Antonin, ses habitants d'aujourd'hui, comme leurs ancêtres qui passaient leur temps au Forum, trouvent leurs joies dans les cafés, les réunions publiques, et tous autres laboratoires d'activité politique, et aussi aux arènes pour les combats de taureaux. Pour tous ceux-là, habitués au piment de ces émotions et de ces querelles politiques locales, l'activité coopérative apparaît terne, insipide ; on dédaigne ses modestes élections, on se désintéresse de ses paisibles travaux.

§ 2. — Pourquoi l'infériorité est-elle surtout marquée dans la coopération de consommation

Néanmoins je ne prétends pas que ce dernier caractère soit suffisant pour expliquer l'infériorité des pays méridionaux. Mais à y regarder de plus près ne faut-il pas voir un simple retard dans l'évolution coopérative des pays dont je viens de parler plutôt qu'une infériorité organique ? Ce qui nous porte à le croire, c'est que cette infériorité n'est pas la même dans tous les modes de Coopération. C'est dans la coopération de consommation qu'il est surtout marqué ; mais dans le domaine de la coopération de production, de crédit, de travail, ces pays se montrent égaux ou parfois supérieurs à ceux de l'Europe septentrionale. Ainsi, l'Italie a beaucoup d'associations de travailleurs agricoles, de caisses rurales et banques populaires, l'Espagne a ses associations coopératives de pêcheurs, ses *colonies de culture que nous n'avons pas chez nous, ses institutions originales semi-coopératives semi-d'assistance qu'elle appelle positos, et un essai curieux de cités-jardins, « la cité-linéaire ». La Roumanie elle-même peut nous instruire par la collaboration établie entre les coopératives et l'État.*

Pourquoi ont-elles réussi dans ces diverses formes de coopération, et non dans celle de consommation ? Parce que celle-ci est la plus difficile ; les autres formes de la coopération sont l'école primaire de la coopération, celle-ci est la forme supérieure ; et dans l'évolution des formes coopératives, elle est généralement la dernière à paraître. Partout, hormis en Angleterre, la coopération de consommation a été précédée par la coopération agricole ou celle de production et de crédit, de même que la paléontologie nous montre la succession des formes des êtres vivants, plus ou moins évolués.

J'avoue que cette supériorité de la coopération de consommation n'est guère apparente à première vue. Les sociétés de consommation se composent de personnes de toutes conditions, n'ayant d'autre caractère commun que d'être des acheteurs qui ont l'idée de s'associer pour acheter en commun, et par conséquent en gros, ce qui est nécessaire à leurs besoins ; ou qui, faisant un pas de plus, ouvrent un magasin de vente qui leur appartiendra, se faisant ainsi leurs propres marchands. C'est là une idée qui n'a rien de génial. Et dans sa réalisation non plus la coopération de consommation ne paye pas de mine ; de toutes les formes coopératives, c'est celle qui a le moins de prestige. Ce n'est qu'une boutique et de la plus modeste catégorie, épicerie, boulangerie, quincaillerie ; les plus ambitieuses se haussent à la dignité de bazar.

Néanmoins, cette humble boutique a la prétention de représenter une Économie Nouvelle, différant du régime économique actuel en ceci que la direction du mouvement économique s'y trouve transposé des mains des producteurs aux mains des consommateurs ; et par ce changement d'orientation, disons même ce changement de pôle, le moteur aussi est changé : ce n'est plus la recherche du profit mais la satisfaction des besoins. Si la coopération de consommation commence par l'épicerie, elle compte bien arriver à la grande industrie ; et alors tous ces rois de l'acier, du pétrole, du coton, du blé, du cuivre, du bœuf, seront ramenés à leur véritable rôle économique qui est d'être les serviteurs du public, d'être, comme on dit, « à ses ordres ».

Naturellement la réalisation d'un tel programme, disons d'une telle révolution pacifique, ne peut être envisagée que comme le terme dernier et lointain d'une évolution dans laquelle des diverses nations marchent à pas très inégaux. Et même si l'on écarte la partie révolutionnaire, beaucoup diront chimérique, de ce programme à s'en tenir aux réalisations immédiates, déjà la coopération de consommation ne laisse pas que d'être une entreprise difficile. Combien nombreuses celles qui ont avorté, plus nombreuses que celles existantes !

Voici en effet quels sont les nombreux obstacles que la coopération de consommation trouve sur sa route.

1° Par définition même la coopération de consommation est une association de non professionnels, de personnes incompétentes. Le consommateur est un personnage passif qui ne sait rien. Il n'est pas facile, avec un ouvrier, un employé, un professeur, de faire un marchand, ne fût-ce qu'un épicier et moins encore un fabricant. Cette difficulté n'existe pas pour les autres formes de la coopération. L'association de production, industrielle et agricole, est faite entre gens compétents.

On ne peut suppléer à cette incompétence que par une certaine culture générale. Il faut des gens qui sachent non seulement lire, écrire et compter, mais qui aient quelques notions de comptabilité, des règles du commerce, qui sachent ce que c'est qu'un chèque ou une lettre de change. Ne suffit-il pas, dira-t-on, que les administrateurs le sachent ? Non, car même pour les simples sociétaires, si ceux-ci ne peuvent suivre la marche de la société, écouter les rapports, les critiquer dans les assemblées, lire les journaux et les almanachs, la société ne vivra que misérablement. Il faut donc pour que la coopération de consommation prenne naissance un milieu intellectuel un peu développé.

2° *La coopération de consommation ne peut naître, ou du moins progresser, que par groupements étendus.* Les autres formes coopératives se forment par petits groupes ; le nombre des membres est limité et doit toujours rester limité ; telles les coopératives de production et les caisses rurales. Pour la société de consommation, au contraire, le nombre minimum des membres est toujours au moins de quelques centaines et peut aller à 100.000 ou même 200.000, comme celle de Londres. Bien plus ! Elles ne peuvent se développer que si elles réalisent la coopération au second degré, en constituant des fédérations d'achat qui groupent des millions de familles, comme la Wholesale anglaise. Or il n'est pas aisé de trouver des administrateurs pour ces grandes masses.

3° *La coopération de consommation froisse beaucoup plus d'intérêts, et par là même suscite beaucoup plus d'ennemis, que les autres formes coopératives.* Les associations coopératives agricoles n'ont d'ennemis que les marchands d'engrais ; et les coopératives de crédit, que les usuriers ; les coopératives de production n'ont pour adversaires que les catégories d'industriels similaires à qui elles font concurrence, mais celles-ci sont très limitées. Au contraire, les coopératives de consommation soulèvent toute l'armée des marchands et intermédiaires ! Et le nombre de leurs adversaires grandit au fur et à mesure que leur programme s'élargit. Si elles

*font une campagne antialcoolique, elles trouvent l'hos-
tilité des débitants (500.000 en France). Si elles annon-
cent le règne du juste prix, elles encourent les répri-
mandes des économistes qui leur opposent la loi de
l'offre et de la demande. Si elles veulent enseigner la
coopération internationale et le libre-échange, elles
soulèvent les colères des protectionnistes. Si elles
visent à la suppression des intermédiaires, elles ren-
contrent l'hostilité du clergé catholique qui est généralement le défenseur des classes moyennes. Et enfin, si
elles font du socialisme, elles voient se dresser contre
elles non pas seulement tous les conservateurs qu'elles
effrayent mais même les socialistes rouges, parce que
ceux-ci voient en elles des concurrents dangereux !*

*Notez encore que dans la plupart des pays, les pou-
voirs publics se sont montrés tout d'abord peu bienveillants aux sociétés coopératives et ne s'y rallient que
lentement. En France, ce n'est que depuis la guerre
qu'elles trouvent auprès de l'Etat et des municipalités
un accueil favorable.*

*4° Enfin et surtout l'intérêt du consommateur est
moins apparent et moins vivement ressenti que celui
du producteur. Ce dernier est toujours en éveil, l'autre
est somnolent et il faut une violente secousse pour le
réveiller. Même le bon marché ne suffit pas pour
le déterminer à changer ses habitudes, et bien moins
encore est-il impressionné par les grandioses perspectives que je viens d'entr'ouvrir. C'est pourquoi il est
beaucoup plus facile de créer une association professionnelle qu'une coopérative de consommation. Il faut
bien des années de propagande et d'éducation pour
donner aux consommateurs la conscience de leur pouvoir et le désir de leur émancipation.*

*Les nations du Nord elles-mêmes n'ont pas toutes
marché du même pas dans la voie de la coopération de
consommation, et les Etats-Unis notamment sont*

encore fort en retard. Il n'y a donc pas lieu de déses-
pérer de l'avenir des nations latines ; leur jour viendra.
Et peut-être même se trouveront-elles alors avantagées
par le fait que le capitalisme s'y trouvant moins puissamment organisé que dans les pays du Nord et la lutte
pour le profit moins ardente, la Coopération y rencon-
trera moins de résistance.

LIVRE I.

L'ITALIE

CHAPITRE I.

Origine et développement de la Coopération de Consommation en Italie

La revue coopérative faite dans la leçon d'ouverture qui semble établir l'infériorité des peuples latins dans ce domaine, provoquera certainement de vives protestations de la part des coopérateurs de l'autre côté des Alpes : ils ne manqueront pas de dire que l'Italie a tout de même tenu une assez bonne place dans ce mouvement. A certains égards, c'est vrai.

Je n'ai pas manqué de faire remarquer que pour les coopératives autres que les sociétés de consommation, c'est-à-dire celles de production industrielle et celles agricoles de tout genre, l'Italie avait tenu un bon rang. Je dois ajouter qu'en ce qui concerne la littérature coopérative, les Italiens ont tenu, on peut dire, la première place. Avant qu'il eût paru presque aucun livre français sur la coopération, alors que les livres anglais n'étaient guère que des histoires des Pionniers de Rochdale ou du Magasin de Gros, les Italiens avaient déjà établi une théorie de la coopération, de sa définition, de son rôle économique. Il faudrait citer les noms de plusieurs économistes italiens, Valenti, Mariotti, Salvatore Vecca, Lorenzoni, Wollemborg, Mariani, qui, dans leurs livres (1) ont soumis la notion de la coopération à des analyses très subtiles qui me paraissent

---

(1) Citons notamment Mariano, *Il fatto Cooperativo nell' Evoluzione Sociale* ; Salvatore Vecca, *La Teoria economica della Cooperazione*.

encore aujourd'hui ce qu'on a écrit de mieux sur la théorie de la coopération.

Ces études n'ont pas toujours été bienveillantes pour la Coopération. Un éminent professeur de l'Université de Rome, l'économiste Pantaleoni, décédé récemment, a pris à tâche de démontrer que la Coopération n'avait rien apporté de nouveau comme principe — mais nous aurons à revenir sur ce point.

Même à s'en tenir aux réalisations, si on prend le chiffre total des sociétés coopératives italiennes de toute espèce, on arrivait, malgré l'incertitude des statistiques italiennes, à un total respectable, plus de 20 000 en 1921 (voir le tableau ci-après).

Malheureusement le mouvement coopératif en Italie est aujourd'hui complètement désorganisé, ce qui prouve qu'il y avait là une prospérité un peu factice et affectée de vices internes dont nous allons chercher les causes.

§ I. — Parallélisme des mouvements coopératifs en Italie et en France

Si nous considérons l'histoire du mouvement coopératif italien dès ses débuts, nous remarquons qu'il a suivi exactement le mouvement coopératif français, ou du moins que les deux mouvements ont coïncidé sur presque tous les points.

D'abord comme origine. Le mouvement coopératif italien remonte à ce que j'ai appelé en France l'associationnisme, c'est-à-dire ce socialisme libéral qui voyait le salut social dans l'association libre. Elle leur paraissait suffisante pour résoudre la question sociale.

J'ai longuement expliqué ici, il y a trois ans, dans un cours sur Fourier, comme précurseur de la Coopération en France, ce qu'était l'associationnisme. Fourier, Louis Blanc, Saint-Simon et Cabet, étaient des associationnistes.

En Italie, il en fut de même. Un socialiste italien qui vivait à peu près à la même époque que les socialistes français dont je viens de citer les noms et dont le nom a retenti pendant un demi-siècle non seulement en Italie mais dans tous les pays, Joseph Mazzini, né en 1805, mort en 1872, et dont les écrits principaux datent de l'époque de la Révolution de 1848, était un associationniste, comme les associationnistes français. C'est lui qui a dit : « l'association est un levier par lequel on peut soulever le monde. » Son programme socialiste paraîtrait aujourd'hui bien modéré : Mazzini n'attendait rien que de la liberté. Il ne voulait pas la révolution : la « lutte de classes » n'était pas encore connue, même de nom. C'est dans la fraternité des hommes, c'est dans les idées humanitaires que la Révolution française du milieu du siècle dernier avait propagées dans tous les pays d'Europe, que Mazzini voyait la solution.

Et tout comme les socialistes français, il a été un précurseur de la coopération. Il a déclaré lui-même que la coopération suffirait pour résoudre la question sociale.

En 1865, il écrivait : « J'ai suivi avec un intérêt passionné le développement de l'idée coopérative comme inaugurant une immense révolution qui fera plus pour la fraternité humaine qu'aucune des influences qui ont agi au cours des 18 siècles précédents, pour la solution du problème moral, intellectuel et économique. »

Seulement, et c'est ici que nous trouvons une nouvelle ressemblance entre le mouvement coopératif italien et le mouvement coopératif français, Mazzini n'avait pas en vue la société coopérative de consommation : il avait en vue la société coopérative de production. La coopération ayant pour but de supprimer le patron et ses prélèvements sur le produit de l'industrie, d'assurer à l'ouvrier devenu son propre patron l'intégaalité du produit de son travail, voilà la coopération telle que la concevait Mazzini.

En France aussi, le grand mouvement de coopération qui a eu sa plus grande floraison en 1848 et s'est continué quelques décades après, c'était la coopération de production.

Pourquoi les deux pays ont-ils commencé par là ? C'est parce que, comme je l'ai expliqué dans la leçon d'ouverture, le but de la coopération de production apparaît beaucoup plus clairement à la classe ouvrière et est beaucoup mieux saisi par elle — je ne dis pas qu'il soit plus facile à atteindre — que celui de la coopération de consommation. Former une association de travailleurs pour se passer du patron et afin que ces travailleurs associés gardent pour eux tout le bénéfice que prélevait le patron, c'est une idée très simple et qui séduit tout de suite la masse. Mais que les travailleurs puissent réussir à s'affranchir aussi bien et mieux en s'associant en tant que consommateurs, c'est là une idée beaucoup plus difficile à comprendre : il faut des années de propagande, des générations, pour faire comprendre ce programme.

Il y a eu aussi coïncidence chronologique : les deux mouvements se sont développés en même temps. C'est vers 1860-1863 que le mouvement de la consommation a commencé en Italie, et c'est à peu près à la même date qu'on a fondé nos grandes sociétés de consommation de France, telles que la société de Puteaux et autres. En Italie, dès 1850, il y avait déjà une société de consommation, fondée à Turin, par les ouvriers métallurgistes, mais ce n'était pas une société du type de Rochdale : c'était une association qui vendait au prix de revient, une œuvre de mutualité plutôt qu'une vraie coopération. C'est un peu plus tard, en 1860-1866, qu'ont apparu en Italie les coopératives de consommation sur le type classique de Rochdale, c'est-à-dire vendant au même prix qu'au commerce et distribuant aux acheteurs les bénéfices réalisés sur les ventes, au prorata des achats de chacun, sans donner de dividende aux actionnaires.

Au reste, ce n'est pas seulement en Italie et en France, mais dans presque tous les pays d'Europe, que le mouvement a commencé à peu près à cette époque. C'est un phénomène de synchronisme sur lequel j'ai souvent appelé l'attention, ce fait d'une institution sociale prenant naissance presque à la même date dans tous les pays. Il en est de même, d'ailleurs, des découvertes scientifiques ; est-il besoin de rappeler que la planète Neptune a été découverte en même temps en France et en Angleterre ? Et de même, en économie politique, la théorie de l'utilité finale, qui est aujourd'hui la notion généralement acceptée de la valeur, a été découverte ou du moins exposée presqu'en même temps en Angleterre, en Suisse, en Autriche et aux Etats-Unis.

Mais le parallélisme ne s'arrête pas là. Le mouvement coopératif dans un pays n'est vraiment organisé que lorsque, après avoir passé par cette étape première qui consiste à grouper les individus dans une même société locale, il s'élève à un degré supérieur et réunit les sociétés locales à leur tour en une coopérative d'un second degré qui s'appelle l'Union Coopérative.

Or, la création de ces Unions, en Italie et en France, a été presque simultanée. En France, c'est en 1885 que, par l'initiative de mon ami, M. de Boyve, décédé il y a quatre ans, la première Union coopérative a été fondée et le premier congrès a été tenu à Paris. J'ai fait mon cours de l'année dernière sur l'histoire de cette Union française. En Italie, c'est en 1886, à Milan, qu'a été fondée l'Union italienne, c'est-à-dire un an après. Il n'y a pas seulement synchronisme des dates : il y a même un lien de filiation directe entre les deux programmes. Au congrès de Lyon de 1886 se trouvaient précisément les deux représentants les plus en vue de la coopération italienne à ce moment ; le plus vieux, qui était Francesco Vigano, et le plus jeune, qui était Ugo Rabbeno. C'est le programme exposé à Lyon qu'ils ont emporté en Italie et qui est devenu le programme de la Ligue coopérative italienne. On pourrait même dire que les deux Unions ont eu les mêmes parrains, en ce sens que ce sont les deux illustrés coopérateurs anglais, Vansittard Neale et Holyoake, l'historien des Pionniers de Rochdale, qui après avoir assisté aux deux premiers congrès français de 1885 et 1886 ont assisté aussi au premier congrès italien.

§ 2. — Différences entre les deux mouvements, celui d'Italie et celui de France

Toutefois, je ne veux pas donner à croire que l'Union italienne n'a été qu'une répétition du mouvement français. C'est au contraire par ses différences qu'il nous intéresse, et ce sont ces différences que je veux maintenant indiquer.

La première, c'est que cette Union coopérative italienne a groupé toutes les formes de la coopération, non seulement les sociétés coopératives de consommation mais aussi les coopératives ouvrières de production, les coopératives agricoles, et même les sociétés de secours mutuels.

Il y a donc là une vaste intégration du mouvement coopératif sous toutes ses formes. Mais je doute que cette conception ambitieuse ait été très pratique, car il y a des différences essentielles entre ces différentes formes de la coopération ; ce n'est pas très commodément qu'on leur fait habiter la même maison.

En France la Fédération Nationale des Coopératives ne comprend (hormis deux ou trois sur 2.000), que des sociétés de consommation. Il existe une autre Fédération qui réunit les sociétés coopératives de production, une autre encore pour les coopératives d'habitations, et plusieurs autres encore pour les coopératives agricoles. Ce sont autant de petits mondes différents, qui n'entretiennent pas toujours entre eux des rapports très cordiaux, en tout cas pas très fréquents. Bien entendu, il faut se donner pour tâche de les rapprocher, mais ce n'est pas par un mariage forcé qu'on y parviendra.

En Italie l'inconvénient de cette juxtaposition de toutes les formes coopératives n'a pas tardé à se faire sentir et plus tard, en 1917, l'Union générale a été divisée en trois fédérations : 1° la branche des sociétés de consommation proprement dits, qui avait son siège à Milan ; 2°, la branche des sociétés de production, coopératives de travail, qui avait son siège à Rome ; 3° la branche des coopératives agricoles, à Bolog... Les trois Fédérations restaient néanmoins sous le contrôle de la Ligue Coopérative Italienne, avec siège à Milan.

Voici une seconde différence de plus grande importance. La coopération italienne s'est affirmée prolétarienne dès le début ; c'est une institution de classe. Les statuts de l'Union, quand elle a été créée, portent dans leur article premier que « l'Union a en vue de servir à l'amélioration de la classe ouvrière ».

Pourquoi seulement de « la classe ouvrière » ? La classe ouvrière est-elle tout dans la nation et tout le reste de la société ne comprend-il que des parasites ? Si le texte que nous venons de citer ne le dit pas de façon aussi brutale, du moins il implique que l'intérêt de la classe ouvrière se confond avec ce qu'on nomme l'intérêt public et qu'il est absurde, comme le font les bourgeois, d'opposer sans cesse ce prétendu intérêt public aux intérêts de la classe ouvrière. Quand il y a des grèves de services publics et que les journaux, les économistes, les Ligues civiques, protestent au nom de l'intérêt public, les socialistes répondent : il n'y a pas d'intérêt public en dehors de l'intérêt du prolétariat, parce que, en dehors des travailleurs, en comprenant sous ce nom non seulement les manuels, mais aussi les intellectuels, il ne peut y avoir que ceux qui vivent sur le travail d'autrui et ceux-là ne nous intéressent pas : ils n'ont qu'à disparaître.

C'est ce sentiment-là qui a inspiré la création et, comme nous le verrons plus tard, l'évolution de la Ligue coopérative italienne tandis que l'Union Française, et tout particulièrement ce qu'on appelle l'Ecole de Nîmes, s'est affirmée comme représentant les intérêts de tous les consommateurs, ouvriers ou non.

Sans doute, la grande masse des consommateurs ce sont les ouvriers ; mais enfin tous ne sont pas ouvriers et même quand il s'agit des ouvriers proprement dits, il est bon de dédoubler leur personnalité en les considérant non pas seulement sous leur aspect de producteurs mais aussi sous celui de consommateurs.

Pour représenter les intérêts de la classe ouvrière en tant qu'ouvrière, il y a une organisation spéciale qui est le syndicat ; qu'on laisse donc aux sociétés de consommation, par définition, le soin de représenter les intérêts des consommateurs, ouvriers ou non. Sans doute, la Fédération française des sociétés de consommation s'est appliquée à entretenir de bons rapports avec la C. G. T. et les a même mis en forme de conventions expresses, mais en restant absolument autonome, tandis que l'Union italienne des sociétés de consommation a conclu avec la Fédération Syndicale et la Fédération des sociétés de Secours mutuels une alliance formelle qu'elle a nommée « la Triple Alliance du Travail » (1901).

La troisième différence, qui n'est pour ainsi dire qu'une conséquence des précédentes, c'est que dès le début la Ligue des coopératives italiennes a montré des tendances politiques : si elle ne s'est pas unie formellement au parti politique socialiste, elle a été tout au moins en coquetterie avec lui, lui demandant son appui et lui donnant le sien.

Au contraire, l'Union Coopérative française, puis la Fédération Nationale qui lui a succédé, se sont fait une règle absolue de ne pratiquer aucune accointance avec les partis politiques.

Mais pour être juste, il faut dire que l'Union coopérative italienne avait bien quelques raisons de s'occuper de politique, plus que la nôtre. D'abord parce qu'elle ne faisait en cela que rester fidèle à l'inspiration même de Mazzini. Mazzini, en effet, quand il disait que la coopération suffirait pour résoudre la question sociale, mettait une condition préalable : c'est qu'elle fut réalisée sous un régime démocratique ; et par conséquent, il en résultait que dans les pays non démocratiques une révolution politique préalable serait indispensable pour que la coopération pût réussir.

On pourrait faire remarquer que c'est exactement ce qu'a dit Lénine. Lénine a affirmé aussi que la coopération suffirait pour résoudre la question sociale, mais à la condition qu'elle fût précédée par une révolution qui abolirait le capitalisme et qui ferait du monde économique une terre rase sur laquelle on pourrait bâtir la République sociale nouvelle (1).

Toutefois, la conception de Mazzini diffère du tout au tout de la doctrine marxiste : d'abord parce qu'elle est aussi idéaliste que celle-ci est matérialiste.

En posant la révolution politique comme condition préalable à l'établissement de la coopération, Mazzini n'avait nullement en vue l'expropriation des possé-

____

(1) Voir notre Cours 1925-1926 : *La Coopération en Angleterre et en Russie.*

dants ni la dictature du prolétariat, mais simplement une révolution bourgeoise, une revolution telle que celle faite en France en 1848. Et disons plus : une révolution morale sans laquelle toute révolution politique ou sociale serait vaine.

Mais on comprend facilement que Mazzini ait jugé indispensable de commencer par une révolution si l'on pense qu'à cette époque, au milieu du xix* siècle, l'Italie vivait sous un régime antidémocratique.

Elle était encore l'Italie du moyen-âge, partagée en une douzaine de principautés et petits royaumes, chacun gouverné par un petit tyran : roi de Naples, ducs de Toscane, de Parme et Modène, le pape sur son territoire et l'Autriche en Lombardie. Il n'y avait que le royaume de Savoie qui fut un peu modernisé. Et même après que l'Unité italienne eût été fondée, en 1866, et même encore vingt ans plus tard, quand la Ligue Coopérative prit naissance, en 1886, le régime administratif était encore très dur pour les coopératives, comme pour toutes les autres sociétés ouvrières. Elles pouvaient être dissoutes par un simple acte administratif, et leurs administrateurs condamnés et même emprisonnés.

On comprend donc que l'Union Coopérative italienne, quand elle s'est constituée, se soit cru obligée de prendre position sur le terrain politique et de faire opposition au gouvernement — en attendant qu'elle tombât dans l'excès opposé quelques années plus tard, après la guerre et la victoire électorale du parti socialiste, en recherchant trop l'appui du gouvernement.

Cette introduction historique achevée, je ne puis faire l'histoire de la Ligue durant les 40 années écoulées entre sa naissance et sa mort ; je ne puis qu'indiquer certains traits généraux.

L'Union italienne qui se nommait *Lega Nazionale Cooperativa*, a eu pour premier secrétaire — c'est-à-dire pour chef, car elle n'avait pas de président ; il y en avait un en France — Maffl, qui était un ouvrier : ainsi l'Union a tenu à affirmer son caractère prolétarien en la personne même de son chef.

En France, l'Union des Coopératives a eu pour fondateur un bourgeois, M. de Boyve, et la première Union, celle de la rue Christine, qui a duré 27 ans, a eu toujours pour président ou secrétaire, des bourgeois, comme Clavel, Charles Robert, Fougerousse, moi-même, ou parfois des employés supérieurs comme Fitsch, de la Compagnie du Chemin de fer de l'Etat. Et dans son Conseil Central les intellectuels ont toujours eu une place importante (1).

Mais si bon nombre étaient des bourgeois, aucun, ni président, ni secrétaire, ni même simple membre du Comité Central, n'a jamais été député ou sénateur ou même, que je sache, conseiller municipal. Il est vrai que trente ans après, dans la Fédération Nationale qui a succédé à l'Union, il en a été un peu différemment.

Maffi fût remplacé par Vergagnini, qui n'était pas un ouvrier mais qui est resté fidèle à l'esprit politique de ses origines. C'est lui qui, depuis 1914, a conduit la coopération italienne ; c'est avec lui qu'elle a traversé les terribles épreuves dont je parlerai plus loin. Avant d'être secrétaire, il était déjà rédacteur en chef du journal *Cooperazione Italiana*, qui était l'organe de l'Union.

§ 3. — Essor et apogée de la Coopération Italienne 1886-1922

Voici quelques chiffres qui permettront de mesurer ses progrès.

Elle s'est fondée en 1886 avec 68 sociétés ; et nous retrouvons ici à peu près les mêmes chiffres que pour la France : notre première Union s'est constituée avec 85 sociétés, mais exclusivement sociétés de consommation, alors que parmi les 68 membres de l'Union éta-

---

(1) Voir notre Cours sur *L'Ecole de Nîmes*.

lienne il y avait un certain nombre de sociétés de secours mutuels ou d'associations de production.

Après une période de stagnation relative, ce nombre a grandi très rapidement. Si nous prenons les chiffres par périodes de 10 ans, nous voyons qu'en 1894 il n'y avait encore que 103 ; durant cette première décade le progrès avait été presque nul. Mais en 1904 il y avait 1.084 sociétés et en 1914 nous trouvons 2.132 sociétés. La Fédération Italienne avait devancé la Fédération Française qui, à la veille de la guerre, ne comptait qu'à peine 2.000 sociétés adhérentes.

Enfin, si je prends le chiffre de 1921, qui a marqué l'apogée du mouvement, le nombre des sociétés adhérentes à l'Union italienne, s'élevait à 4.200, mais dont la moitié seulement étaient des sociétés de consommation. Mais d'autre part il y avait bon nombre de sociétés de consommation non rattachées à l'Union ; on évaluait vaguement à 10.000 le nombre total des sociétés coopératives italiennes de consommation en 1921, au moment où la crise allait commencer (1).

C'était beaucoup plus qu'en France, où l'on ne comptait pas plus de 3.000 sociétés de consommation à ce même moment.

Parmi ces sociétés italiennes, quelques-unes étaient très prospères. La plus brillante de toutes, qui a été la gloire de la coopération italienne, c'était « l'Union Coopérative » de Milan (qu'il ne faut pas confondre avec

---

(1) Dans un magnifique volume (que nous n'avons reçu que postérieurement à ce Cours) publié par l'*Institut National de Crédit pour la Coopération Italienne*, le nombre de sociétés de consommation en 1921 n'est évalué qu'à 6.481. Voici le tableau général.

Consommation	6.481
Travail et production........	7.643
Crédit	1.534
Assurances	133
Agricoles et diverses........	3.719
	10.510

A quoi il faudrait ajouter 750 coopératives de construction.

l'Union Coopérative qui est la Fédération nationale italienne).

L'Union Coopérative de Milan avait été fondée par Buffoli, tout à fait sur le modèle de celle des Pionniers de Rochdale. Buffoli avait été les visiter et, comme tant d'autres dans les deux mondes, avait été enthousiasmé par cette merveilleuse histoire.

L'Union Coopérative de Milan atteignit en 1021, le chiffre de 17.000 membres, c'est-à-dire 17.000 familles, ce qui représentait de 60 à 80.000 personnes, et faisait 100 millions de lires de vente. Elle avait 60 succursales dans Milan ; elle avait même une succursale à Berlin ; elle avait fait installer un magnifique cellier pour le vin ; elle avait aussi un restaurant. Mais surtout elle avait créé, à cinq ou six kilomètres de Milan, une cité jardin, à laquelle elle avait donné le nom de Petit Milan, *Milanino*. C'était un lieu de pèlerinage pour bien des coopérateurs étrangers. Hélas ! il n'existe plus.

« L'Alliance des Travailleurs » de Turin était aussi une très grande société, plus importante même comme nombre de membres que celle de Milan. Mais celle-là était tout à fait socialiste; ses administrateurs devaient être obligatoirement inscrits au parti socialiste, tandis que celle de Milan était une société neutre, comme celle que les socialistes flétrissent du nom de « bourgeoise ».

Buffoli avait fait inscrire le roi d'Italie parmi les membres de la coopérative, ce qui assurément n'aurait pu être fait à l'Alliance des Travailleurs de Turin.

Il y avait aussi, à Rome, une très grande coopérative militaire qui réunissait 30.000 membres.

Mais la plus grande de toutes, naguère hors d'Italie, c'était la société de Trieste, qui depuis l'annexion du Frioul est la plus grande des coopératives italiennes de consommation.

C'est donc dans le Nord de l'Italie que se trouvait concentré presque tout le mouvement coopératif. Si l'on divise l'Italie par une ligne passant au-dessous de

Rome, la partie Nord comprend 80 % de toutes les coopératives et 83 % de celles de consommation. Nous trouvons ici une confirmation frappante de la loi de géographie coopérative exposée dans la première leçon de ce cours. Il est à remarquer que cette répartition géographique coïncide assez exactement avec le degré d'instruction de ces deux régions. Dans l'Italie septentrionale, la proportion des illettrés (analphabétiques) varie de 7 % dans le Piémont à 28 % dans la Toscane, mais en Calabre, elle s'élève à 53 %, plus de la moitié de la population. Ces chiffres sont de 1021. La moyenne pour toute l'Italie est de 27 %. Et c'est un grand progrès, car en 1871, elle s'élevait à 60 %.

Bon nombre de ces coopératives italiennes sont installées dans les palais des patriciens, ducs ou princes italiens. Il ne manque pas de palais, en Italie, et beaucoup sont abandonnés, les propriétaires, ruinés, ne pouvant plus les entretenir. C'est un spectacle assez émouvant que de voir ces épiceries coopératives logées dans les demeures de l'ancienne aristocratie italienne et portant sur la porte ses armoiries. Les voilà devenues des maisons du peuple. Tel est le cas de l'Union Coopérative de Milan, installée dans l'immense palais de la famille Flori, rue des Merveilles (*Meravigli*) et aussi à Imola, Priola, etc. Et cela ne se voit point ailleurs, car dans les autres pays, les coopératives sont assez mal logées, même dans les pays où elles sont riches et où elles ont une installation dite moderne.

En 1907, l'Alliance Coopérative Internationale, organisation qui tient ses Congrès tous les trois ans, tour à tour dans chaque pays, choisit l'Italie et se réunit à Cremone. J'ai assisté à ce Congrès et ce fut une tournée triomphale, mais à vrai dire, les ovations s'adressaient moins aux coopérateurs qu'à celui qui les conduisait, Luzzatti, qui était non seulement un illustre homme d'Etat mais un grand coopérateur, car déjà, depuis 1863, date à laquelle il avait créé à Milan la première banque populaire, il animait le mouvement coopératif

Italien. On fit tout le tour des coopératives de la Véné-
tie et de la Lombardie, dont beaucoup portent des noms
illustrés autrefois par de sanglantes batailles : Pavie,
Lodi, Marengo, Solférino, et qui aujourd'hui, avec leurs
laiteries, évoquent plutôt des souvenirs virgiliens. Au
banquet de Crémone, en rappelant la prophétie du
poète de Mantoue, la ville voisine : « voici la Vierge
qui revient et l'âge d'or » :

Jam redit et Virgo, redeunt Saturnia regna,

je me demandai s'il n'avait pas voulu annoncer l'avènement de la Coopération ?

§ 4. — Symptômes inquiétants

Cependant, le mouvement coopératif italien quoiqu'à
ce moment-là en pleine floraison, portait déjà en lui
certains signes de décadence, ou tout au moins certaines
infirmités, qui n'étaient pas très rassurantes pour son
avenir.

D'abord, un fait que j'ai déjà indiqué et qui, quoique
ne paraissant pas avoir grande importance, est néanmoins un fâcheux symptôme, c'est l'impossibilité d'établir une statistique exacte. Les chiffres que je viens
de donner ont été recueillis aux meilleures sources,
mais ne portent que sur le nombre des sociétés et non
sur les autres caractéristiques, nombre de membres,
chiffre de ventes, etc. On trouve bien cependant quelques-uns de ces chiffres et nous allons les donner à
l'instant, mais on ne peut guère s'y fier.

Or, quand on ne peut dresser de statistique, que
faut-il en conclure ? C'est que les sociétés ne répondent pas aux demandes de renseignements qu'on leur
adresse. Par exemple, en 1918, en Italie, sur 2.500
sociétés coopératives interrogées, il n'y en a que 400
qui aient répondu. Et que prouve cette indifférence des
sociétés ? C'est la preuve qu'elles se désintéressent du
mouvement, qu'il n'y a entr'elles ni cohésion ni solida-

rité, qu'elles ne sentent pas ce patriotisme coopératif qui rend les coopérateurs fiers de leur nombre. Là où ce sentiment existe, les sociétés se font un devoir de répondre et un honneur de figurer sur les recensements, avec tous leurs chiffres : elles ont même plutôt tendance à les grossir.

Une autre marque de faiblesse c'est ce qui, à première vue peut paraître de bon augure, le trop grand nombre de sociétés. Le chiffre de 10.000 sociétés italiennes n'était pas un signe de santé mais d'anarchie. Si je rappelle que la magnifique coopération anglaise ne compte que 1.350 sociétés pour 5 millions de coopérateurs, vous comprendrez que le chiffre de 10.000 sociétés était plutôt ridicule.

Si en effet on divise le nombre des coopérateurs italiens qui, en 1918 — nous n'avons pas de renseignements plus récents — était évalué à 250.000, du moins pour les sociétaires effectifs, c'est-à-dire acheteurs, par celui des sociétés 10.000, on arrive à une moyenne de 25 membres par société (1). On se demande comment de pareilles sociétés pouvaient vivre ? Dans la seule ville de Milan on comptait 200 sociétés !

Eh bien ! elles vivaient en vendant au public, mais c'était là une autre infirmité. En effet, les membres de ces sociétés ne représentaient que 1/5 ou 1/6 du nombre des clients : pour ces 250.000 sociétaires, il y avait peut-être 1.500.000 clients.

La faiblesse du mouvement italien apparaît encore d'une autre façon : dans le chiffre des ventes qui était dérisoire. Le chiffre total des ventes, en 1918, était évalué à 150 millions ; si on le divise par 1.500.000 clients on arrive à une moyenne d'achat par tête, de 100 francs. C'est une somme tout à fait insuffisante pour faire vivre une société dans de bonnes conditions.

----

(1) Si l'on ne prend que le chiffre officiel de 6.481 donné si-dessus, la moyenne se relève à 40 membres environ, ce qui est encore très insuffisant.

Voici encore un des signes les plus sûrs de la prospérité du mouvement coopératif qui faisait défaut en Italie, c'est la création de solides fédérations. d'achats en gros.

Sans doute, il y avait en Italie une Union puissante, la Ligue Coopérative dont je viens de faire l'historique. Mais ces Unions n'ont qu'un rôle éducatif et de propagande, et l'adhésion y est facile. Il en est autrement des Fédérations d'achat, dites Magasins de Gros. Celles-ci ne peuvent se former et se développer qu'autant que les sociétés locales les adoptent pour principal sinon pour unique fournisseur. Et les services rendus par elles sont tels qu'on peut dire qu'elles sont indispensables au développement du mouvement.

Tous les pays d'Europe qui occupent une certaine place dans le mouvement coopératif ont des Magasins de Gros coopératifs.

L'Italie a bien essayé d'en constituer un ; en 1900, elle a fondé un Magasin de Gros appelé le *Consorzio*. Mais il n'a fait que végéter. Dix ans après sa fondation, il ne faisait que 0 millions de francs d'affaires. C'est un chiffre misérable, inférieur non seulement aux chiffres de tous les Magasins de Gros des autres pays qui se chiffrent par centaines de millions de francs-or, mais même à ceux de milliers de sociétés locales. Et finalement, cette ombre de Magasin de Gros italien a disparu.

Il a disparu parce que les 10.000 sociétés locales ne se donnaient pas la peine de passer leurs commandes au Magasin de Gros. Chacune préférait faire ses petites affaires toute seule, comme un petit épicier dans chaque ville, sans s'occuper de la Fédération d'achats.

Ce mal là n'est pas spécial à l'Italie, bien entendu : nous sommes encore loin d'en être guéris en France ; mais nous progressons tout de même. Notre Magasin de Gros, créé en 1912, fait plus de 400 millions de ventes (80 millions francs-or).

Et voici enfin le signe le plus inquiétant : c'est l'attitude de plus en plus politique, disons politicienne, que prenait l'Union Coopérative Italienne.

Je puis la marquer sommairement par quelques dates.

D'abord, au Congrès de 1898, à Turin, Buffoli, qui représentait, ainsi que Luzzati, le programme neutraliste antisocialiste et tâchait d'enrayer le mouvement sur la pente socialiste, Buffoli demanda que l'on insérât dans les statuts cette règle « qu'il serait interdit à l'Union, et à toute coopérative locale, de discuter de questions politiques ou religieuses ».

Cette motion paraît bien inoffensive ; en France, elle est de style dans les statuts de toute société : il n'en est guère où l'on ne trouve cet article « toute discussion politique ou religieuse est interdite ». Buffoli voulait par là rallier à la Coopération la classe moyenne qui, en Italie surtout, gardait une attitude méfiante vis-à-vis de la coopération de consommation. Il y eut néanmoins une très vive opposition, et telle que le Congrès de Turin refusa de voter la proposition de Buffoli.

Il est vrai qu'à ce moment même des coopérateurs militants se trouvaient emprisonnés pour délit d'opinion, en sorte que cette déclaration de neutralité pouvait paraître inopportune et de nature à fournir des armes au gouvernement.

On remplaça la motion Buffoli par une autre motion qui devait dans une certaine mesure lui donner satisfaction, en mettant simplement ceci : « l'Union coopérative était un terrain neutre, sur lequel pouvaient se rencontrer toutes les opinions politiques et religieuses, en toute liberté ».

Mais ce n'était pas la même chose, car si elles se rencontraient dans la société pour s'y disputer, la société n'était plus neutre !

Et ce n'est pas ce que voulait Buffoli qui entendait exclure toute discussion politique de nature à diviser les membres et par conséquent à écarter les adhésions de tel ou tel parti. Aussi Buffoli, mécontent, se retira de l'Union avec sa grande société de Milan, ce qui fit une certaine impression, parce que la retraite de la plus grande des coopératives italiennes était chose grave.

Vingt ans après, en 1920, eut lieu un Congrès, à Rome. Là, un coopérateur, Cabrini, proposa — à l'inverse de ce qu'avait fait Buffoli — la motion suivante :

« Le Conseil général de la Ligue Nationale des Coopératives,

« Considérant que la classe des travailleurs est la seule entièrement intéressée à la suppression de toute classe intermédiaire entre la production et la consommation, et à la socialisation de la gestion sociale ;

« Constatant qu'en Italie le seul mouvement politique organisé pour cette socialisation est le mouvement à la tête duquel se trouvent le parti socialiste, allié à la C. G. T. ;

« Considérant que dans les élections politiques récentes, ce parti a lutté seul contre la masse des débitants, négociants, industriels, agrariens, en un mot contre la classe sociale que la coopération cherche à éliminer ;

« Estimant que les coopératives doivent resserrer de plus en plus leurs liens avec le mouvement syndical et avec le parti socialiste, afin d'intensifier l'effort prolétarien visant à se libérer des organes de la société bourgeoise ;

« Autorise le Conseil directeur de la Ligue à conclure un accord avec la C. G. T. et le P. S. I. »

C'était donc inviter les sociétés coopératives à s'unir au syndicalisme ouvrier et au parti socialiste.

Il faut remarquer qu'à ce moment-là, en 1920, l'Italie était en plein mouvement socialiste. Les élections de 1919 avaient eu lieu et avaient donné la majorité au parti socialiste, en sorte que cette proposition de Cabrini n'en avait que plus de gravité.

Elle risquait de justifier l'imputation faite à l'Union

Coopérative Italienne d'avoir engagé une campagne électorale et d'avoir, dans une certaine mesure, assuré la majorité aux candidats socialistes dans les élections à la Chambre.

Le secrétaire général de la Ligue, Vergnanini, vit bien le danger et d'abord s'opposa à la motion ; mais il finit par s'y rallier et, malgré quelques opposants, la motion Cabrini fut votée à l'unanimité.

Le président du Congrès, Bassi, donna sa démission et Buffoli qui depuis 1898 était revenu à la Ligue, se retira pour la seconde fois et cette fois définitivement.

Et déjà, en janvier de la même année, à un autre Congrès, à Rome, on avait voté l'ordre du jour que voici :

« Le Congrès, considérant que l'organisation coopérativiste des producteurs et consommateurs, en tant qu'elle se place sur le terrain de la lutte de classes, est un des plus efficaces instruments pour la réalisation du socialisme, parce qu'elle élimine, au profit des travailleurs manuels et intellectuels toutes les formes économiques parasitaires ;

« Considérant qu'il faut réagir contre les tendances à créer des organismes coopératifs fermés et particularistes ;

« Invite les deux grandes organisations de la coopération et du syndicalisme à entrer immédiatement en rapport et à réaliser leur union, d'autant plus nécessaire (j'appelle votre attention sur ce passage) pour faire front aux violences réactionnaires qui sont déchaînées contre les institutions de défense prolétarienne. »

Les violences réactionnaires qu'on dénonçait ainsi, c'était le fascisme qui, à cette date, en 1920, venait de se constituer, ne faisant encore que s'annoncer. Le vote de cette motion est de janvier 1920, or c'est le 23 mars 1919 que le fascisme avait été constitué en tant que parti et c'est en octobre 1922 qu'eût lieu la marche sur

Rome et le coup d'Etat qui porta Mussolini au pouvoir.

En votant cet ordre du jour, l'Union Coopérative Italienne, courageusement, se dénonçait donc aux coups du fascisme et, au cas où celui-ci aurait la victoire, elle signait son arrêt de mort ; le fascisme, en effet, dès le lendemain de sa victoire, s'empressa de l'exécuter.

CHAPITRE II

LA COOPERATION ITALIENNE DEPUIS LA GUERRE

§ I. — L'Inflation et la Dissolution de la Coopération Italienne

Du jour où l'Italie est entrée en guerre, la coopération italienne, ou du moins la Ligue de Vergagnini, a eu les plus grandes ambitions et a pensé que la Coopération avait pour rôle de grouper toutes les forces de la nation et de les diriger.

Dès que l'Italie entra dans la guerre, la Ligue Italienne s'organisa sur un plan grandiose (1917) ; elle se divisa en trois grandes fédérations : la Fédération des Sociétés de consommation, dont le siège était à Milan, la Fédération des Coopératives agricoles. siège à Bologne, et la Fédération des Coopératives de production et de travail, siège à Rome, mais toutes les trois sous la direction centrale de la Ligue Coopérative de Milan. On voulait ainsi grouper toutes les forces économiques du pays : la Terre, le Travail et la Consommation. Vous me direz : on a omis le troisième facteur qui se trouve dans tous les traités d'Economie Politique : le Capital ? Oui, parce que précisément on ne voulait pas une organisation capitaliste mais anti-capitaliste. Mais comme, tout de même, on ne pouvait se passer de capital, on le demanda à l'Etat, et l'Etat fut alors, pendant les trois années que dura la guerre et les trois années qui suivirent, un peu saigné, peut-on dire, par les coopératives, sous forme de subventions et de prêts. Toutes les fois qu'il y eût quelque chose à faire pendant la guerre — pour l'approvisionnement du pays, pour parer à la disette, pour utiliser les stocks restant des approvisionnements militaires, pour installer les démobilisés, pour éviter le chômage, pour s'occuper de l'émigration, pour lutter contre la cherté, pour tout ce qui se rapportait à la vie économique — la Ligue Coopérative Italienne disait : Nous sommes là ! nous allons nous en charger, ou du moins les confier à des organisations à forme coopérative, de concert avec l'Etat, ou même sans l'Etat, pourvu qu'il nous donne les fonds.

Déjà en 1913, à la veille de la guerre, on avait créé, sur l'initiative de Luzzatti, une grande Institution : « Institut National de Crédit pour la Coopération », avec un capital assez modeste de 7.750.000 l., fourni presqu'en entier par les Caisses d'Epargne d'Italie — qui sont très riches, beaucoup plus que celles de France, à raison de leur organisation beaucoup plus libérale.

Cette Caisse se trouva donc là à point nommé pour pourvoir aux frais des expérimentations coopératives et on ne se fit pas faute d'y puiser. Les prêts directs ou sous forme d'escompte s'élevèrent progressivement de 15 millions en 1914 à 162 millions en 1918, fin de la guerre, et jusqu'à 1.351 millions en 1922, puis déclinèrent fortement avec le changement de régime ; mais la plus grande part était pour les coopératives de production et de travail, et une moindre part pour les coopératives de consommation (1). On l'a qualifiée de Banque Bolcheviste. Et, en outre, les coopératives demandèrent aux Chambres des concessions pour des entreprises soi-disant coopératives — mais un très

____

(1) En 1919, les parts respectives furent 47 % pour les premières, 33 % pour les secondes ; en 1922, 70 % et 15 %.

grand nombre ne prirent ce titre que pour mieux spéculer.

Les demandes de coopération trouvèrent un accueil bienveillant auprès du gouvernement, mais il n'en fût pas de même auprès des économistes qui dénoncèrent alors les coopératives de la façon la plus violente. Ils les qualifièrent de parasites, de sangsues, de statophages (mangeurs de l'Etat, c'est le nom qu'on leur donna). L'un d'eux, Preziozi, publia en 1922 un livre qui fit grand bruit et qui était intitulé (je traduis de l'italien) : « La Coopérative rouge, pieuvre de l'Etat », dans lequel il accumulait tous les griefs contre les malversations des entreprises coopératives italiennes et il citait un grand nombre de faits assez impressionnants.

A ce livre, un des plus éminents économistes d'Italie, mort depuis peu, Pantaleoni, professeur à l'Université de Rome, avait ajouté une préface pour le recommander et déjà, dans un livre ayant pour titre « Le bolchevisme italien », il avait dénoncé le rôle des coopératives. Dans une lettre personnelle qu'il m'écrivait, il disait :

« Vous demandez pourquoi les économistes n'aiment pas les coopératives ? Nous ne les aimons pas parce qu'elles ont volé des centaines de millions à l'Etat, parce qu'elles ont été chez nous les voleurs les plus éhontés que nous ayions eus dans le monde des affaires. »

J'ai lu ce livre avec soin, il contient beaucoup de faits que je ne mets pas en doute, des faits qui, évidemment, sont scandaleux. Je ne puis les énumérer. J'en citerai seulement deux ou trois exemples.

Voici une société coopérative qui avait demandé l'exploitation de mines en Sardaigne ; elle prit la forme de société coopérative. Tous ceux qui ont quelque expérience de la coopération savent que, de toutes les entreprises, l'exploitation des mines est celle qui se prête le moins à la coopération. Il faut des capitaux énormes et parfois plusieurs générations s'écoulent avant que la mine rapporte. Eh bien, cette Société minière fut fondée au capital de 2.000 francs, sur lesquels 300 francs seulement furent versés ! et néanmoins elle se monta sur un très grand pied. Il y avait vingt-cinq employés, qui se partageaient 324.000 francs de traitement. Ce ne fut pas long. Elle avait été créée en mai 1920 ; elle fit faillite en mars 1921, avec un déficit de 905.000 francs ! Pour un capital originaire de 300 francs versés, évidemment c'est ce qu'on peut appeler une vaste escroquerie.

Voici un autre cas cité dans le livre.

Une fabrique s'était montée, toujours sous la forme coopérative, pour faire du vin de champagne. M. Preziosi dit : « Si quelqu'autre coopérative s'était fondée pour changer l'eau en vin on lui aurait tout de suite accordé une subvention et des avances. »

On cite encore le cas d'une « Coopérative Navale » à Pozzano qui, constituée avec un capital de 18.000 francs, se fit avancer deux millions par le Gouvernement — et les mangea.

Et encore « la Coopérative ouvrière métallurgique », qui emprunta 2.000.000 francs à l'Institut de Crédit pour construire 300 wagons, des hangars, etc., et qui, en deux ans n'en avait encore construit que 50, etc.

Ce livre se termine par un véritable acte d'accusation contre la Ligue de Milan, relevant les griefs que voici :

1° La Ligue Coopérative avait abusé des deniers publics, soit par des subventions gratuites de l'Etat, soit par des avances pour une foule d'entreprises sans avenir, sans possibilité de développement ; ainsi elle avait volé l'Etat et par conséquent le contribuable. On a dit 300 millions ; d'autres, plus modérés, ne disent que 130 à 150 millions.

2° Elle avait corrompu les députés pour se faire octroyer des concessions sans valeur, concessions qu'elle savait ne pouvoir aboutir, et parfois avait volé les ouvriers eux-mêmes, lorsque les entreprises qui les avaient embauchés ont fait faillite sans payer leurs salaires.

3° Au lieu de supprimer le règne des profiteurs, ce qui devait être le but et ce qui a été dans les autres pays la préoccupation des coopératives, elle a fait naître tout une catégorie nouvelle de profiteurs parmi lesquels bon nombre de députés socialistes qui se déguisaient sous le nom de coopérateurs.

Je ne discute pas l'exactitude des faits incriminés dans ce long acte d'accusation. Disons cependant qu'il n'est pas sûr que la responsabilité incombe à la coopération ; dans tous les pays et de tout temps, on a vu de fausses coopératives, des entreprises qui abusent de ce titre, précisément parce qu'il donne à croire qu'il s'agit d'entreprises désintéressées, sans but lucratif. C'est tellement vrai que la Ligue Italienne — il faut lui rendre cette justice que mes collègues économistes ne lui ont pas rendue — avait présenté elle-même un projet de loi à la Chambre, en vue d'organiser un contrôle de l'État sur les entreprises coopératives, et de poser certains critériums pour distinguer les vraies coopératives des fausses. Si ce projet de loi avait été voté, il aurait mis un certain frein à ces dilapidations que je viens de signaler.

Mais la Chambre ne le vota pas. Ce ne fut pas tout à fait la faute de la Ligue des Coopératives si les moyens de contrôle n'ont pas été établis.

D'autre part, il faut dire que pendant la guerre et après l'Italie n'a pas été le seul pays où les scandales financiers se soient manifestés sur une très grande échelle. Nous savons ce qui s'est passé en France, notamment pour la reconstitution des régions dévastées, et combien de fois l'État a été exploité par des entrepreneurs sans vergogne ! Là aussi il y a eu des coopératives qui ont pris faussement ce titre.

.Il faut voir là surtout un des effets de l'immoralité développée par la guerre dans tous les pays et dans tous les domaines ; à la suite de la guerre il y a eu une fièvre éruptive d'entreprises, un grouillement de profiteurs qui ont cherché, par tous les moyens, à gagner de l'argent de la façon la plus ignoble : même en trafiquant avec les cadavres des soldats pour les transporter.

Eh bien, il en a été de même en Italie. La différence c'est qu'en Italie les exploiteurs ont pris plus volontiers le masque de coopératives. C'est un hommage qu'ils rendaient à la coopération, puisqu'ils pensaient qu'en prenant cette étiquette ils seraient plus populaires et obtiendraient beaucoup plus facilement des subventions de l'Etat.

On ne doit pas non plus, à notre avis, reprocher à la Ligue Coopérative d'avoir eu l'ambition d'élever la Coopération à la dignité d'un Service Public. Elle a le droit d'y prétendre et c'est un des traits originaux du mouvement coopératif italien que d'être entré dans cette voie plus avant qu'aucun autre pays. Nous ne lui reprochons pas non plus d'avoir demandé et obtenu des représentants dans tous les grands comités officiels : Comités du Travail, de l'Emigration, etc. Notre Fédération française fait de même. Notre programme ne va à rien moins qu'à la pénétration par la Coopération de tous les organes de l'Etat : c'est ce que nous avons appelé la République Coopérative.

Mais ce n'est pas l'œuvre d'un jour : il faut une certaine prudence. Il me semble que de même que la Ligue italienne aurait pu protester contre les violences révolutionnaires de 1918 à 1922, de même elle aurait pu réagir plus vigoureusement contre ces scandales financiers ; nous ne prétendons donc pas qu'elle n'ait pas une part de responsabilité dans ces désastres. Mais du moins nous ne croyons pas qu'on puisse lui reprocher d'en avoir tiré profit, non plus que son secrétaire, Vergnanini, qui est sorti de ce désastre absolument sans ressources. On a dit que durant cette période d'après-guerre, il n'exerçait pas moins de 12 fonctions : c'est possible, mais peu importe si elles étaient gratuites. La férocité avec laquelle les journaux coopérateurs fascistes piétinent le vaincu est donc sans excuses.

Quoiqu'il en soit, la Ligue, qui jusque-là avait unifié toutes les forces coopératives de l'Italie, se vit abandonnée par une grande partie des coopérateurs. Les schismes se succédèrent. En 1917, ce fut celui de la « Fédération Nationale des sociétés de consommation », formée à Gênes avec 600 sociétés, d'inspiration catholique et visant à l'union du Travail et du Capital. En 1920, ce furent les soldats démobilisés qui formèrent une Fédération spéciale, dite « des anciens combattants ». En 1921, les fascistes fondèrent sous le nom de « Syndicat Italien des Coopératives », avec siège à Rome, une organisation concurrente de la vieille Ligue Vergnanini et qui se tenait prête à remplacer celle-ci dès qu'elle aurait été exécutée.

Enfin, l'année suivante, en 1922, ce furent les libéraux, avec le vieil homme d'Etat Luzzatti, qui se séparèrent à leur tour.

§ 2. — Le conflit entre le Fascisme et la Coopération

La rencontre entre la coopération italienne et le fascisme a été un événement considérable dans l'histoire de la coopération italienne.

Nous avons dit que c'est en 1919 — le 23 mars devenu fête nationale, comme le 6 novembre pour la Russie Soviétique, le 14 juillet pour la France — que le fascisme a commencé en Italie. Ses défenseurs disent que le fascisme a sauvé l'Italie du bolchevisme ; il est apparu en effet peu après la révolution russe qui a eu lieu en octobre 1917.

Il est vrai que le bolchevisme avait trouvé en Italie un milieu particulièrement inflammable, beaucoup plus qu'en France, par exemple. Le spectacle de tous ces paysans russes mis en possession des terres de leurs seigneurs, de ces ouvriers mis en possession des usines, avait absolument enflammé les imaginations méridionales du peuple italien, étant données surtout les conditions de vie de la population rurale italienne tout à fait déplorables. Les terres, depuis des siècles, y sont la propriété de seigneurs qui, la plupart, ne les cultivent pas, ne les habitent même pas et perpétuent les fameux *latifundia* de l'empire romain.

Aussi, dès la fin de la guerre, qui, comme on sait, finit en 1918, les syndicats ouvriers lancèrent des manifestes pour proclamer qu'il fallait changer de méthode, que la grève des bras croisés avait fait son temps, ainsi que la révolution dans la rue où la classe ouvrière se ferait balayer par les mitrailleuses. Au lieu de quitter l'usine, il faut que les ouvriers y restent, s'y installent comme chez eux, car c'est en effet, disaient-ils, notre maison. Il faut donc prendre possession — les paysans des fermes, des châteaux, des domaines ; les ouvriers, des usines — et c'était par cette voie seulement qu'on pourrait réaliser le socialisme.

Ces appels trouvèrent de l'écho ; on vit, dans toute l'Italie, des fermes, des châteaux, occupés par les travailleurs ruraux, et les usines par les ouvriers. Au lieu de faire grève, ils s'installèrent dans la ferme ou l'usine, en disant : c'est nous maintenant qui en sommes les maîtres et qui la ferons marcher.

Dans cette période de 1919 à 1921 (mais surtout fin 1921), plus de 600 usines furent ainsi occupées par les ouvriers, et parmi elles, quelques-unes des plus grandes usines d'Italie et même d'Europe, telle que l'usine Fiat, la célèbre fabrique d'automobiles qui emploie des milliers d'ouvriers.

Ce fut une consternation générale, et pas seulement en Italie ! On était fort inquiet, dans les autres pays, de savoir si cette nouvelle forme d'action directe, qui de la Russie avait gagné l'Italie, allait s'internationaliser.

Cependant, il est juste de reconnaître qu'il n'y eut pas de patrons ni propriétaires assassinés et qu'on ne cite pas de violences contre les personnes, sinon à Empoli où des marins furent assassinés ; mais ce fut un acte plutôt d'antimilitarisme que d'anticapitalisme. Plus tard, dans leurs représailles, les fascistes devaient faire bien pire.

C'eût été le moment pour la coopération italienne de se montrer et de faire voir que ce n'était pas là le socialisme enseigné par la coopération. La Ligue aurait rendu certainement un grand service à elle-même et au mouvement coopératif tout entier si elle était intervenue dans la lutte et avait condamné ces actes. Mais elle hésita ; elle donna quelques bons conseils ; mais cela n'alla pas bien loin. On l'accusa même, peut-être avec quelque injustice, d'être plutôt sympathique à ces manifestations. Si elle avait eu plus de résolution, elle aurait évité les schismes dont nous avons parlé qui la démembrèrent de 1020 à 1022 et peut-être même rallié les catholiques qui s'étaient déjà séparés en 1917.

Le gouvernement était dirigé à ce moment par un illustre homme d'Etat, très âgé, qui, de tous les hommes d'Etat d'Italie a été le plus souvent ministre : M. Giolitti. Il y avait aussi au ministère un professeur d'Economie Politique qui avait longtemps enseigné à Naples, M. Francesco Nitti ; depuis quelques mois il est réfugié à Paris.

Le ministère ne fut pas plus énergique que n'avait été la Ligue et il avait cependant moins d'excuses à faire valoir. M. Giolitti dit aux grands fabricants et aux usiniers qu'il ne prenait pas la responsabilité de les protéger, ce qui dans la bouche d'un chef de gouvernement est une parole grave, car il n'y eut pas seule ment l'occupation des usines, mais aussi des démonstrations antimilitaristes. Le 10 novembre 1921, quand on voulut faire une grande manifestation pour l'inauguration de la tombe du soldat inconnu, à Rome, les employés des tramways refusèrent de marcher, ce qui fit que la circulation fut arrêtée. Mais le gouvernement, avec bienveillance, rejeta la responsabilité sur l'électricité dont le courant aurait subi une panne.

Dans les ports, il y eût des groupements ouvriers qui, avant de laisser partir tel ou tel navire, s'informèrent de sa destination, et s'il n'emportait pas des armes, des munitions, des explosifs, et dans ce cas refusaient de les laisser partir.

A ce moment, la lire était tombée bien au-dessous du franc, le budget et la balance du commerce étaient en déficit de plusieurs milliards.

C'est à ce moment-là, mars 1919, que se constitua un groupement composé surtout d'anciens militaires, qui prit le nom destiné à un si grand retentissement de *fascistes*, c'est-à-dire le parti de l'ordre puisqu'il prenait pour emblème les faisceaux des licteurs entourant la hache. Mais ce ne fut que trois ans et demi plus tard, au mois d'octobre 1922, qu'eût lieu la marche sur Rome et que le fascisme prit le pouvoir en la personne de Mussolini, avec le concours tacite, sinon exprès, du roi et de l'armée.

Et c'est durant cette période où le fascisme n'était pas encore le gouvernement légal, qu'il commit les pires violences, surtout contre les coopératives de consommation. Il était à prévoir, de même qu'en Hongrie, qu'au régime de terreur rouge communiste succéderait le régime de terreur noire fasciste. On intima l'ordre aux coopératives adhérentes à la vieille Union de se déclarer fascistes, c'est-à-dire de remplacer leurs administrateurs par des administrateurs à la chemise noire ; celles qui s'y refusèrent furent incendiées, saccagées, par centaines, par milliers.

L'Alliance Coopérative Internationale s'émut de la situation et envoya en Italie un de ses membres, un Suisse, M. Suter, un homme dont le témoignage est au-dessus de tout soupçon, pour faire une enquête, de même qu'elle avait envoyé un autre de ses membres, M. Serwy, faire une enquête dans la Géorgie soviétisée. M. Suter présenta son rapport à l'Alliance Coopérative en décembre 1922, où il dit :

« Il est impossible de se faire une idée de la destruction systématique des coopératives italiennes par les fascistes, lorsqu'on n'a pas vu de ses yeux quelques exemples de ces dévastations.

« Entre des centaines, il faut citer le siège social de la Fédération des Coopératives de Ravenne, l'ancien palais royal Rasbonni ; il fut pillé puis incendié en juillet 1922. Ailleurs, un grand nombre d'administrateurs ont été maltraités ou tués. De même, à Magenta, le 23 juillet 1922, l'on prit tout l'argent que l'on trouva ; les magasins ne furent pas incendiés, mais sous la condition que les administrateurs seraient remplacés par des fascistes. La Coopérative de B..., province de Milan, fut d'abord pillée, puis incendiée, le tout sous les yeux de la police et avec l'approbation des marchands. »

J'appelle votre attention sur ces derniers mots, parce qu'il est certain que ces pillages furent en partie encouragés par les concurrents des coopératives ; dans tous les pays les coopératives ont pour ennemis féroces les marchands, et quand ceux-ci virent l'occasion d'en finir avec leurs ennemis les coopérateurs, ils n'hésitèrent pas à pousser les fascistes à l'assaut.

« En somme, il y a eu environ un tiers des coopératives de la Ligue qui ont été détruites.

« Le préfet de la province de Pavie, voyant que la majorité des membres de la coopérative se montrait hostile au régime actuel, décréta que ses administrateurs seraient remplacés par un directeur nommé par le préfet. »

« Pourtant si la plupart furent réduites à capituler, il y en eût quelques-unes plus fortes qui purent obtenir une transaction, c'est-à-dire qu'elles obtinrent un comité mixte, acceptant l'élection pour moitié d'administrateurs fascistes et gardant la moitié des anciens administrateurs. Tel fut le cas des 80 coopératives de Reggio. »

Même les simples clients qui sans être sociétaires se servaient aux anciennes coopératives étaient dénoncés, souvent maltraités.

Cependant, le Secrétaire de la grande Ligue Italienne, ainsi victime de ce coup d'Etat, Vergnanini, ne se découragea pas. Il prit la chose, je ne dirais pas avec le sourire, mais du moins avec un optimisme un peu extraordinaire.

D'abord, il demanda une audience à Mussolini lui-même, tout de suite. Il avait été autrefois en relations personnelles avec lui, comme tous les socialistes italiens dans les rangs desquels Mussolini avait combattu pendant plusieurs années. Il fut reçu par lui à Rome. Mussolini lui donna de bonnes paroles, c'est-à-dire lui promit toute sympathie pour la coopération, mais à la condition qu'elle ne fît plus de politique et ne se présentât plus avec la cocarde socialiste. Sur quoi Vergnanini, satisfait de peu, déclara :

« Qu'on allait entrer dans une ère d'entente et d'harmonie et qu'il fallait conserver vis-à-vis du gouvernement fasciste une attitude d'expectative confiante. »

Cette « expectative confiante », au milieu des incendies des coopératives, était touchante et aurait dû suffire à désarmer ses plus farouches ennemis. En effet il y eût un essai de conciliation, un peu plus tard, à propos de l'Exposition Coopérative Internationale de

Gand, en 1924. On demanda aux coopérateurs italiens de faire en cette circonstance l'union patriotique, et comme le gouvernement fasciste était désireux que l'Italie, là comme ailleurs, occupât une grande place, il accepta une entente provisoire. En effet, à l'Exposition de Gand, l'Italie fut de tous les pays celui qui occupait la plus vaste section. Elle le meubla luxueusement. On avait formé un comité mixte, avec les coopératives fascistes, les vieilles coopératives de Vergnanini, les coopératives des anciens combattants, avec celles catholiques elles-mêmes, sous la présidence de l'homme d'Etat que j'ai nommé déjà : Luzzatti, qui représentait la neutralité beourgeoise libérale.

Mais cette trève ne dura guère ; dès le retour de Gand, les persécutions, les vexations de toute nature, contre les coopératives de l'ancienne Ligue italienne, recommencèrent. Tous les représentants des coopératives furent exclus du Conseil de l'Institut National de Crédit à la Coopération.

Il y avait d'autant moins de raison d'espérer un revirement que ce n'était plus seulement les coopératives, mais toutes les associations, y compris les syndicats, qui furent supprimés et tous les journaux saisis. Un organe fasciste, *Impero*, exultait :

« Elle est tuée et personne ne la pleurera, cette monstrueuse créature qui fut la liberté de la presse... Elle est morte la liberté des associations. Le fascisme affirme ainsi que la politique regarde simplement le parti dominant. »

Le coup final ne pouvait guère tarder.

En effet, le 13 novembre 1925, le siège social de la Ligue fut occupé, en vertu d'un arrêté du Préfet de Milan ; tout ce qui appartenait à la Ligue fut saisi, documents, publications, papiers personnels de Vergnanini. L'arrêté du Préfet de la province de Milan, non seulement interdit à toutes les coopératives de publier leurs annonces, convocations et bilans, dans le journal *Cooperazione Italiana*, mais leur enjoint de les publier dans le journal, organe de la Fédération Fasciste, le *Lavoro Cooperativo*. En fait, défense à toute société d'avoir dans ses magasins ou ses bureaux un exemplaire de la *Cooperazione Italiana*.

Cependant, les coopérateurs de l'étranger, comme nous le verrons tout à l'heure, protestèrent et ces protestations de l'étranger, quoique restant sans réponse de la part du gouvernement fasciste, ne furent peut-être pas tout à fait sans influence, en ce sens qu'on dit à Vergnanini que s'il voulait faire reparaître son journal à titre privé, il le pourrait. Mais la Ligue ayant été dissoute, il n'avait plus de fonds. L'Alliance Coopérative lui vota une petite subvention et Vergnanini, le 1er juillet 1926, publia à nouveau son journal, mais aussitôt le préfet de Milan séquestra le premier numéro, « considérant que tout son contenu est de nature à exciter les esprits et à mettre en péril l'ordre public. »

En réalité, il n'y avait absolument rien qui pût troubler l'ordre public — sinon peut-être un article de moi-même qui protestait contre l'attitude trop abstentionniste de Luzzatti. Je disais que même en admettant que Luzzatti, le vieil homme d'Etat représentant le parti libéral, fut converti au fascisme, c'était son devoir, en qualité de membre du Comité Central de l'Alliance Coopérative Internationale, et quoique ne partageant pas leur opinion, de défendre ses anciens camarades.

Même alors, Vergnanini ne se découragea pas : il fit tirer un autre numéro encore plus anodin que le premier et publie depuis lors, de façon assez intermittente, une pauvre petite feuille qui est tout ce qui reste du grand mouvement dont nous avons fait l'histoire. Dans ce journal bâillonné il n'y a que quelques articles de discussion théorique, quelques consultations juridiques, ou quelques extraits de la presse coopérative étrangère quand ils n'ont aucun caractère politique ou socialiste. Néanmoins le boycottage de cet inoffensif petit journal continue. Il n'est reçu dans les anciennes coopératives qu'en cachette.

Il reste pourtant bien des sociétés fidèles, mais anonymes, qui entretiennent avec Vergnanini des relations par correspondance ; le jour où ce régime de terreur aurait disparu, elles se grouperaient de nouveau autour de l'ancien drapeau.

L'histoire que je viens de vous raconter n'a fait que répéter d'une façon assez fidèle, l'histoire qui s'est passée en Russie en 1917-1918. Là aussi, les anciens coopérateurs furent accusés, non pas certes d'être trop socialistes, mais d'être des socialistes simplement révolutionnaires, ce qui veut dire, en Russie soviétique, des réactionnaires, et ils furent traqués, chassés, persécutés.

Cependant, je dois dire que la terreur bolcheviste a eu sur la terreur fasciste cette supériorité que les nouveaux coopérateurs communistes ont respecté sinon les anciens coopérateurs, du moins les magasins des sociétés existantes. Il y a bien eu, au début de la révolution bolcheviste quelques magasins de coopératives qui ont été pillés, mais cela n'a pas duré et immédiatement le « duce » de là-bas, Lénine, y mit le holà ; il défendit de toucher aux coopératives, tandis qu'en Italie, si les anciens coopérateurs n'ont pas été fusillés, les magasins coopératifs ont été saccagés.

§ 3. — L'intervention de l'Alliance Coopérative Internationale

L'Alliance Coopérative Internationale, dont j'ai parlé tout à l'heure, cette grande supra-coopérative, sœur modeste de la Société des Nations — qui réunit tout de même sous son drapeau aux sept couleurs 35 nations — s'émut de cette situation. Au Congrès de Bâle de 1921, elle avait déjà voté un ordre du jour très sévère contre les événements fascistes, en les dénonçant à l'opinion publique européenne. Elle a continué à protester dans son Bulletin mensuel trilingue et en 1924 elle demanda l'autorisation officielle de faire une enquête en Italie sur la vraie situation des coopératives : elle 'adressa aussi à Luzzatti, mais elle n'obtint pas de réponse — sinon des répliques injurieuses dans le journal *Il Lavoro Coopérativo* qui est l'organe des coopératives fascistes ; et aussi indirectement une déclaration de Luzzatti, dans une interview que la dignité nationale ne permettait pas d'admettre des étrangers à faire une enquête sur la politique italienne.

L'Alliance Coopérative protesta de nouveau, mais il est intéressant de noter que tous les Etats représentés à l'Alliance Coopérative ne s'associèrent pas à ce blâme. Il y avait à ce moment-là 28 Etats représentés à l'Alliance Coopérative Internationale. La résolution votée par l'Exécutif et communiquée par lettre-circulaire aux divers pays fut approuvée par 21. Il y en eut 4 qui refusèrent de s'associer à l'ordre du jour blâmant le coup d'Etat fasciste contre la coopération italienne, l'Allemagne, la Hongrie, la Suisse et le Danemark : 4 qui ne répondirent pas, donc qui s'abstinrent, la Finlande, la Yougo-Slavie, la Lettonie et la Bulgarie. Cependant ce sont là des pays qui sont très bons coopérateurs ; et même le Danemark à ce moment-là avait un ministère (il vient de changer) socialiste. En Finlande, aussi tous étaient coopérateurs et socialistes : en Lettonie de même. Et quant aux Suisses, s'ils ne sont pas socialistes, ils sont du moins très bons républicains. Oui, mais dans tous ces pays la peur du bolchevisme était plus grande encore que la haine du fascisme et ils savaient même bon gré à celui-ci d'avoir sauvé l'Italie et peut-être l'Europe du bolchevisme ; du moins le croyaient-ils. Quant à la Hongrie, elle était encore sous le cauchemar de la tentative bolcheviste de Béla Kühn.

Même dans les autres Etats qui votèrent l'ordre du jour anti-fasciste, il y eût quelques dissidences. Comme représentants de la France, la Fédération Nationale des sociétés de consommation vota la motion de blâme, mais étaient aussi représentées à l'Alliance Internationale deux autres Fédérations françaises, celle des associations de production et celle des associations agricoles, et ces deux-là s'abstinrent, parce que les coopératives de production et les coopératives agricoles en Italie avaient été relativement épargnées. C'était les coopératives de consommation qui avaient eu l'honneur de recevoir tous les coups. On vit en cette occasion, comme en bien d'autres, que les sentiments de solidarité entre les diverses formes de la coopération sont assez tièdes.

En Hongrie, inversement, si la grande Fédération Hangya vota contre, une autre organisation beaucoup moins importante, composée uniquement de travailleurs, vota pour.

Mais une question plus embarrassante est celle de la sanction à donner à donner à ce blâme. Nous y reviendrons plus loin.

§ 4. — Causes spéciales de la décadence du mouvement coopératif en Italie

Ainsi, après 40 années de travail qui l'avaient élevée au niveau des grandes Fédérations Coopératives d'Europe, la Ligue italienne était complètement anéantie. Mais déjà avant la brutale exécution fasciste de 1924, elle avait été démembrée, comme nous l'avons vu, par des schismes successifs.

Il serait inexact, en effet, de croire que l'effondrement de la coopération italienne n'ait d'autre cause que le coup d'Etat fasciste ; il y a aussi d'autres causes, les unes générales, les autres spéciales à l'Italie.

Il y a eu d'abord une cause générale qui a sévi dans tous les pays. La dépréciation des unités monétaires,

résultant de la guerre, a été favorable aux coopératives·
en ce sens que par la hausse des prix qu'elle a détermi-
née elle a poussé une grande partie de la population
vers les coopératives où elle espérait trouver le bon
marché.

Mais, d'autre part, les capitaux des coopératives, au
fur et à mesure que l'unité monétaire se dépréciait, se
sont peu à peu évanouis. En Allemagne même, où le
mouvement coopératif était extrêmement fort, le fait
que le mark a été complètement volatilisé a failli rui-
ner un très grand nombre de coopératives. Il en a été
de même en Italie, quoique la dépréciation de la lire
ait été bien moindre que celle du franc.

C'est ainsi, pour citer un exemple d'une ruine qui
n'est pas due aux fascistes, que la plus grande coopérative d'Italie, l'Union Coopérative de Milan, était déjà
très bas avant le fascisme.

Création de Buffòli, elle était la gloire des coopératives
italiennes, venant un peu après celle de Trieste, mais
Trieste, à ce moment-là, n'était pas italienne. Elle faisait pour 100 millions d'affaires, elle était logée dans
un palais des anciens patriciens et elle avait construit,
à une demi-heure de Milan, par tramway, une char-
mante cité-jardin qui portait le nom de Milanino (le
petit Milan) où logeaient un grand nombre de coopérateurs, dans d'excellentes conditions ; où il y avait des
écoles, des récréations pour les enfants, des restau-
rants. Eh bien ! cette brillante coopérative était presqu'en faillite, à telles enseignes que la riante cité de
Milanino dont le fondateur, Buffoli, était si fier, fût
vendue à des entrepreneurs privés et a cessé d'appar-
tenir aux coopérateurs.

Aujourd'hui, cette grande coopérative, comme la plupart des autres coopératives italiennes, est entre les
mains d'un commissaire fasciste, mais jusqu'à présent,
il ne semble pas que la nouvelle direction l'ait relevée.

En dehors de cette cause générale, il y avait des causes spéciales à la coopération italienne.

D'abord la multiplicité des coopératives. C'est, il est vrai, un mal général de la coopération. Nous en souffrons en France à un très haut degré ; il y a en France un nombre ridicule de coopératives, naguère 4.000 pour une population de 3 millions de coopérateurs, ce qui fait qu'il y a des centaines, des milliers même, de petites sociétés qui vivent on ne sait trop comment. Mais c'est pire encore en Italie. En Italie, pour une population de coopérateurs qui n'était pas supérieure à celle de la France, il y avait plus de 6.000 coopératives de consommation.

Dans certaines villes, à Milan par exemple, on comptait 50 sociétés coopératives de consommation. A Rome, encore davantage.

Mais il n'y avait pas seulement l'éparpillement des sociétés, il y avait, ce qui est plus grave, la division par partis, par écoles, par couleurs. On pouvait compter jusqu'à cinq partis différents dans le mouvement coopératif. En France, nous n'en avons jamais eu plus de deux, pendant une quinzaine d'années, mais nous avons réalisé l'unité. Dans la plupart des pays, on est aussi arrivé à l'unité. Il y a bien quelques pays encore, la Pologne, la Finlande, la Hollande, où se trouvent deux organisations, l'une socialiste, l'autre neutre ; mais elles tendent néanmoins à se rapprocher.

Il est surprenant que l'Italie qui, dans le domaine politique, a été si fière de réaliser son unité et a élevé le plus magnifique monument au roi qui en a été l'auteur, Victor-Emmanuel — n'ait pas pu réaliser l'unité dans le mouvement coopératif ! Et pourtant elle en avait été bien près, en apparence du moins, car depuis sa fondation, en 1886, jusqu'à la guerre, la Ligue Nationale coopérative dont j'ai fait l'histoire, réunissait la plus grande partie des coopératives italiennes, quelle qu'en fût leur couleur. Elle disait : « Nous ne sommes ni blancs, ni noirs, ni rouges, ni verts, nous sommes ouverts à tous les partis, à toutes les couleurs ».

Mais cette unité n'était que de surface. Et la preuve, c'est qu'elle n'avait pu réussir à organiser une Fédération d'achat en commun, comme dans tous les autres pays, ou du moins n'avait pu créer qu'un avorton.

CHAPITRE III

COOPERATION FASCISTE ET COOPERATION SOCIALISTE

§ 1. — Le programme coopératiste fasciste

Si du moins les fascistes avaient apporté quelque chose de nouveau, d'original, dans le mouvement coopératif, on pourrait, dans une certaine mesure, les excuser. Quand les bolchevistes, les coopérateurs communistes, ont renversé l'ancienne organisation coopérative russe, ils ont eu la prétention d'apporter une forme nouvelle, différente de la coopération anglaise de Rochdale ; par exemple, la coopération devenue obligatoire, la suppression de la ristourne sur les achats et de l'intérêt au capital, etc.

Mais les fascistes ne prétendaient rien innover. Ils protestent avec indignation contre ceux qui les accusent d'avoir voulu tuer le mouvement coopératif, en tuant la Ligue. Voici par exemple, le principal manifeste du grand Conseil fasciste, conseil politique mais qui s'occupe aussi de la coopération :

« Le Grand Conseil du fascisme, en examinant le problème coopératif en Italie, reconnaît que la coopération peut représenter une contribution importante de la reconstitution de l'économie nationale ; qu'elle peut amener une sélection des capacités et des valeurs morales, un moyen de pénétration pacifique et de protection des émigrants italiens à l'étranger ;

« Mais il considère comme indispensable de déclarer

que la Coopération ne doit obtenir et demander aucune subvention de l'Etat, qu'elle ne doit pas dégénérer en parasitisme politique ; mais qu'elle doit chercher simplement à industrialiser les entreprises en restant sous le régime de la libre concurrence et en n'attendant que de là sa victoire. »

Elle dit même : « les Pionniers de Rochdale étaient neutres ; ils se sont abstenus de politique. C'est la Ligue Vergnanini qui, au contraire, a été infidèle au programme de Rochdale, et c'est nous qui en sommes les fidèles successeurs. »

Qu'ont-ils donc fait ? Ils se sont bornés à mettre les coopératives en demeure de changer de couleur et d'endosser la chemise noire, de rouge qu'elle était. Ils prétendent avoir fait la même opération que celle du cultivateur qui traite sa vigne en la dépouillant des parasites, de façon à lui donner une vigueur nouvelle. Eux aussi auraient échenillé la vieille coopération de la vermine socialiste et politicienne. C'est tout, mais n'est-ce point assez ?

Et quels sont donc les vices de l'ancienne coopération italienne qu'ils veulent expurger ? Ce sont :

1° ses tendances socialistes, même, dit-on bolchevistes, et l'affirmation dans son programme de la lutte de classes ;

2° ses accointances politiques qu'elle utilise pour vivre aux dépens de l'Etat et par conséquent des contribuables ;

3° et même en ce qui concerne le programme coopératiste proprement dit, ses ambitions ridicules de créer une économie nouvelle par l'abolition du commerce, de la concurrence, du profit, du salariat, etc. Elle a fait comme l'astrologue de la fable qui, en regardant les étoiles, tombe dans un puits. (1)

____

(1) Pourtant le journal des Coopérateurs fascistes (*Il Lavoro*, 23 mars 1926) publie, en l'approuvant, une critique de la règle classique qui refuse tout dividende au capital-actions : cette prohibition, dit-il, a pour résultat de décourager toute souscription

Nous voulons, disent les fascistes, une coopération qui s'attache à son véritable objet, c'est-à-dire diminuer le coût de la vie, améliorer le sort des travailleurs ; non pas supprimer la concurrence ni les marchands, mais au contraire, exercer elle-même cette concurrence pour lutter contre les monopoles et les coalitions, pour tenir en bride les marchands, pour servir de frein à la spéculation, pour exercer un contrôle stabilisateur sur le commerce et sur les prix.

Voilà ce que disaient les fascistes et le *duce* lui-même, Mussolini. Quand, au lendemain du coup d'Etat du mois d'octobre 1922, la Ligue italienne, avec son secrétaire Vergnanini alla lui demander audience, voici ce qu'il leur répondit (13 novembre 1922) :

« La coopération, lorsqu'elle n'est pas déviée de sa mission économique par des influences politiques et spéculatrices, constitue une force puissante pour discipliner les marchés et une école efficace d'enseignement de la responsabilité pour la masse des Travailleurs. Elle ne doit pas être considérée comme en opposition avec le principe de la libre concurrence, au sens de libre jeu des activités industrielles et commerciales, mais comme un moyen pratique de combattre toutes les formes de monopole qui portent préjudice au consommateur... »

« Il arrive trop souvent actuellement, surtout depuis la guerre que la libre concurrence ne joue pas, précisément parce qu'il y a des coalitions et des trusts, parce que les marchands exploitent les consommateurs. Eh bien ! que les coopératives se donnent pour mission de rétablir le jeu de la libre concurrence, en luttant contre

---

d'actions, de tarir par conséquent la source du capital social et de réduire la société à mendier les subsides de l'Etat. Cette critique n'irait à rien moins qu'à abolir le principe coopératif de Rochdale pour revenir au mode capitaliste, mais il ne semble pas qu'elle ait trouvé de l'écho dans les milieux fascistes. Seulement la règle limitant le montant total des actions que peut posséder un sociétaire, a été modifiée et le maximum relevé de 5.000 lires à 30.000.

les spéculateurs et contre les monopoles. Voilà ce qu'elle doit faire, voilà à quelles conditions l'État pourra lui assurer son fonctionnement dans une atmosphère de liberté. »

Une atmosphère de liberté, ceci est le mot de la fin !

Ce programme avait déjà été formulé par les principaux économistes italiens de l'école libérale, notamment par le professeur d'économie politique de Rome, Pantaleoni, déjà cité, qui avait fait un article dans la grande revue anglaise *Economic Journal*, sous ce titre : « La Coopération a-t-elle apporté un principe nouveau dans l'ordre économique? » et il répondait négativement.

On peut remonter plus haut, car tel était aussi le programme des économistes français pendant les dernières décades du siècle précédent. Les plus illustres d'entr'eux : Léon Say, qui fut le ministre des finances lors de la précédente guerre de 1870 ; Paul Leroy-Beaulieu, qui a enseigné dans le Collège de France pendant bien des années et qui était considéré comme le chef de l'École économique française, tous avaient dit la même chose. (1)

Leroy-Beaulieu avait lui-même mis en garde contre ce qu'il appelait la « palingénésie » de la nouvelle école coopérative (celle de Nîmes), la prétention de créer un monde nouveau. Il leur rappelait la fable de la grenouille qui veut se faire aussi grosse que le bœuf : que les coopératives, disait-il, se bornent à aider les économistes dans leur campagne pour le bon marché et la diminution du coût de la vie, pour la libre concurrence, pour le libre échange, pour l'amélioration générale du sort de la classe laborieuse, et alors elles seront dans leur rôle.

Ainsi ce programme nous est bien connu, mais ce n'est nullement, comme le disent les fascistes, celui des Pionniers de Rochdale ; c'est celui des économistes français du siècle dernier, ou, s'ils préfèrent cette autre

____

(1) Voir dans notre Cours de 1924, la brochure : *Le programme coopératif et l'Économie politique libérale.*

filiation, celui des coopérateurs allemands de l'école de Schulze Delitzsch, continué par Cruger. Et c'est ce vieux programme contre lequel le néo-coopératisme, et tout particulièrement l'Ecole de Nîmes, s'est élevé.

§ 2. — La doctrine de la Ligue Vergnanini

A ces griefs formulés contre la Ligue Vergnanini, que répondait celle-ci ?

Nous n'avons, disait-elle, jamais fait de pacte d'alliance avec le parti socialiste, ni avec le syndicalisme ; nous voulons que la coopération conserve son autonomie. Faire de soi-même (*fara da se*), c'est le proverbe italien qui a été le mot d'ordre de l'Italie : nous en faisons le nôtre.

L'ordre du jour de Cabrini cité ci-dessus : « Le Congrès,... considérant que l'organisation coopérative, en tant qu'elle se place sur le terrain de la lutte de classe... » n'a pas la signification qu'on lui a attribuée. Il a simplement pour but de donner mandat aux députés socialistes de représenter les intérêts de la coopération au Parlement, parce que ce parti est celui qui nous a toujours défendus et qui nous inspire le plus de confiance ». Est-ce faire acte d'adhésion au socialisme que de prendre un avocat socialiste lorsqu'on a un procès à plaider ?

Il semble exact que l'alliance avec le parti et les syndicats, préconisée par la motion Cabrini, ne soit jamais devenue effective et même que les avances des coopératives aient été assez froidement accueillies.

Toutefois, après avoir ainsi répondu à cette accusation, les anciens coopérateurs italiens ajoutent : mais si nous nions être une coopération socialiste ou syndicaliste dans le sens politique du mot, nous ne nions pas et même nous affirmons être un mouvement de transformation sociale et ne renions pas cette déclaration de Vergnanini dont les fascistes se sont fait une arme contre lui : « parce que j'étais socialiste je fus

ccoopérateur, et parce que je suis coopérateur je suis
et continue à être plus que jamais socialiste ». Oui
nous sommes socialistes en ce sens, si l'on veut, mais
d'un socialisme qui nous est propre, qui est le socialisme coopératif et dont le programme bien connu a
déjà été formulé par l'Ecole de Rochdale et l'Ecole de
Nîmes. Notre programme a pour but de transformer
l'organisation économique actuelle, en remplaçant la
concurrence par la coopération, en éliminant le profit,
en faisant passer le gouvernement économique des
mains des producteurs aux mains des consommateurs.
Tout cela c'est du socialisme, sans doute, et du socialisme révolutionnaire puisque ce serait une transformation radicale de la société, mais en excluant tout
recours à la violence et en ne comptant que sur la
puissance des bonnes volontés organisées. Ce socia-
lisme-là n'a donc aucun rapport avec le socialisme
marxiste ni avec celui des bolchevistes qui prétendent le
réaliser. Si nous avons employé parfois la formule
« lutte des classes », notamment dans la fameuse résolution Cabrini, c'est dans un sens tout différent du sens
révolutionnaire. Vergnanini a condamné maintes fois
« cette lutte de classes qui se borne à une action simpliste, intransigeante, négative, pour donner l'assaut au
camp capitaliste ennemi, et qui n'est que du bluff. Je nie
la vertu rénovatrice de cette forme de lutte de classes...
Que de grèves — même victorieuses — qui n'ont servi
qu'à consolider le capitalisme ! »

Et dans un grand manifeste du 4 avril 1910, énumé-
rant les bienfaits de la coopération, Vergnanini opposait
celle-ci, éliminant les conflits entre le capital et le travail et préparant l'harmonie des classes, au libéralisme
bourgeois qui par la libre concurrence et la spéculation fomente et attise la lutte de classes.

Quant au reproche de faire de la politique, ce qui est
vrai c'est que nous avons l'ambition, disaient encore les
coopérateurs italiens, de devenir un Etat dans l'Etat,
c'est-à-dire de faire de la coopération non pas seule-

ment une institution privée, ce qu'elle est dans tous les pays, mais vraiment un service public dans le sens le plus complet de ce mot. Nous voudrions que l'État futur fût pour ainsi dire à double face, l'une politique l'autre économique : la forme politique resterait ce qu'elle est, la forme économique deviendrait toute coopératisée.

C'est d'ailleurs la voie dans laquelle on commence à entrer dans plusieurs pays, sous la forme de régies municipales, ou d'entreprises telles qu'en France celle des mines de potasse en Alsace, celle des forces hydrauliques du Rhône, qui sont à la fois institutions d'État et associations coopératives. (1).

§ 3. — Les différences entre la Ligue Italienne et l'Ecole de Nîmes

J'ai dit que les coopérateurs fascistes n'ont fait que reprendre le programme des économistes français du siècle dernier. Eh bien, on peut dire aussi que les coopérateurs italiens de la Ligue de Milan n'avaient fait que reprendre le programme de Rochdale et plus précisément celui de l'Ecole de Nîmes, avec laquelle Vergnanini a entretenu depuis bien longtemps les relations les plus cordiales.

C'est ce qu'a dit Vergnanini lui-même à mainte reprises :

« Notre Ligue s'est toujours inspirée des principes classiques de la coopération qui ont leur application pratique dans le colossal mouvement anglais et leurs théoriciens parmi les économistes de l'Ecole de Nîmes. Elle ne réclame aucun privilège ; elle ne demande à l'Etat que l'égalité de traitement. »

Cependant il n'est pas exact que le programme de la Ligue italienne fut tout à fait le même que celui de l'Ecole de Nîmes.

____

(1) Cette tendance vient d'être exposée avec ampleur dans le livre de Bernard Lavergne, l'*Ordre Coopératif*.

Il y a quelques graves différences.

La plus caractéristique, sur laquelle j'ai déjà attiré l'attention en faisant l'histoire de la coopération italienne, c'est que la Ligue Coopérative Italienne a fait de la coopération un mouvement exclusivement prolétarien. Elle déclare que la coopération est organisée pour la classe ouvrière : c'est même inscrit dans ses statuts comme je l'ai fait remarquer : « La Ligue a pour objet l'amélioration de la classe ouvrière ».

Mais dire que la coopération a pour but l'amélioration de la classe prolétarienne c'est dire que la classe ouvrière est la seule qui l'intéresse, et que les autres classes sociales ne sont que des parasites qui n'ont aucun titre à être défendus.

L'Ecole de Nîmes, au contraire, dit que la coopération a pour but la défense, non pas spécialement de la classe ouvrière, mais des intérêts de tous les consommateurs, c'est-à-dire de tout le monde puisqu'il n'y a personne qui ne soit consommateur.

Sans doute, la classe ouvrière constitue une grosse partie des consommateurs, parfois la majorité, quoique pas toujours — en France, par exemple, ce n'est pas le cas — mais nous n'admettons pas qu'il n'y ait en dehors d'elle que des parasites. Et au lieu de penser que la coopération doit tendre à l'avènement d'une société où il n'y aurait que des prolétaires, nous prétendons qu'elle doit se donner pour but une société où il n'y aura plus de prolétaires, où tout le monde sera plus ou moins possesseur des instruments de travail et des capitaux, sinon individuellement, tout au moins collectivement et précisément sous la forme de coopérative.

Ce qu'il y a de curieux c'est que les coopérateurs italiens, et Vergnanini lui-même, affirment que c'est bien l'intérêt du consommateur qui est leur but et qu'en cela ils acquiescent complètement aux théories de l'Ecole française. Il admet aussi « que l'intérêt des con-sommateurs se confond directement avec l'intérêt public ». Et il écrit ailleurs une phrase qui est la reproduction presque textuelle de ce qu'avait écrit l'économiste Bastiat : « Toute l'économie politique repose sur le consommateur ».

N'y a-t-il pas une contradiction dans cette théorie ? Comment dire que la coopération a pour but l'intérêt des consommateurs, et dire ensuite qu'elle est exclusivement prolétarienne ?

Ils cherchent à expliquer cette contradiction, qui n'est qu'apparente, disent-ils, de la façon suivante : « Nous ne nous intéressons, en effet, qu'à la classe ouvrière, c'est pour elle que la coopération veut lutter. Seulement, dans la classe ouvrière, ce n'est pas l'intérêt des ouvriers en tant que travailleurs que nous défendons, c'est leur intérêt en tant que consommateurs. Nous appelons leur attention sur cet aspect du problème économique. Nous n'avons pas confiance dans une révolution qui ne fait appel qu'aux forces de travail de la classe ouvrière, sous la forme d'arrêt du travail, de grève générale. Nous estimons que la véritable puissance de la classe ouvrière c'est son pouvoir de consommation. Car sa force de travail, on peut la remplacer par des machines ; ses bras seront toujours à la merci des entrepreneurs ou des capitalistes. Tandis que si la classe ouvrière savait utiliser, discipliner, organiser sa puissance de consommation, si au lieu de continuer à verser entre les mains de la classe capitaliste, marchands, industriels et fabricants, tout l'argent qu'elle leur verse sous forme d'achats, elle savait garder cet argent pour fonder des entreprises coopératives, des sociétés de consommation, elle acquerrait une force beaucoup plus considérable et pourrait faire une révolution plus économique, plus pacifique et plus sûre, que le vieux système des révolutions du parti socialiste ou du socialisme. »

Tout ceci est excellent et parfaitement conforme à l'enseignement de l'Ecole de Nîmes. Oui, quand il s'agit, par exemple, d'une grève, tandis que les syndicats et les socialistes politiques disent toujours à l'ouvrier :

il faut lutter pour faire augmenter vos salaires — nous leur disons : « Faites attention, vous n'êtes pas seulement des travailleurs producteurs, vous êtes des consommateurs : ce qui doit vous préoccuper plus que l'augmentation des salaires c'est la diminution du coût de la vie, c'est l'économie dans la production. Et c'est là ce que la coopération vient vous offrir ». Alors, dans ces conditions, il y a bien une lutte, si l'on veut, mais ce n'est plus celle entre le patron et l'ouvrier, ce n'est plus la lutte brutale et parfois sanglante entre deux armées ennemies, c'est une lutte qui s'engage dans le for intérieur de l'ouvrier lui-même, entre son intérêt de producteur et son intérêt de consommateur. Ce n'est plus une lutte de classes, c'est la lutte entre deux hommes qui n'en font qu'un.

Eh bien ! quand la coopération serait devenue universelle, le producteur et le consommateur ne faisant qu'un, il y a chance pour qu'ils arrivent à réconcilier leurs intérêts.

Non, ce n'est point assez que d'apprendre à l'ouvrier à regarder à ses intérêts en tant que coopérateur. La Coopération doit lui apprendre qu'il y a d'autres catégories sociales que la sienne dans le vaste monde ; que ce qui fait la valeur des produits ce n'est pas, comme on le lui enseigne, son travail, mais la demande du public, c'est-à-dire les besoins de la consommation.

Quant à la question de la neutralité politique, là aussi la divergence des deux mouvements est grande. Vergnanini, pour démontrer sa neutralité, est obligé de recourir à une casuistique un peu subtile.

Dès qu'on a formulé le principe de la lutte de classe, on ne peut plus être neutre, on est embarqué.

Vergnanini a beau dire : « Notre Ligue n'a pas de couleur, elle n'est ni rouge, ni blanche, ni verte, ni noire, elle est omnicolore; peut y entrer qui veut, nous ne refusons personne ; catholiques ou communistes, bourgeois ou ouvriers, pauvres ou riches, à tous nos portes sont ouvertes » ; et quant au fameux ordre du jour Cabrini de février 1920, on a beau dire qu'il ne créait aucun lien avec le parti socialiste, mais simplement donnait mandat au groupe socialiste parlementaire de défendre les intérêts de la coopération — il n'en est pas moins certain que des bourgeois ou des catholiques n'entreront pas dans une société qui a pour programme l'élimination de la classe à laquelle ils appartiennent euxmêmes ! C'est une contradiction.

Nous ne doutons pas que Vergnanini ne fut sincère en affirmant sa neutralité. Mais en fait il recevait trop de démentis. Certaines sociétés adhérentes à la Ligue, comme l'Alliance des Travailleurs de Turin, exigeaient de leurs administrateurs l'inscription au parti socialiste. D'autres, en grand nombre, refusaient tout intérêt au capital et c'était une des causes de la pauvreté et de la faiblesse du mouvement coopératif italien. Enfin, le fait d'avoir désigné le parti socialiste à la Chambre comme représentant (et non pas seulement comme avocat occasionnel) de la Ligue avait une signification qu'on ne pouvait dénier.

Au reste, la caractéristique d'un mouvement doit être cherchée moins dans l'opinion de ses leaders que dans l'opinion que s'en fait le public. Et ici les faits parlaient assez clairement. Il suffit de rappeler la série de scissions dont j'ai parlé dans la précédente leçon. La Ligue a vu partir d'abord les catholiques qui ont dit : nos principes chrétiens ne nous permettent pas de nous associer à une organisation fondée sur la lutte de classe ; puis tous ceux qui se réclament de l'Economie politique libérale. Ainsi la Coopération italienne s'est privée du concours précieux des classes moyennes.

En France, nous appliquons la neutralité politique ? La concevons-nous comme une indifférence absolue à toute la question politique, comme une consigne d'ignorer le Parlement, l'action législative et les pouvoirs publics ? Evidemment non. Ce n'est pas possible.

Les grands intérêts dont s'occupe la coopération sont continuellement dépendants de l'action du pouvoir législatif et du pouvoir gouvernemental. Notre Fédération Coopérative est donc obligée d'entretenir avec eux des rapports. Et comme elle s'attribue le rôle de représentant non seulement des coopérateurs mais de tous les consommateurs non organisés, elle réclame à ce titre une place dans tous les Comités ou Conférences institués par l'Etat (1).

Mais elle s'est gardée de faire comme la coopération italienne, de désigner comme son représentant et son mandataire le parti socialiste ouvrier de la Chambre. Elle s'est adressée à tous les partis, à tous ceux, de droite, de gauche, ou du centre, qui prennent intérêt au mouvement coopératif.

Quand viennent les élections législatives, la Fédération des coopératives françaises ne fait pas comme les coopérateurs italiens, les coopérateurs belges et même comme, depuis peu d'années, les coopérateurs anglais : elle ne se lance pas dans la campagne électorale pour appuyer les candidats du parti socialiste ou travailliste et leur donner l'appoint des sociétés coopératives. Elle envoie une circulaire à tous les candidats, de tous les partis, en leur disant : « Voilà notre programme ; quels sont ceux d'entre vous qui veulent le signer et qui l'appuieront, s'ils sont nommés députés ? »

Il y a un assez grand nombre de candidats qui répondent affirmativement.

Il y a, à la Chambre et au Sénat, deux groupes parlementaires déjà constitués pour s'occuper de questions coopératives. Ils sont assez nombreux, une cinquantaine de membres dans chacune des deux Assemblées. Ces groupes comprennent des sénateurs et des députés de tous les partis sans distinction. Généralement une

____

(1) Ainsi dans la grande Conférence Economique Internationale, réunie à Genève au mois de mai de cette année.

fois par an la Fédération Nationale les convoque pour discuter avec les coopérateurs non parlementaires les questions actuelles qui touchént aux intérêts de la coopération : c'est « la Semaine Parlementaire ».

C'est là un programme qui n'engage pas la coopération dans un parti quelconque et laisse la porte ouverte à qui veut y entrer.

§ 4. — Illogisme des critiques fascistes

Maintenant, je dois dire que si les coopérateurs fascistes ont quelque droit de dire aux coopérateurs de l'ancienne Ligue qu'ils n'ont pas observé le principe de neutralité — il en est d'autres qui n'ont aucunement le droit de leur adresser ce reproche et ce sont précisément les coopérateurs fascistes, car eux ont fait et font tous les jours précisément ce qu'ils reprochent aux anciens coopérateurs d'avoir fait ! Ils n'ont pas manqué de faire cause commune avec les pouvoirs publics, toutes les fois qu'ils en ont trouvé l'occasion. Ils ont demandé aussi dans leur programme que les établissements et services publics fussent coopératisés, justement ce que demandait l'ancienne Ligue Italienne.

Il n'y a pas d'organisation coopérative au monde, pas même à Moscou, qui soit plus imprégnée de politique, plus étroitement associée au gouvernement que la Coopération fasciste. Parler de sa neutralité ou de son indépendance serait risible.

Toutes les fois qu'ils se réunissent, les coopérateurs fascistes ne manquent pas d'envoyer des salutations comme celle-ci : « Au grand Italien, rénovateur des mœurs et des lois, gardien de la discipline, reconstructeur de la fortune de la patrie, les coopérateurs envoient l'assurance de leur inébranlable fidélité. » Signé du président Alfieri, qui a remplacé Vergnanini.

De même lors du huitième anniversaire de l'avènement du fascisme, la Fédération envoie ce message : « heureuse de voir les coopératives encadrées sous l'insigne des Licteurs, renouvelle au Duce l'expression de sa fidélité faite de discipline et d'obéissance ». Récemment elle a invité les coopératives à souscrire pour la fabrication d'avions !

Et cent autres messages pareils ! Jamais Féd⁵ration coopérative, Française, Anglaise, ou toute autre a-t-elle jamais envoyé au chef de l'Etat l'assurance de son dévouement et de son obéissance? Jamais ont-elles invité les coopératives à souscrire un emprunt public et moins encore à la fabrication d'avions ?

En réalité, les coopérateurs fascistes font de la politique en s'inféodant au parti qui est au pouvoir, et leur prétendue neutralité veut dire simplement ceci : les coopératives n'ont pas le droit de faire de la politique d'opposition, mais elles ont pour devoir de faire la politique du gouvernement.

Et quant à dire qu'ils ne veulent plus avoir aucune relation avec la politique et l'Etat, voici un manifeste du Syndicat National des Coopératives fascistes (Rome 1921) :

« Le Syndicat des coopératives doit faire campagne pour faire entrer les coopératives dans toutes les organisations et les corps d'Etat, comme par exemple :

1° les Conseils supérieurs du Travail ;

2° la Commission centrale pour les constructions de maisons ;

3° le Comité central des coopératives de production et de travail ;

4° le Conseil supérieur de la Prévoyance et de l'Assurance ;

5° la Commission centrale de l'émigration ;

6° le Comité technique d'agriculture ;

7° l'Institut national de crédit ;

8° les Œuvres nationales de combattants ;

9° l'Office national du logement, etc... »

Le manifeste ne dissimule même pas que c'est la

gestion de tous les Services publics qui doit revenir à la Coopération.

Nous ne critiquons pas ce programme, mais nous constatons que c'est celui-là même qu'on déclarait intolérable de la part des coopératives socialistes. Ce qui veut dire que les coopérateurs fascistes demandent à occuper la même place qu'avaient les coopérateurs socialistes et c'est simplement la politique du « ôte-toi de là que je m'y mette ».

S'il n'eût pas été égaré par le fanatisme politique, le fascisme aurait eu une œuvre utile à réaliser : c'était de réformer le mouvement coopératif italien, car il y avait des réformes à faire. Les fascistes parlent continuellement de discipline. Nous ne méconnaissons pas que le mouvement coopératif italien aurait eu besoin, en effet, d'être mieux discipliné. Et si les fascistes étaient entrés dans les coopératives italiennes pour leur donner un peu plus le sentiment de l'ordre, pour opérer une concentration, pour réduire au rôle de succursales la foule des petites sociétés, et aussi pour supprimer cette vaine formule de la lutte de classe, ils auraient rendu service à la coopération italienne et bien mérité de la coopération européenne. Gardons l'espoir qu'ils le feront encore.

Les erreurs ne compromettent pas l'avenir d'un parti, elles sont presque toujours réparables. Celles qu'avait pu commettre la Ligue de Milan, notamment, ne touchaient pas à la vitalité du mouvement italien. C'est l'espoir d'une transformation de l'ordre économique actuel et l'aspiration à une économie nouvelle, c'est cela qui faisait la force et l'honneur de l'ancienne coopération italienne, et la nouvelle reconnaîtra tôt ou tard qu'elle ne peut s'en passer.

Si le fascisme n'avait fait que ravager et piller les magasins, ces ruines eussent été facilement réparables, aussi bien que l'ont été les destructions de la guerre —

« ne craignez point, dit Jésus, ceux qui tuent le corps mais ne peuvent faire mourir l'âme » — mais le fascisme a fait pire : il a tué l'âme de la coopération italienne et c'est là qu'est le crime.

Dans un article récent de l'organe des syndicats fasciste, *La Stirpe* (*La Race*), l'auteur essayait de rattacher le mouvement fasciste au grand nom de Mazzini « dont Mussolini est le plus digne interprète », en l'opposant au marxisme. Mais aucun réformateur n'a été plus opposé à toute contrainte que Mazzini ! Comme tous les socialistes du milieu du siècle dernier, il était imprégné du sentimentalisme révolutionnaire.

IV

LES COOPÉRATIVES DE PRODUCTION ET DE TRAVAIL

Les sociétés de consommation ne sont pas la seule manifestation de la vie coopérative en Italie ; il y en a beaucoup d'autres, car si la coopération italienne n'avait pas fait preuve d'une très grande solidité, elle a fait preuve, en tout cas, d'une grande fécondité. Il n'y a pas de pays où elle ait fleuri sous des formes plus multiples.

§ 1. — Les Coopératives Ouvrières d'Industrie

De toutes les formes coopératives, la coopération de production est celle qui a débuté la première dans presque tous les pays. Mais tandis que celle-ci voyait grandir ses jeunes sœurs, sociétés de consommation ou de crédit agricole, elle n'a prospéré dans presque aucun pays.

Ce n'est point que ceux qui l'ont adoptée aient à se plaindre de leur situation. Les membres des sociétés coopératives de production n'ont point été déçus. Ils ne sont point arrivés à la fortune mais ils ne la cherchaient pas, et ce qu'ils désiraient ils l'ont : le sentiment d'être leurs propres maîtres. Ils sont donc contents, mais leur tranquille bonheur ne fait pas d'envieux et n'incite pas les camarades à les imiter, en sorte que ce mode de coopération ne se développe pas beaucoup.

Néanmoins, c'est en Italie et en France qu'il est le plus brillamment représenté ; il est à peu près sur pied d'égalité dans les deux pays.

Il a commencé en Italie un peu plus tard qu'en France. En France (1) il a commencé en 1834 et surtout en 1848 où son éclosion a coïncidé avec la seconde Révolution. Ce n'était pas une simple coïncidence. C'était le même idéal qui se réalisait en même temps : la République politique par le suffrage universel et la République économique par la coopération de production.

En Italie, la première société coopérative de production date de 1856 ; elle est donc née un peu plus tard, dans une petite ville du Piémont. Ce n'est pas sans raison que ce lieu de naissance et cette date se trouvent ainsi fixés ; c'est parce que, comme j'ai déjà eu l'occasion de le dire, l'Italie était encore à cette époque-là sous le régime quasi-féodal, divisée en une quantité de petites principautés : aucune liberté d'association ni de réunion. C'est pour cela que Mazzini, qui a été en Italie le véritable père de la coopérative de production, disait qu'il fallait d'abord une révolution politique avant de pouvoir réaliser le régime coopératif.

Ce fût en 1855 seulement que l'Etat le plus au nord, le Piémont, la maison de Savoie, proclama la liberté d'association. Les résultats ne se firent pas attendre puisque dès l'année suivante, en 1856, on vit naître la première coopérative de production italienne. Mais ce n'est que quelques années plus tard, en 1860, quand le Piémont, avec Victor-Emmanuel, s'annexa successivement toute l'Italie et qu'ainsi le gouvernement du Piémont pût doter toute la péninsule italique de son

---

(1) Voir mon Cours de 1923 sur *La Coopération de production.*

régime relativement libéral, c'est alors seulement que la coopération de production put rayonner dans l'Italie centrale et méridionale.

S'il n'y avait pas eu l'obstacle politique, l'Italie n'eût pas été un milieu défavorable à l'association coopérative de production : au contraire, car c'était un pays de petite industrie ; il l'est encore, mais il l'était surtout à cette époque-là. L'Italie n'a pas de charbon et à cette époque la houille blanche n'était pas connue. Et d'autre part, c'est une nation de travailleurs très habiles, très artistes. Ce sont là toutes conditions favorables à la formation d'associations coopératives de production.

La première dont je viens de parler présentait précisément ce caractère. C'est une association — ne disons pas de « verriers », comme notre Verrerie Ouvrière d'Albi, car ce n'étaient pas des fabricants de verre, ni moins encore des « vitriers », terme réservé aux modestes raccommodeurs de vitres cassées — mais de fabricants de vitraux.

Cette petite ville était célèbre de tout temps par la fabrication du vitrail ; il y avait même une Université de l'art des vitraux ! Elle était donc bien qualifiée pour être le berceau d'une association coopérative d'artistes verriers. Elle avait un caractère tout à fait familial. Les membres étaient tous parents ; à telles enseignes que sur 109 sociétaires, il y en avait 62 qui portaient le même nom, étant de la même famille. Mais, à vrai dire, si elle était familiale, elle n'était pas encore coopérative dans le sens que nous donnons à ce mot, car il n'y avait aucun programme social d'émancipation ouvrière. La distribution des bénéfices n'avait aucun caractère spécial ; les bénéfices de l'association étant partagés entre les sociétaires au prorata de leurs actions, comme dans toutes les sociétés capitalistes.

Même plus tard, quand à partir de 1860 le mouvement de la coopération de production se généralisa en Italie, elle ne prit jamais le caractère ambitieux des coopératives de production françaises qui s'étaient donné pour programme l'abolition du salariat.

La plupart de ces coopératives italiennes sont nées à la suite de grèves. D'ailleurs, il en est ainsi dans beaucoup de pays ; quand il y a une grève qui ne réussit pas, alors, les ouvriers ne voulant pas capituler et subir l'humiliation de rentrer dans la maison du patron pour reprendre le joug, cherchent à se libérer en se créant du travail dans une entreprise qui leur appartiendra. En France aussi c'est ainsi que se sont formées un assez grand nombre d'associations coopératives de production. Une des plus grandes coopératives de production italiennes, et qui l'est encore aujourd'hui, l'association de San Pierre d'Arena, tout près de Gênes, est née dans ces conditions-là. Il en fut de même dans la grande usine métallurgique Ansaldo ; à la suite d'une grève un certain nombre d'ouvriers, ne voulant pas capituler, créèrent une association coopérative de production indépendante, qui existe encore aujourd'hui ; c'est une des plus grandes coopératives italiennes, celle qui a le mieux réussi.

D'autres coopératives de production furent créées par l'initiative d'un patron généreux, d'un capitaliste.

Vous savez qu'en France une des plus brillantes associations coopératives de production, célèbre dans le monde entier, c'est le Familistère de Guise : elle a été créée par Godin qui était un disciple de Fourier ; Godin de son vivant, et après lui par son testament, a transmis à l'association de ses ouvriers tout l'établissement avec le capital. Ainsi l'association ouvrière de production est devenue l'héritière de la firme capitaliste et, naturellement, elle est venue au monde dans de très bonnes conditions, comme un fils de famille qui trouve dans son berceau la fortune et n'a ensuite qu'à marcher. Les associations coopératives de production nées dans ces conditions-là sont nées sous une bonne étoile.

Le Familistère de Guise n'est pas la seule ; il y en a

eu d'autres, la grande entreprise de peinture Leclaire, en France.

En Italie, en 1874, un riche industriel, à Imola, suivit l'exemple de Godin en cédant, dans les mêmes conditions son entreprise à ses ouvriers, non à titre gratuit mais en forme de vente, le prix étant payé par des retenues sur les salaires. Ainsi se substitua peu à peu au patron, par le paiement d'une série d'annuités, une association ouvrière autonome.

La même aventure a failli arriver à une maison italienne encore plus célèbre, la grande fabrique d'automobiles Fiat, à Turin. Au moment des émeutes de 1920, alors que les ouvriers s'emparaient des fabriques et les travailleurs de terre, des fermes, les ouvriers de la maison Fiat avaient pris possession de la fabrique ; alors la maison Fiat leur dit : eh bien ! si vous voulez prendre la fabrique, gardez-la; la direction va vous passer la main. C'eût été un gros événement que la firme Fiat devenue une association coopérative ouvrière. Mais les ouvriers refusèrent, soit par modestie, parce qu'ils pensèrent qu'ils ne seraient pas en état de diriger une entreprise semblable, soit plutôt parce que les vrais socialistes n'aiment pas les associations coopératives de production. Ils estiment que c'est contraire au principe socialiste qui veut l'émancipation de la classe ouvrière par et pour la classe ouvrière tout entière, mais non sous la forme de petits groupements d'élite qui ne font que transformer un certain nombre d'ouvriers en petits patrons et presque en déserteurs de la lutte de classes. Les collectivistes ne veulent pas de « la mine aux mineurs », de « l'usine aux ouvriers », mais ils veulent la mine, la terre, l'usine, à la classe ouvrière.

C'est cela que les ouvriers, ou du moins ceux assez instruits dans la doctrine marxiste, auraient dû répondre à la maison Fiat : Nous ne voulons pas devenir les successeurs de la firme capitaliste Fiat, mais nous voulons qu'elle appartienne à la classe ouvrière par la socialisation de l'entreprise.

Je ne puis ici passer en revue les différentes associations coopératives de production italiennes. Disons seulement, en résumé, qu'elles sont aujourd'hui assez nombreuses, quoi qu'elles aient rencontré les mêmes obstacles en Italie que partout ailleurs.

D'abord, la difficulté de se procurer le capital, d'autant plus grave que les coopératives de production italiennes n'ont pas eu la chance, qu'ont eue les coopératives de production françaises, de bénéficier des avances de l'Etat, sinon durant la période qui a suivi la guerre. En France, l'Etat a été très généreux pour les associations ouvrières de production : non seulement en 1848 il leur a prêté 2 millions, mais aujourd'hui encore, il continue. Il y a un fonds permanent de plusieurs millions qui est mis à la disposition des associations coopératives de production, pour leur faire des avances remboursables et en outre, il y a chaque année au budget quelques centaines de milliers de francs de subventions à fonds perdus. En outre, elles ont trouvé quelques généreux donateurs : M. Rampal, mort il y a une trentaine d'années, a laissé pour les coopératives de la ville de Paris une douzaine de millions pour être répartis en avances.

Les coopératives de production italiennes n'ont pas trouvé non plus l'aide qu'ont trouvée les coopératives de production anglaises qui, celles-ci aussi, ont été aidées puissamment, non par l'Etat mais par les coopératives de consommation. Les riches coopératives de consommation anglaises ont fourni des avances, des prêts, aux coopératives de production ouvrières tout simplement en souscrivant des actions, quelquefois même en prenant presque toutes les actions pour elles, ce qui fait qu'alors elles absorbaient la coopérative de production.

En Italie, les coopératives de consommation étaient

trop pauvres pour pouvoir aider efficacement les coopératives ouvrières de production. D'ailleurs, en Italie comme en France il y a antagonisme entre la coopération de production et la coopération de consommation, parce que ces deux organisations se disputent la même part, c'est-à-dire la marge qui existe entre le prix de revient et le prix de vente et qui s'appelle le profit ou le bénéfice. Les coopératives ouvrières disent : cette marge qui existe normalement entre le prix de revient et le prix de vente, c'est à nous qu'on doit la restituer, car c'est le produit du travail. C'est la thèse marxiste : il ne peut y avoir dans la valeur des choses autre chose que le travail lui-même qui y est comme incorporé. Les coopératives de consommation répondent : pardon ! cette marge n'est pas prélevée sur l'ouvrier mais sur le consommateur par une majoration du prix : par conséquent, c'est à nous consommateurs, qu'il faut la restituer. C'est une dispute pour le même objet et qui rappelle cette anecdote des guerres d'Italie, alors que le roi de France, Charles VIII, disait du duc Sforza : nous nous entendons bien, mon cousin et moi, nous voulons tous les deux la même chose : la ville de Milan.

Il est impossible de concilier ces deux prétendants, à moins comme toutes les fois qu'on se trouve en présence de prétentions inconciliables, de couper la poire en deux, comme l'on dit : donner à la coopération ouvrière cette part du profit qui représente le profit industriel, et donner au consommateur cette part de profit qui représente le bénéfice commercial. Mais la ligne de démarcation n'est pas facile à tracer : où finit l'opération de transformation industrielle ? où commence l'opération purement commerciale ?

Malgré toutes ces difficultés, ces associations coopératives de production italiennes, je le répète, ont prospéré au moins autant, sinon plus, que les associations françaises. En 1910 — je suis honteux de ne pouvoir donner de date plus récente, mais les statistiques italiennes ont été de tout temps en retard et d'ailleurs depuis 1916 il y a eu tant d'événements qui ont bouleversé la coopération italienne qu'il est encore plus difficile d'avoir des chiffres — en 1916 on comptait 640 associations coopératives de production italiennes, avec 50.000 membres environ. Ce sont presque les mêmes chiffres qu'en France : en France, 500 coopératives de production ouvrières, avec environ 30.000 membres. Le chiffre de leurs ventes était évalué à 30 millions de lires ; 30 millions divisés entre 600 sociétés, c'est une bien petite moyenne.

Ces coopératives ont généralement un très grand nombre de sociétaires, c'est-à-dire d'actionnaires, ce qui, au premier abord, peut faire illusion sur leur puissance, mais il n'y en a qu'un petit nombre qui travaillent dans la société. Ainsi, par exemple, la grande société dont j'ai cité le nom tout à l'heure, Saint-Pierre d'Arena, compte 650 sociétaires. C'est un chiffre qui paraît énorme. Nous n'avons aucune société en France, excepté le Familistère de Guise, qui en compte autant, ni même qui en compte plus de cent ; généralement, c'est une cinquantaine, une quarantaine. Mais, sur ces 650 sociétaires, combien y en a-t-il qui travaillent dans l'entreprise ? 50 ou 60, c'est-à-dire un sur dix. Alors, que font les autres ? Les autres sont simplement des ouvriers qui ont souscrit une ou deux actions pour aider les camarades, justement en temps de chômage ou en temps de grève. Ils sont ainsi devenus actionnaires de la société, mais de la même façon qu'un capitaliste quelconque devient actionnaire de la société où il a placé son argent. Et, à qui vont les bénéfices ? Les bénéfices, quand il y en a — cela n'arrive pas souvent — vont aux actionnaires ; ils sont partagés entre les 650 sociétaires possesseurs d'actions. Qu'est-ce qui reste alors aux 50 travailleurs ? C'est selon les statuts, parfois on leur accorde 1 % sur les bénéfices, quelquefois rien du tout.

C'est donc une société qui ne peut être dite ouvrière qu'en ce sens que les actionnaires sont tous des ouvriers, des camarades ; mais, en droit, c'est une société capitaliste, ayant à son service un certain nombre de travailleurs. En tout cas, ce n'est pas là le caractère de la vraie coopérative de production, telle qu'elle est réalisée en France dans un assez grand nombre de sociétés. C'est là seulement que les deux qualités de capitalistes et de travailleurs se trouvent unies sur les mêmes têtes, et ce n'est que dans ces conditions là qu'ils peuvent dire qu'ils sont libérés du salariat et sont leurs propres maîtres.

Mais ces associations italiennes sont intéressantes, je dirai pittoresques ; ce sont des associations de travailleurs artistes. Elles se forment généralement dans les industries d'art, telles que celles des mosaïques ou des vitraux, dont j'ai déjà parlé, les ébénistes. A l'Exposition Internationale de Gand, qui a eu lieu il y a deux ans, la section italienne était la plus brillante de toutes. Et elle l'était surtout par ses coopératives de production. Celles-ci avaient étalé leurs produits avec beaucoup d'art. Il y avait une salle à manger avec la table toute servie, nappe, serviettes, verres, cristaux, plats, sièges, lampe à suspension. C'était une exposition très suggestive.

Il n'y a donc pas à se décourager pour les coopératives italiennes de production. Elles ont été moins touchées que d'autres par la crise fasciste, parce qu'elles sont très peu socialistes.

§ 2. — Les Coopératives Maritimes

Il y a en Italie certaines formes de coopératives de production qui ne se trouvent guère dans les autres pays, notamment celle des hommes de mer.

Elles se présentent sous deux formes.

D'abord les associations coopératives de pêcheurs, dans presque tous les ports de l'Adriatique.

C'est une des industries où la coopération des travailleurs semblerait le mieux indiquée, parce que c'est celle où les travailleurs sont le plus exploités. Si vous passez des vacances au bord de la mer, dans un port de pêche, et que vous ayez la curiosité de regarder à quel prix les pêcheurs vendent le poisson et à quel prix vous le payez vous-même, non seulement à Paris, mais dans le même hôtel où vous serez en villégiature, vous verrez, entre ces deux prix, une différence formidable, du triple, du quadruple, si ce n'est du décuple. Il semble qu'on pourrait facilement en faire bénéficier les pêcheurs. Il suffirait pour cela de supprimer ces entrepreneurs, qui sont à guetter l'arrivée du bateau et qui, quand les pêcheurs apportent leurs paniers pleins de poisson, font non pas une surenchère à la hausse mais une sous-enchère à la baisse. Ces acheteurs, ces mareyeurs, s'entendent entre eux pour baisser le prix jusqu'au minimum au-dessous duquel le pêcheur préfèrerait ne plus pêcher et rester chez lui.

Cependant, en France, ces associations n'ont jamais réussi ; on avait essayé, en Bretagne. Ce serait trop long d'expliquer pourquoi : soit parce que le pêcheur n'en comprend pas l'utilité, soit parce qu'il est lié à l'intermédiaire par l'argent que celui-ci lui a prêté ou par l'eau-de-vie qu'il lui donne, et surtout par le lien le plus difficile à rompre, celui de l'habitude séculaire.

Eh bien ! nombreux sont les pêcheurs italiens qui ont su s'émanciper de ces intermédiaires et ils ont aujourd'hui des coopératives de production très puissantes. Il faut dire qu'eux, non plus, n'auraient peut-être pas réussi à se libérer s'ils n'avaient pas été aidés puissamment par l'intervention des municipalités italiennes qui ont toujours montré beaucoup plus d'initiative que nos communes françaises, ce qui s'explique par la vieille histoire de l'Italie. Ces villes italiennes ont toutes été des petites capitales dans leur temps ; elles en ont gardé un esprit de gouvernement. Elles ont donc aidé ces pêcheurs en se chargeant de vendre leur poisson sur le marché, leur évitant ainsi ce qui est la plus grosse des difficultés pour ces associations coopératives de pêcheurs : trouver des agents honnêtes qui ne les volent pas, qui leur donnent le prix réel de la vente du poisson ; ce n'est pas facile à trouver. Eh bien, les municipalités italiennes, et tout particulièrement, la ville près de l'Adriatique, Vérone, a installé un marché où elle vend le poisson de ces coopératives de pêcheurs. Elles ne cherchent pas à faire des bénéfices ; elles laissent le bénéfice, s'il y en a, aux pêcheurs. C'est donc un très grand changement dans leur situation.

Nous verrons plus tard qu'il y a aussi de ces coopératives de pêcheurs en Espagne, et encore mieux organisées qu'en Italie. En France, il faudrait que quelques municipalités s'y prêtent aussi. La ville de Nîmes a bien fait quelques tentatives dans ce genre ; deux jours par semaine, elle vendait le poisson au marché, mais du poisson qui venait des pêcheurs ordinaires et non de coopératives de pêcheurs, parce qu'il n'y en a pas. La ville de Nîmes ne pourrait-elle pas s'entendre avec les pêcheurs des ports voisins, ceux du Grau du Roi, par exemple, qui est dans le même département du Gard, pour les déterminer à se constituer en coopératives ?

Une autre coopérative de marins italiens qui vaut la peine d'être signalée, c'est une coopérative, non plus de pêcheurs mais de marins proprement dits, de ceux qui travaillent à bord des navires. Cette coopérative est à Gênes et porte le nom illustre de « l'Association Garibaldi ». Cette association a pris naissance à cette période de troubles dont j'ai parlé en 1920, durant laquelle, à Gênes aussi, les marins avaient mis la main sur les navires des armateurs. Parmi les marins de Gênes, il se trouva un homme très énergique, qui profite de la situation pour imposer aux armateurs la constitution de cette association de marins. Il obtint même les souscriptions des armateurs pour constituer le capital, se faisant ainsi donner par l'ennemi même les armes nécessaires pour le battre. Ainsi fut constituée cette association de marins très puissante aujourd'hui. Elle arme des bateaux elle-même. Elle a une flotte à elle. Il y a aussi en Belgique, à Anvers, une flotte coopérative d'une douzaine de bateaux ; toutefois, celle-ci n'appartient pas précisément à une coopérative de production mais à une coopérative de consommation, ce qui n'est pas la même chose.

§ 3. — Les Coopératives de Travail

Voici maintenant une autre forme de coopération de production, spéciale à l'Italie.

Ce sont les Coopératives de Travail (*di Lavoro*). Ce sont bien des coopératives de production, mais dans lesquelles le capital ne tient presque aucune place ; il n'y a ici que le travail. Aussi sont-elles désignées souvent sous le nom d'association de *braccianti*, « ceux qui n'ont que leurs bras », association de main-d'œuvre, dirions-nous en français. Elles sont donc beaucoup plus faciles à organiser que les coopératives de production industrielles. En effet, les coopératives de production ouvrières ordinaires ne peuvent se passer de capitaux, mais le plus souvent elles n'en ont pas et il leur est très difficile d'en trouver. En France, elles n'y arrivent que grâce au concours de l'Etat qui leur prête des fonds.

Ces Coopératives de Travail ont un autre caractère qui les différencie des coopératives de production ordinaires.

Les coopératives de production ordinaires ont pour but de remplacer le patron ; or, c'est toujours une grosse affaire que d'éliminer le patron et de remplacer ainsi l'organisation monarchique de l'industrie par une république ouvrière ; mais les coopératives de travail ont des ambitions plus restreintes. Elles ont pour but d'éliminer non le vrai patron, mais seulement le sous-patron, qu'on appelle un entrepreneur de travaux publics.

Il y a, en Italie, comme dans tous les pays, des travaux publics très importants qui sont faits par l'Etat ou les municipalités : les chemin de fer, les routes, les ports, les constructions d'édifices publics. Tous ces travaux, en Italie, comme en France, sont concédés à des entrepreneurs par une mise aux enchères, ou plutôt par une sous-enchère, c'est-à-dire à qui s'en chargera au plus bas prix. Ce procédé donne lieu généralement aux plus grands abus car, d'une part, l'Etat est souvent volé par ces entrepreneurs — soit par la majoration des prix, car les entrepreneurs s'entendent pour ne pas se faire concurrence à la sous-enchère — soit, s'ils acceptent le bas prix, pour la malfaçon dans les matériaux et l'exécution ; — et le public, c'est-à-dire le contribuable, l'est aussi ; et enfin, les ouvriers le sont aussi, car l'entrepreneur ne peut faire son bénéfice, surtout quand il a consenti de gros rabais à l'Etat, qu'en exploitant les ouvriers. Ces abus rendent éminemment désirables à la formation de ces associations ouvrières qui, traitant directement avec l'Etat, ne cherchent pas les bénéfices, mais seulement un juste salaire.

C'est dans la ville de Ravenne, la ville célèbre du Dante — à une date qu'il faut retenir, parce qu'elle est importante dans l'histoire coopérative, en 1883 — que la première coopérative de travail a été créée dans les conditions que je viens d'indiquer.

J'ai dit que ces associations n'avaient pas de capital ; c'est exagéré. Il faut tout de même un petit capital, ne fût-ce que pour se procurer les outils nécessaires aux travaux. Et puis, si bienveillants que puissent être l'Etat ou la municipalité, dans la concession de ces travaux, et quoi qu'on soit moins exigeant pour l'association de travail que pour l'entrepreneur privé, il leur faut tout de même un petit capital de garantie.

Cependant, elles commencent presque sans rien, puis elles se forment un petit capital avec les bénéfices qu'elles réalisent. Car ce qu'il y a d'intéressant dans ces coopératives c'est que les ouvriers ne travaillent pas pour le profit, ils ont simplement pour but d'obtenir un travail régulier qui leur permette de vivre et les délivre de la crainte du chômage. Si donc il y a des bénéfices, ils sont versés dans la caisse sociale et servent, petit à petit, à constituer le capital de l'association qui ira grandissant et leur permettra de se charger de travaux de plus en plus considérables.

Il y a une autre difficulté qui a fait sombrer bien des associations ouvrières de production et qui est épargnée à celles-ci : c'est de trouver des clients. Quand il s'agit de coopératives d'imprimeurs, de tailleurs, de tapissiers, de peintres décorateurs, d'ébénistes, il faut trouver à vendre le produit du travail et c'est une grosse affaire. Pour la coopérative de travail, cet obstacle est écarté. De client, il n'y en a pas, ou plutôt il est tout trouvé : c'est l'Etat ou la Municipalité qui ont concédé l'entreprise.

Et il y a aussi un écueil pour la coopérative de production, c'est la direction. Or, dans la coopérative de travail, il n'est pas besoin de direction bien compliquée. Ces ouvriers, par leur métier même, savent ce qu'il faut faire pour des terrassements. D'ailleurs, dès qu'ils ont un peu d'argent, ils paient des ingénieurs. La seule difficulté pour ces coopératives de travail, c'est de bien établir les devis. Voilà un terrassement, un port à exécuter. Une association ouvrière veut soumissionner. Il faut, pour savoir quel prix demander, qu'elle calcule le coût et voie si les ouvriers pourront gagner le salaire normal. Mais cette difficulté qui, pour de petites associations, peut être un péril et même les conduire à la faillite, est facilement surmontée quand ces coopératives de travail arrivent à la seconde étape qui est la création de Fédérations. Et elles y sont arrivées très rapidement.

La Fédération a un corps d'ingénieurs payés. Toutes les fois qu'il y a une entreprise de travaux publics à faire, l'association locale s'adresse à la Fédération. Et c'est la Fédération, elle-même, qui fait le devis. Elle acquiert vite une aussi grande expérience que les entrepreneurs privés.

S'il s'agit d'un travail très considérable, c'est la Fédération, elle-même, qui s'en charge, qui le fait exécuter par ses propres moyens et prend les risques à sa charge. Si c'est un travail d'importance moindre, la Fédération en laisse l'exécution aux associations de travail locales.

S'il y a des bénéfices, ils seront versés à la caisse commune. Cependant, certaines Fédérations admettent une participation aux bénéfices pour les ouvriers des associations locales.

Il peut y avoir diverses combinaisons dans le détail. desquelles il est inutile d'entrer.

Ces associations ont admirablement réussi. En 1920, c'est-à-dire avant la Révolution fasciste (depuis lors je ne sais ce qu'il est advenu), il y avait 6.000 à 7.000 coopératives de travail en Italie, chiffre énorme, surtout si l'on pense qu'il n'y en a presque point dans les autres pays.

En France, il y a bien certaines coopératives ouvrières qui, en somme, sont des coopératives de travail ; par exemple, à Paris, des coopératives d'ouvriers paveurs pour tailler et placer les pavés des rues ; des coopératives pour exploiter certaines carrières de plâtre, aux environs de Paris, mais ce n'est pas à comparer aux coopératives italiennes.

Ces coopératives de travail italiennes font des travaux de plus en plus considérables ; elles font même des chemins de fer ; elles ne se bornent pas à faire l'établissement de la voie : elles l'exploitent.

J'ai assisté moi-même, il y a une vingtaine d'années, à l'inauguration, par le ministre Luzzatti, d'un chemin de fer de 35 kilomètres, fait par une association de travail de Reggio, dans la province d'Emilie ; c'est un petit chemin de fer qui va dans la montagne, à Ciano et qui passe devant le château, si célèbre dans l'histoire, de Canossa, où l'empereur d'Allemagne vint se mettre à genoux devant le Pape.

Depuis lors, il y en a eu d'autres. Le port de Ravenne va être agrandi par les coopératives de travail de la province de Ravenne.

Aujourd'hui, elles ne se contentent pas d'entreprendre des travaux de terrassement, de construction de ports, elles pénètrent dans la grande industrie. Il y a aujourd'hui des coopératives de travail dans l'industrie métallurgique, et c'est un grand avenir qui s'ouvre à elles.

Lors du grand mouvement socialiste qui secoua l'Italie de 1918 à 1922, et dont j'ai déjà parlé, on demanda que toutes les entreprises, non pas seulement les entreprises de travaux publics, mais tout ce qu'on appelle les services publics, les Postes, les Télégraphes, les Chemins de fer qui, en Italie, appartiennent pour la plus grande partie à l'Etat, fussent concédées à des coopératives de travail, ce qui veut dire que les Postes seraient administrées par la coopérative des employés des Postes ; les chemins de fer seraient exploités par les coopératives de cheminots. Pourquoi pas ? Puisque le petit chemin de fer de Reggio à Ciano est exploité, avec succès, par une association coopérative de travail, il n'y a pas de raison, disait-on, pour que tout le réseau des chemins de fer ne soit exploité par une ou plusieurs coopératives formées par les employés ? En France, les mêmes prétentions ont déjà été formulées. Je ne dis pas que ce programme puisse être réalisé, ni que je l'approuve, car un tel régime me paraît rentrer dans le corporatisme beaucoup plus que dans le coopératisme. Mais je l'indique pour montrer quelle est l'importance de ce mouvement et quelles vastes perspectives il ouvre sur la transformation des services publics.

Et pourquoi seulement dans les services publics ? Pourquoi pas aussi dans les entreprises privées ? Ne pourrait-on trouver dans ces coopératives de travail une solution à ce régime du salariat qui excite de si vifs ressentiments chez les ouvriers et qui, au point de vue économique, donne de si pauvres résultats par suite de la mauvaise volonté que les salariés, parce que salariés, apportent à l'exécution de leur tâche ? Si le patron, au lieu de traiter avec des ouvriers, individuellement, ou même par un contrat collectif, avec un syndicat comme on commence à le faire souvent aujourd'hui, traitait avec ses ouvriers constitués en coopérative de travail, leur livrant, pour ainsi dire, son usine, ses machines, ses matières premières, alors, ces ouvriers ne seraient vraiment plus des salariés. Ils seraient dans le situation de sous-entrepreneurs et règleraient à leur gré tout ce qui concerne l'organisation du travail. Dans ce système, le patron conserve la haute main sur la partie commerciale, la vente des produits finis, mais pour l'exécution des opérations partielles, il traite avec les ouvriers pour un certain prix, qu'ils se répartiraient entr'eux à leur gré.

Ce système est déjà pratiqué en France. Nous l'appelons d'un nom peu intelligible « la commandite d'atelier ». Il vaudrait beaucoup mieux dire : coopérative de main-d'œuvre. Les travaux de l'Imprimerie Nationale sont ainsi faits ; et naguère ceux du *Journal Officiel*. Mais dans ces dernières années le système de la commandite a été supprimé pour l'impression du *Journal Officiel* et dans la plupart des imprimeries où il avait été introduit ; sans doute par suite de la généralisation de la machine à composer, même à l'Imprimerie Nationale il n'englobe que moins de la moitié des ouvriers compositeurs (180 sur 375).

Néanmoins, il y a une école enthousiaste qui voit dans « la coopérative de travail » généralisée, la solution au redoutable problème du salariat, comme la génération précédente la voyait dans la participation aux bénéfices.

M. Dubreuil, l'un des membres considérables de la C. G. T. a publié un livre, intitulé « La République industrielle », et, sous ce titre un peu grandiose, il expose en détail le système dont je viens de donner une idée. Il n'est autre que le système du *Cooperative di lavoro* appliqué à l'industrie privée.

CHAPITRE V.

LES COOPERATIVES AGRICOLES

Les coopératives agricoles en Italie présentent des formes encore plus variées que les coopératives de production urbaines.

§ 1. — La Coopération agricole de production

Les coopératives de production rurales ont apparu les premières de toutes les formes coopératives. Celles qui fabriquent le fromage semblent avoir existé depuis le moyen-âge : en France, dans les montagnes du Jura et de la Savoie ; en Italie, dans les montagnes du Tyrol autrichien et des Appennins (1).

Vous savez que « la laiterie », c'est-à-dire la coopérative de fabrication du beurre, est la forme coopérative qui a le plus brillamment prospéré dans tous les pays. C'est par dizaines de mille que l'on compte en Europe et dans le monde, les laiteries coopératives. Une bonne partie du beurre que l'on consomme dans le monde

____

(1) Voir notre Cours de 1924, *Les Associations coopératives agricoles.*

entier est fait aujourd'hui par des coopératives. En France, il y en a plusieurs centaines, mais néanmoins, la France est un des pays les moins avancés à cet égard. L'Italie l'est beaucoup plus. Toute la Lombardie, tout le Piémont, toute cette riche vallée du Pô, couverte de pâturages et de bétail, chacune de ces villes dont les noms étaient consacrés par des souvenirs de batailles, sont aujourd'hui les noms pacifiques de laiteries coopératives.

De tout temps, d'ailleurs, le beurre de Milan a été très renommé dans le midi de la France, d'autant plus que dans toute la moitié sud de la France, on ne sait pas faire le beurre, et on n'en consomme guère ; c'est l'huile qui le remplace ; c'est pourquoi ceux qui n'aiment pas la cuisine à l'huile font venir le beurre de Milan.

Je ne m'y arrêterai pas, parce qu'elles ne présentent pas de caractères spéciaux. Les coopératives de laiteries italiennes sont comme celles de tous les autres pays.

Voici d'autres coopératives rurales de production mieux caractéristiques de l'Italie : ce sont les coopératives pour la production ou la vente du vin. Cependant ce n'est qu'en 1894 qu'ont apparu les premières coopératives de vin italiennes, les « cantines », comme les appellent les italiens. Et avant cette époque, il y en avait en Allemagne, dans les provinces rhénanes, qui produisaient le vin blanc du Rhin ; il y en avait aussi dans le Tyrol autrichien, et c'est de là qu'elles sont entrées en Italie.

Ces coopératives italiennes ont devancé de beaucoup les coopératives de vin françaises. C'est une chose curieuse qu'en France, le plus grand pays de production du vin, on n'ait point connu, jusqu'au commencement de ce siècle, les coopératives de vinification. Il a fallu la crise de mévente qui a sévi de 1900 jusqu'à

1910 pour déterminer les viticulteurs à sortir de leur torpeur.

Il est vrai qu'ils ont rattrappé le temps perdu, et aujourd'hui les coopératives de vinification italiennes se laissent dépasser par les coopératives françaises.

C'est en 1910, à la veille de la guerre que les coopératives de vinification italiennes ont atteint leur apogée. On en comptait 120 environ ; mais depuis lors, elles diminuent tandis qu'au contraire, en France, surtout dans ces dernières années, elles éclosent comme les fleurs après la première pluie de printemps ; elles poussent de partout. Il y en a 300 ou 400 aujourd'hui. Rien que dans le département du Gard où j'habite une partie de l'année, j'en ai vu naître, dans la dernière automne, une quinzaine.

D'où peut venir cette curieuse inégalité entre ces deux mouvements ? Pourquoi le mouvement italien, après avoir suivi une courbe ascensionnelle brillante, semble redescendre, tandis qu'au contraire le mouvement français, longtemps en retard, est en plein essor ?

On en peut donner différentes explications.

D'abord une explication technique : c'est que la production vinicole italienne ne se prête pas aussi bien à la coopération que la production française. Les départements français, dans lesquels les coopératives de vinification sont surtout développées, sont des départements où l'on produit un vin de même qualité, bien connu sur le marché sous le nom de vin du Midi ; il est produit presque uniquement par les trois départements du Gard, de l'Hérault, de l'Aude. Il y a là une énorme production, mais il n'y a qu'une seule qualité, car tous les cépages aujourd'hui sont les mêmes. Depuis le phylloxéra on a fait disparaître tous les cépages qu'on appelait des cépages fins, de qualité, qui autrefois donnaient du vin de choix. On les a remplacés partout par une espèce de raisin dont la grappe est opulente, obèse, l'aramon. Pour les vins blancs, il n'y. a guère aussi qu'un cépage : la clairette. Ainsi, nous avons réalisé la standardisation du vin, si l'on peut appliquer à un produit agricole ce mot emprunté au vocabulaire industriel. Nos coopératives agricoles groupent donc des propriétaires qui apportent tous le même raisin, à très peu de chose près ; on jette ces raisins dans la même cuve ; cela fait un vin parfaitement homogène de couleur, de goût et de degré alcoolique.

Aujourd'hui, dans tout le midi de la France, la culture des céréales, des prairies, a disparu ; c'est un immense tapis de vignes qui va depuis le Rhône jusqu'à Bordeaux. Il faut plutôt le regretter au point de vue général, parce qu'on emploie ainsi à la production du vin des terres qui pourraient être beaucoup plus utilement employées à la production du pain et de la viande. Et il n'y a pas non plus à s'en féliciter au point de vue du consommateur, car il a bien sujet de regretter l'aimable variété des vins d'autrefois, alors que chaque clos, pour ainsi dire, produisait son « cru ».

Il y a un vieux proverbe latin qui dit *Bacchus amat colles*, Bacchus aime les coteaux ; eh bien, en France, Bacchus est descendu des collines et il s'est installé dans toutes les riches terres d'alluvions ; mais ses produits n'y gagnent pas. Il est vrai qu'ils n'y perdent pas beaucoup au point de vue alcoolique, ce qui est le seul point important aujourd'hui pour le marchand acheteur, car le vin d'aramon est assez alcoolique, mais il n'a pas beaucoup de bouquet, tandis qu'en Italie, ce n'est pas cela.

La viticulture italienne n'est pas arrivée encore à cette standardisation. Le paysan italien ne plante pas comme le viticulteur français ses meilleures terres. En Italie la culture de la vigne est encore aujourd'hui un peu comme du temps de Virgile. C'est sur les collines que l'on plante la vigne de préférence et on laisse les riches plaines du Pô pour d'autres cultures, pour l'élevage, les céréales. Aussi, chaque paysan qui cultive

la vigne sur sa colline, cherche à produire un vin spécial, de qualité différente de celui du voisin, un vin qui
ait sa personnalité, et il n'aime pas à mêler sa vendange
dans la cuve commune, avec celle des voisins.

Toutefois, ceci ne suffirait pas pour expliquer la différence dans l'évolution de ces deux mouvements. Il y
en a une autre : c'est l'intervention de l'Etat.

En Italie, les coopératives de vinification se tirent
d'affaire en se procurant de l'argent comme elles peuvent.

En France, au contraire, l'Etat a fait aux coopératives
de vinification des conditions extraordinairement favorables. Il leur prête de l'argent à un taux de 2 % et
pour 25 ans. Il leur fournit des ingénieurs pour construire des caves, ce qui les dispense de s'adresser à des
architectes. Je ne dis pas que l'Etat fournisse la totalité des fonds, mais il fournit la moitié ; le reste, elles
trouvent facilement à l'emprunter.

Nous voyons dans le Rapport de l'Office du Crédit
Agricole que 147 coopératives de vinification, à l'heure
actuelle, se sont partagées 21 millions 600.000 francs
d'avances de l'Etat, ce qui fait pour chacune une
moyenne de 15.000 francs. Evidemment, 15.000 francs
ne suffisent pas pour construire une cave, mais c'est un
très gros appoint. Nous dirons même que l'Etat va un
peu trop loin dans cette voie, car il risque d'aggraver
la crise de surproduction du vin, toujours menaçante
en France. Je sais bien que cette année, il y a déficit,
aussi, le prix du vin a-t-il triplé ; mais dans les années
moyennes, la production du vin, en France, est supérieure à la consommation. Et chaque fois qu'il y a
déficit dans la récolte, ce qui a pour résultat de faire
doubler ou même tripler les prix, immédiatement tout le
monde plante. Depuis des siècles, se succèdent en
France ces alternatives de surproduction et de déficit.
Déjà du temps de l'empereur Probus, au second siècle

de l'ère chrétienne, on ordonna d'arracher les vignes en Gaule, parce qu'il y en avait trop.

Or la multiplication des caves coopératives pousse à la surproduction. En effet, ce qui jusqu'à présent servait de frein à la plantation des vignes c'était la dépense à faire. C'est qu'il ne suffit pas, pour planter une vigne, d'acheter les cépages ou de faire défoncer la terre : le plus cher c'est la construction des celliers, avec les pressoirs, les cuves ou les foudres.

Or maintenant, voici l'Etat qui les libère de ces dépenses pour la plus grosse part. Plus rien donc ne les arrête et j'ai vu dans certaines régions du Gard, à la suite de la construction de la cave coopérative, planter en vignes les dernières terres où restaient encore des céréales ou prairies.

Il conviendrait donc presque de féliciter l'Italie d'avoir évité ce danger. Et il faut féliciter surtout celles des coopératives de production italiennes qui entrent dans une voie nouvelle, en abandonnant la production du vin pour celle des raisins de table à ce moment où il y a nombre de pays qui, à l'exemple des Etats-Unis, deviennent « secs », les pays scandinaves et autres, il est peu probable que la France suive jamais cet exemple, mais si son vin peut compter toujours sur la consommation nationale, il ne peut plus compter sur l'exportation ; et dans un pays comme la France où la population n'augmente pas, il n'y a pas à compter non plus sur une augmentation du débouché intérieur. En somme, le nombre des buveurs de vin ne semble pas destiné à augmenter dans le monde, ni même en France ; tandis que pour les consommateurs de raisin s'ouvre un champ indéfini, tant sous forme de raisins frais que sous celle de raisins secs. Les viticulteurs italiens ont compris l'importance de ce changement dans la consommation.

§ 2. — **Les Coopératives de braccianti**

Nous allons retrouver dans l'agriculture ce que avons trouvé dans l'industrie, c'est-à-dire les coopératives agricoles de travail, dites plutôt de *braccianti*, qui tiennent une place d'honneur dans le mouvement coopératif italien.

Pour comprendre l'importance de ces coopératives en Italie, il faut ouvrir une parenthèse et donner quelque idée de la situation de l'Italie au point de vue de l'économie agricole.

L'Italie contient quelques-unes des terres les plus fertiles de l'Europe et du monde. Toute la magnifique vallée du Pô, formée d'alluvions descendues des Alpes depuis des millénaires, a été convoitée de tout temps et a attiré les envahisseurs. Déjà, du temps de Virgile qui, vous le savez, était natif de Mantoue, le poète avait célébré la fertilité de la terre de son pays :

Salve, magna parens frugum !

« Salut, terre génératrice de moissons ! », et depuis ces 2.000 ans écoulés sa fécondité n'a pas diminué ; l'Italie n'a qu'une superficie de 320.000 kilomètres carrés, contre la France qui en a 551.000, c'est-à-dire guère plus de la moitié (exactement 57 %) de l'étendue de la France, et pourtant elle a une population qui aujourd'hui est égale et même un peu supérieure à celle de la France, 41 millions ; la population italienne est donc à l'étroit.

La Grande-Bretagne et le Japon ont aussi une superficie insuffisante pour leur population. Mais la Grande-Bretagne n'en souffre pas, grâce à son immense développement industriel. C'est en réalité avec le charbon qu'elle nourrit sa population ; si elle a besoin de blé, elle le fait venir du dehors. Il n'en est pas de même de l'Italie ni du Japon qui ne peuvent, ni l'une ni l'autre, nourrir leur population avec le charbon ou le fer, car ils n'en ont pas.

C'est pourquoi l'Italie exporte des hommes comme l'Angleterre du charbon. Mais il reste un trop-plein qui avilit les salaires et crée le chômage, d'autant plus que le principal débouché de l'émigration italienne, les États-Unis, se trouve aujourd'hui fermé. Il ne reste plus que l'Amérique du Sud et la France.

Ce manque de terre est encore aggravé par plusieurs autres circonstances.

La première, c'est l'existence de grands domaines, les *latifundia*, dont un auteur romain disait qu'il avaient causé la ruine de l'empire romain. Ces latifundia se sont perpétués à travers le moyen-âge, entre les mains des princes romains ou des princes toscans ; ils sont encore aujourd'hui, dans une grande mesure, entre les mains des grands seigneurs qui peuvent posséder des domaines de plusieurs milliers d'hectares mais qui ne sont pas assez riches pour les cultiver, comme ont pu le faire les landlords anglais : il leur faudrait des millions. Aussi, un grand nombre de ces domaines sont-ils en friche ; pire qu'en friche, car ils sont peu à peu envahis par les eaux, très abondantes dans le sous-sol, et qui transforment peu à peu ces terres et ces grands domaines en marais, ces marais célèbres dans l'histoire romaine, les marais de la campagne romaine, les marais Pontins où pullulent les moustiques anophèles qui inoculent la malaria. Et ce n'est pas peu de chose que la malaria. Il y a des historiens qui ont expliqué, avec quelque exagération, je veux croire, la décadence des empires d'Orient, de l'Asie-Mineure, de la Grèce et même de l'Italie ancienne, uniquement par la malaria qui a empoisonné la population et paralysé le travail.

Voilà donc une grande partie de cette terre italienne, déjà insuffisante en quantité, qui se trouve stérilisée par ce régime agraire.

____

(1) Mais Mussolini ne veut plus laisser aller les émigrants italiens dans les pays étrangers où ils se dénationalisent, ce qui va aggraver singulièrement le problème démographique pour l'Italie, et le danger politique pour les États v isins.

Ce n'est pas tout encore. La situation se trouve aggravée, ou l'était jusqu'à ces derniers temps, par l'état arriéré de la culture. Jusqu'à la fin du siècle dernier l'agriculture italienne était presque au dernier rang. Les moyennes de rendement par hectare du blé ou du maïs étaient les plus faibles de l'Europe. On n'employait ni engrais, ni machines. En effet, là où les grands propriétaires, qui dans les autres pays donnent l'exemple, ne font rien, les petits ne font pas davantage.

Il y a, en Italie comme partout, de petits propriétaires, quoique pas autant qu'en France ou en Allemagne, mais ils n'ont pas généralement les bonnes terres ; les petites propriétés sont sur les collines ; la culture s'y faisait à la mode antique ; comme au temps des Géorgiques on y mariait la vigne à l'ormeau. Mais les terres grasses, celles de la plaine, appartenaient aux grands propriétaires, ou aux moyens, et ceux-ci alors ne les cultivaient pas eux-mêmes ; ils n'y habitaient même pas ; aussi ne s'inquiétaient-ils guère des anophèles et de la malaria.

Le gouvernement avait bien senti la nécessité d'intervenir. Déjà en 1883 et en 1903 il y avait eu des lois pour mettre un terme à l'abus des latifundia. Ces lois décrétèrent que tous les propriétaires qui n'exécuteraient pas les « bonifications » qui leur seraient prescrites, telles que dessèchements de marais, draînages, irrigations, seraient expropriés. Seulement la première loi, celle de 1883, resta, comme il arrive souvent, lettre morte et il n'y eût presqu'aucune expropriation. En effet, ces expropriations n'étaient pas gratuites ; il fallait payer des indemnités aux propriétaires, et comme les communes n'avaient pas d'argent pour ces expropriations, elles ne les firent pas.

En 1903 la loi nouvelle facilita l'expropriation en décidant que l'indemnité pour l'expropriation ne serait payée que par annuités, de façon à la rendre plus facile.

En outre, on supprima tous les latifundia qui appartenaient à des personnes morales. Car en dehors des grands domaines appartenant aux riches italiens, il y avait aussi d'immenses domaines appartenant à des personnes morales, à des congrégations, aux Eglises, à de bonnes œuvres, aux Universités, aux Municipalités, à l'Etat. Ce furent donc les grands domaines appartenant à l'Eglise et aux Congrégations, qu'on appelle en Italie « les biens pieux », qui furent expropriés. Mais pour les grands domaines privés, on se contenta de les mettre sous la menace d'une expropriation éventuelle au cas où ils n'exécuteraient pas les travaux indiqués. Il ne faut pas oublier que même en France, pendant la guerre, une loi a décidé que les domaines abandonnés par les propriétaires pourraient être cultivés par les voisins ou par des coopératives créées à cet effet (1).

L'Italie n'a pas fait ce qu'ont fait depuis la guerre les petits pays de l'Europe Orientale, la Russie, les trois Etats baltes, tous les états des Balkans, la Tchéco-Slovaquie, la Pologne, qui ont exproprié les grands domaines, afin d'avoir de la terre disponible pour les paysans. Dans tous ces pays une loi agraire a fixé un maximum qu'on ne pouvait dépasser et tout l'excédent a été exproprié pour créer une classe nouvelle de petits propriétaires, comme avait fait la Révolution française.

Si le gouvernement italien n'a pas été jusque-là, c'est parce qu'il n'en avait pas besoin ; il avait les lois que nous venons de rappeler.

On peut même dire que cette législation était supérieure, au point de vue de la justice et de l'utilité publique, aux législations de l'Europe Orientale, car fixer un maximum à la grande propriété c'est un procédé arbitraire. Mais quand le législateur vient dire : « vous ne remplissez pas votre fonction sociale de propriétaire ; aussi, je vous exproprie pour cause d'utilité

______

(1) Voir notre Cours de cette même année 1926-27, *Les Coopératives en France pendant la guerre.*

publique », ce mot étant pris ici dans toute sa force,
voilà qui est parfaitement conforme à l'idéal que nous
devons nous faire de la propriété foncière.

Il y a une législation que l'on n'ose guère citer parce
que les pays où elle règne n'ont pas assurément donné
l'exemple de la prospérité agricole : les pays musulmans. Eh. bien, la loi du Coran est la même que cette
loi italienne. Elle dit que la terre appartient seulement
à celui qui s'emploie « à la vivifier ». Ce terme est
encore plus énergique que le terme italien : bonifier.
Donner la vie à une terre, n'est-ce pas en effet la créer
et n'est-il pas juste que l'objet créé appartienne au
créateur ?

Une autre plaie du régime agraire en Italie c'était
l'organisation du travail. Les propriétaires de grands
domaines non seulement n'avaient aucune relation avec
les travailleurs, mais ils n'en avaient même pas avec
leurs fermiers ou métayers. Ils avaient des intendants,
et ces intendants avaient sous leurs ordres les métayers
et les fermiers, lesquels à leur tour faisaient souvent
exécuter le travail par des sous-entrepreneurs qu'on
appelle des caporaux, chargés de fournir la main-
d'œuvre.

Il y avait donc là toute une cascade d'intermédiaires,
plus ou moins parasites, qui vivaient sur le travailleur
agricole. Aussi, avec ce régime-là, il y avait à la fois
insuffisance de production, par suite de la misérable
culture, ce qui fait que la nourriture était relativement
chère, et insuffisance de salaires, parce que les entrepreneurs et les intermédiaires profitaient de cette surabondance de la population pour mettre le travail a
sous-enchère.

On distingue en Italie, comme dans tous les pays,
deux catégories de travailleurs agricoles : 1° ceux qui
sont à demeure dans la ferme pour soigner le bétail,
pour charruer ou labourer. On les appelle chez nous

les valets de ferme ou, comme ce nom de valet n'est plus facilement toléré par la génération nouvelle, garçons de ferme ; en Italie, on les appelle les *obligati*, c'est-à-dire résidant à la ferme ; 2° Ceux que nous appelons les journaliers ou « travailleurs de terre » — un beau nom — et qui en Italie s'appellent les *braccianti*, ceux qui fournissent les bras. Ceux-ci n'habitent pas la ferme, mais ils y viennent chaque jour et sont chargés des travaux spécialisés, tels que la culture des vignes ou du riz, travaux qui demandent certaines connaissances particulières, ou du moins une certaine habileté de mains.

Leurs salaires étaient tombés à des taux dérisoires. Jusqu'à la fin du siècle précédent — il n'y a que 25 ans — le travailleur rural gagnait par journée 1 lire 20 centimes l'hiver et 1 lire 80, rarement 2 lires, l'été, durant les jours longs. Les femmes ne gagnaient jamais plus d'une lire. Les enfants, car on les faisait travailler dès l'âge de 7 ans, gagnaient 50 centimes. Avec le travail collectif de tous les membres de la famille, on n'arrivait pas à 1.000 lires par an (on sait que la lire est la même monnaie que le franc : après être tombée fort au-dessous durant la guerre, elle est aujourd'hui un peu au-dessus, mais nous ne parlons présentement que de la période antérieure à la guerre). Et notez que pour ce misérable salaire ils devaient fournir un travail de onze heures par jour, de 6 heures du matin à 7 heures du soir, avec un intervalle d'une heure ou deux pour les repas. Le travail des rizières était moins long ; il ne durait que huit heures ; mais c'est un travail écrasant. On le commence à trois heures du matin et on le finit à midi. On travaille les pieds dans l'eau et la tête au soleil. Au prix d'un tel travail, ils avaient tout juste de quoi se payer comme nourriture la polenta, c'est-à-dire la bouillie de maïs. Trois kilos de maïs par jour pour une famille de quatre personnes, et puis un peu de lard, mais très peu. La misère de ces travailleurs était telle que beaucoup ne mettaient pas de sel dans leur bouillie de maïs, dans leur polenta, parce que c'était trop cher : il y avait sur le sel un impôt assez considérable. Cette bouillie de maïs n'est déjà pas très appétissante quand elle est assaisonnée ; lorsqu'elle n'a ni sel ni lard, c'est une nourriture qu'en France nous donnons aux porcs. Aussi ces pauvres gens étaient-ils malades ; ils avaient la pellagre, maladie de peau qui résulte de l'insuffisance de l'alimentation. Les enfants mouraient comme des mouches, plus vite même, car celles-ci, dit-on, vivent trois ans.

Les *obligati*, les garçons de ferme, étaient un peu moins malheureux que les *braccianti*, les journaliers, parce qu'ils n'avaient pas à payer leur nourriture. Ils étaient mal nourris, mais l'étaient tout de même. Ils étaient logés aussi, mal logés, comme le sont encore chez nous les garçons de ferme. Mais, en dehors de la nourriture et de l'abri, ce qu'ils touchaient en espèces était dérisoire : généralement 70 lires par an, 5 à 6 lires par mois. Et pourtant cette population admirable supportait ses misères de bonne humeur. C'est en chantant que ces travailleurs, hommes, femmes et enfants, se rendaient avant l'aube à ces travaux des rizières dont je viens de parler et s'en retournaient exténués le soir.

Cependant, tout a une limite. Il arriva un moment où, vers 1884-1886, les premières grèves commencèrent, et même des grèves de femmes.

Ce furent des grèves d'une nature spéciale. Les ouvriers ne faisaient pas de dégâts : seulement, ils allaient prendre possession des domaines, s'y installaient et travaillaient eux-mêmes quand on ne leur donnait pas de travail. On cite quelques épisodes célèbres de domaines envahis par une armée de 500 paysans qui arrivaient, s'installaient et se distribuaient le travail pour cultiver l'immense domaine du seigneur.

Remarquez d'ailleurs — c'est une justice à rendre à ces paysans — qu'ils ne firent jamais ces actes de prise de possession sur les terres qui étaient cultivées. Ce n'est que sur les domaines laissés incultes qu'ils s'installèrent ainsi.

Vraiment, cette prise de possession n'est-elle pas justifiée quand ces gens qui mouraient de faim voyaient ces terres immenses qui auraient pu leur donner du pain, laissées en friche par leurs maîtres qui allaient vivre à Rome ou à Paris ? On comprend qu'ils se soient dit : Ces terres, c'est bien le moins qu'elles nous nourrissent : si le propriétaire veut les cultiver, soit ; mais s'il ne veut ou ne peut le faire lui-même, qu'il nous laisse faire !

Cette réclamation était si fondée que plusieurs des riches propriétaires acceptèrent de laisser les paysans s'installer sur leurs domaines et y travailler. Il y eût même plus tard, au moment de la guerre, un décret du gouvernement qui sanctionna, pour ainsi dire, cette prise de possession. Il décida que les paysans pourraient s'installer sur toutes les terres qui étaient en friche et les cultiver pendant une période de cinq années.

En somme, ces grèves et ces tumultes agraires n'avaient pas été inefficaces ; les salaires avaient beaucoup monté. Depuis l'époque que je viens d'indiquer, la fin du siècle dernier, jusqu'à la veille de la guerre, ils avaient doublé à peu près. Ils n'étaient pas encore très élevés, mais c'était tout de même une amélioration très réelle.

Cependant, on se rendit compte bientôt que ce ne serait pas par des associations militantes, ni même par des associations à caractère syndical, que l'on résoudrait le problème agraire en Italie. On comprit qu'il fallait créer des associations d'organisation, non plus simplement pour entrer en lutte avec les grands propriétaires mais pour se substituer à eux, ou du moins pour réaliser l'action collective des travailleurs en créant des associations de travail agricole.

On commença par les plus simples, les coopératives de travailleurs, de *braccianti*.

Ces coopératives n'ont pas eu pour ambition de modifier ou de transformer le régime agraire mais de s'affranchir de l'intermédiaire agricole.

J'ai dit dans la leçon précédente que les coopératives de travail dans l'industrie et la construction avaient pour but de s'affranchir de l'entrepreneur de travaux publics. Dans l'agriculture, c'est la même chose.

Je viens de dire que l'agriculture italienne était caractérisée par une superposition d'intermédiaires. Eh bien, ces associations de *braccianti* avaient pour but de traiter directement avec le propriétaire ou tout au moins — si on ne pouvait monter tout de suite jusqu'au grand propriétaire lui-même — avec le fermier ou l'intendant. Les coopératives se chargeaient de tel ou tel travail, par exemple de greffer les vignes ou de faire les vendanges.

Ces coopératives de travail n'ont pas un caractère permanent. Elles se forment quand il y a des travaux à effectuer, comme les vendanges, les moissons ou la récolte des foins ; mais elles se dispersent ensuite — comme les artels russes (1).

Ces associations d'ouvriers commencent à s'introduire dans le Midi de la France. Dans la campagne où je passe les vacances, je vois à l'œuvre chaque automne une coopérative de travail pour la vendange. On traite avec le chef de l'association, le caporal, comme on l'appelle. On fait un prix avec lui pour l'enlèvement de la vendange, à tant les cent kilos, le compte est très facile : on pèse chaque charrette de raisin, le propriétaire et le caporal, ou son représentant, inscrivent le poids donné par la bascule ; à la fin de la journée on fait l'addition et quand on sera à la fin de la vendange il n'y aura qu'à faire le total général des milliers ou des centaines de milliers de kilos de raisin rentrés, et par

____

(1) Voir notre Cours de 1925-26, *La Coopération en Angleterre et en Russie.*

conséquent, la somme à payer. Dans la campagne dont je parle, c'est une vingtaine de mille francs à partager entre une vingtaine de vendangeurs, pour une trentaine de journées de travail.

Ce procédé a aussi tous avantages pour le propriétaire ; il est infiniment supérieur au travail exécuté par des travailleurs à la journée qui font le moins possible. J'ai fait le compte moi-même que ces ouvriers italiens récoltaient chaque journée, par homme, deux fois plus de raisins que les vendangeurs du pays travaillant à la journée.

Je ne jurerais pas, il est vrai, que cette association fut aussi coopérative que nous le souhaiterions. Je crois bien que le caporal se faisait un peu la part du lion. Il prélevait d'abord à titre de commission, pour avoir fait le contrat et stipulé les meilleures conditions. 35 centimes par 100 kilos pour lui, ce qui, sur quelques 600.000 kilos, lui faisait une forte somme. Puis il touchait sa journée comme les autres ouvriers parce qu'il considérait, non sans raison d'ailleurs, que s'il ne travaillait pas de ses mains, il fournissait tout de même un travail de direction qui valait autant que le travail des autres. Et enfin, il se chargeait de la nourriture des ouvriers, moyennant dix francs par jour pour chacun. Certainement il gagnait sur la nourriture, ce qui lui faisait un troisième bénéfice. Cependant, ces ouvriers étaient bien nourris.

§ 3. — Les Coopératives d'affermage

Voici une autre forme d'association agricole, permanente celle-ci ; ce sont celles qui prennent en fermage un de ces grands domaines dont je parlais tout à l'heure. Un certain nombre d'ouvriers, ce qu'il faut a vue d'œil pour mettre le domaine en culture, se réunissent ; s'il s'agit d'un très grand domaine, il faudra peutêtre des centaines d'ouvriers. Alors ils offrent au propriétaire de la terre de la cultiver eux-mêmes : ce sont les *affilense collettivè*. Il y a tout profit pour tout le monde :

pour le propriétaire d'abord, qui trouve ainsi le moyen de mettre en culture des domaines qui étaient en friche ;

pour la population en général et le pays, qui voit des terres stériles fécondées et peut-être, par la culture, la disparition des marais avec leurs moustiques et la malaria ;

et, bien entendu, pour les ouvriers eux-mêmes, parce que désormais, au lieu de travailler comme de_misérables salariés, sous les ordres d'un caporal qui lui même sera sous les ordres d'un « marchand de biens », comme on l'appelle en Italie, ils travailleront pour eux-mêmes, non pas comme propriétaires, il est vrai, mais comme fermiers.

La coopérative de fermage place ses membres, ses actionnaires dans la même situation que s'ils travaillent pour eux-mêmes — après prélèvement, bien entendu, du fermage à payer au propriétaire.

Ces associations de fermage ont différents caractères, suivant leur importance.

Ou bien ces associations laissent les domaines indivis et alors elles le cultivent en commun ; c'est une vraie communauté ; les ouvriers travaillent tous ensemble et se partageront les produits — si même ils ne les consomment pas en commun, ce qui serait le communisme intégral.

Mais on peut adopter un autre système : c'est celui de fermes séparées. Et il faut faire ici une sous-distinction :

a) s'il s'agit d'un domaine qui était déjà divisé en fermes, on laisse les fermes entières telles qu'elles étaient, et à chaque associé on en attribue une selon ses forces de travail.

b) s'il s'agit d'une terre qui n'était pas cultivée et qu'il faut défricher et aménager, alors ce sera l'association elle-même qui aménagera le domaine. Elle le répartit en parcelles, égales autant que possible ; mais comme elle ne peut faire les frais de bâtir une ferme sur chaque parcelle, en ce cas les associés restent au village, et tous les matins, comme les anciens braccianti, chacun va cultiver sa parcelle.

Lequel de ces deux procédés, du fermage communiste « unitaire », comme disent les italiens, ou du fermage « divisé » est préférable ?

Jusqu'à présent, on ne peut le dire. Cela dépend des goûts. Dans l'Italie du Nord, où les populations sont assez socialistes, ils préfèrent le système communiste. Il y a de grands domaines, dans le Piémont, qui sont ainsi cultivés sous le régime du fermage collectif. Dans le centre et le sud de l'Italie, les populations sont restées, comme nos paysans français, très individualistes. Elles ne sont nullement séduites par le travail en commun. Chacun réclame sa parcelle.

Au reste, même avec le système de fermage divisé en autant de parcelles qu'il y a d'associés, il ne faut pas croire qu'il n'y ait plus d'association, que l'on soit retombé simplement sous le régime individualiste de la propriété paysanne et que chacun garde pour lui la totalité du produit de son travail. Non, car comment vivrait l'association ? Il faut bien qu'elle paie le fermage au propriétaire, qu'elle fournisse l'outillage, qu'elle pourvoie aux frais généraux, aux impôts, aux risques des années de mauvaise récolte. Elle prélève donc les deux tiers de la récolte de l'association et ne laisse qu'un tiers à l'associé cultivateur. Cela ne paraît pas beaucoup. Mais songez donc qu'en Algérie, où il y a le régime du métayage, c'est 1/5ᵉ qu'on laisse à l'indigène et les 4/5ᵉ sont pour le propriétaire. Et même lorsque le partage se fait par moitié, comme généralement en France, il faut déduire de la part du métayer bien des dépenses qu'on lui impose, et que l'associé italien n'a pas à payer parce que l'association s'en charge.

Du reste, les associés ne protestent pas du tout. Car,

s'il se trouve, à la clôture des comptes, qu'on lui a trop fait payer avec les 2/3, quel sera le résultat ? Ce sera simplement un bénéfice pour l'association et ces bénéfices reviendront directement ou indirectement au sociétaire, de même que dans les coopératives de consommation le trop perçu revient au consommateur. Ce n'est pas comme sous le régime ordinaire où les bénéfices seraient pour le propriétaire ou le fermier.

Néanmoins, l'association ne tenant les biens qu'à titre de ferme se trouve dans une situation précaire. Elle aspire donc à un troisième degré. La coopérative peut supprimer le propriétaire lui-même en achetant le domaine. Alors voilà ces humbles *braccianti* qui vont devenir leurs propres patrons, puisque c'est être son propre patron que d'être au service d'une société dont on fait soi-même partie, comme actionnaire ou co-propriétaire.

Bien entendu, pour arriver à ce troisième degré, l'association rencontre certaines difficultés. Il faut d'abord qu'elle trouve un domaine disponible, mais en Italie ce n'est pas difficile. Nous avons déjà fait remarquer qu'aujourd'hui comme jadis il y a d'immenses espaces de terre, plus ou moins abandonnée, appartenant soit à de grands propriétaires, soit à l'Etat, aux Congrégations, aux Eglises, aux œuvres pieuses.

Mais ce n'est pas tout d'avoir des terres à distribuer aux campagnards. Il faut encore avoir de l'argent à leur prêter, car il ne suffit pas d'avoir une terre si on n'a rien pour la mettre en valeur. Il fallait donc fournir des capitaux aux nouveaux propriétaires. A cet effet, une grande banque a été créée pour faire des avances aux associations coopératives et elle a été dotée de plusieurs centaines de millions. Il y a maintenant une grande étendue de terres qui a passé ainsi entre les mains d'associations coopératives ou de paysans à titre individuel. Je ne peux pas malheureusement y donner

un chiffre récent; je n'en ai qu'un très ancien de 1915 ;
il y avait déjà alors environ 50.000 hectares transférés
à la propriété paysanne. Il y en a certainement beaucoup plus aujourd'hui.

§ 4. — Les risques de dissolution des Coopératives agraires

Nous avons vu comment le campagnard italien, le
plus pauvre des travailleurs d'Europe, plus que le
moujik russe peut-être, s'était peu à peu élevé par la
coopération en franchissant successivement les trois
degrés d'une échelle qui l'amène à la condition de producteur indépendant.

Le premier degré c'est l'association de travail proprement dite, la coopération de travail, par laquelle le travailleur salarié traite avec l'exploitant — sinon avec
le propriétaire, celui-ci étant trop haut, du moins avec
le fermier. L'association joue alors le rôle de celui que
nous appelons en France le marchandeur, le sous-entre-
preneur.

Au second degré, c'est le fermier lui-même que l'association supprime pour traiter directement avec le propriétaire en prenant elle-même le domaine à ferme —
soit pour le cultiver elle-même, soit en le subdivisant en
autant de parcelle qu'elle compte de membres.

Et enfin l'association peut acquérir elle-même le
domaine, tous ses membres devenant ainsi co-proprié-
taires, ou plus exactement actionnaires de l'entreprise.

Mais ce troisième degré de l'évolution est-il le dernier ? Les travailleurs de terre, après s'être élevés de la
condition de salariés à celle de co-associés, n'aspirent-
ils pas à devenir des propriétaires individuels, propriétaires comme nos paysans français ? Hélas ! oui, seulement si cette nouvelle étape marque un pas de plus vers
l'individualisme, elle marque une régression au point
de vue coopératif ; c'est la dissolution de l'association.

Le rural, parvenu au sommet, repousse du pied l'échelle grâce à laquelle il y est arrivé. Oui, avoir un petit coin de terre, si petit soit-il, mais bien à soi, bien clos, où l'on soit maître et seigneur, c'est là le rêve des paysans de tous les pays, sans exception ; et c'est aussi celui des paysans italiens aussi bien que des moujiks russes. Alors, n'est-il pas probable que ces associations coopératives, après avoir acheté des domaines, seront exposées à se voir dissoutes par leurs propres membres qui voudront se partager ce domaine ? C'est probable, et je dirai c'est bien à craindre. Le paysan a ce sentiment qu'aussi longtemps qu'il est associé il n'est véritablement pas anticipé ? C'est un proverbe, et précisément un proverbe italien, que « quiconque a un associé a un maître ». Eh bien, le paysan membre de ces fermes collectives ne trouvera-t-il pas qu'aussi longtemps qu'il a ses camarades pour associés, il a autant de maîtres ?

En fait, et d'ailleurs au point de vue juridique aussi, c'est l'association, en tant que personne juridique, qui est propriétaire ; lui n'est qu'une sorte de fermier, ou pis, de salarié, de cette association ?

Oui, mais il faut lui répondre que comme il en est lui-même associé, il n'en est pas moins vrai que lui et ses camarades n'ont d'autres maîtres qu'eux-mêmes.

En somme, qu'est-ce que le paysan gagnera à échanger cette propriété coopérative pour la propriété individuelle ? Au point de vue moral il faut voir assurément un recul dans cette victoire du « chacun pour soi » se substituant au « chacun pour tous ». Dira-t-on qu'au point de vue économique ce sera tout de même un progrès, parce qu'une fois le partage effectué, le paysan, maître de son lot, et harcelé par l'aiguillon de l'intérêt personnel, donnera un effort beaucoup plus intense que celui de l'actionnaire ou du co-propriétaire d'un domaine collectif ? N'est-ce pas un fait partout vérifié et même un lieu commun, dans l'enseignement du Droit, que l'état d'indivision est le plus défavorable à

toute bonne exploitation, à tout progrès ? que celui qui
fravaille pour le compte d'une société met beaucoup
moins de cœur à son ouvrage que celui qui travaille
pour lui-même ?

Soit ! mais sera-t-il plus heureux ? Et même au point
de vue économique, s'il est vrai que ce partage doive
faire gagner quant à l'effort fourni, s'il est vrai que le
paysan quand il travaille pour lui-même ne compte
plus les huit heures, mais peine aussi longtemps qu'il
fait jour, il faut considérer qu'ainsi isolé il perdra les
avantages de la grande exploitation.

Si le fermage, sous le régime individualiste actuel, est
un état peu favorable à la production ou même à la
paix sociale, c'est parce que le fermier vit au jour le
jour dans la crainte d'être expulsé à fin de bail, ou d'être
augmenté, et de l'être précisément dans la proportion
même où il aura amélioré sa ferme, ce qui est en effet,
une grande injustice.

Mais dans la coopérative ce n'est plus cela. Cet actionnaire, ce coopérateur, a pour patron une société dont il
est lui-même membre, avec ses camarades. Il a la certi-
tude qu'il restera là aussi longtemps qu'il voudra, qu'on
ne l'expulsera jamais, parce qu'il faudrait l'expulser
de la société, et on ne peut pas expulser les membres
d'une coopérative à moins d'un fait grave. Il a la cer-
titude aussi que son fermage ne sera pas augmenté, ou
que, s'il l'est, ce ne sera qu'en vertu d'une décision prise
par une assemblée où il discutera lui-même et où les
associés décideront eux-mêmes s'il faut augmenter le
taux des fermages pour la coopérative ?

§ 5. — Des effets de la guerre sur la Coopération agraire en Italie

Cette évolution du salariat à la propriété a été, dans
une grande mesure, accélérée par la guerre.

La guerre a eu, sur le régime agraire en Europe, une
influence et des conséquences beaucoup plus grandes

qu'on l'imagine et qui dureront plus longtemps que les conséquences politiques de la guerre. Le régime de la vieille propriété romaine a été transformé en Europe Et en Italie que s'est-il passé ?

Tant que les armées ont été mobilisées, dans ces années de dure lutte, on cherchait à soutenir le moral des soldats. On leur dit : cette terre pour laquelle vous vous battez, elle sera à vous quand vous serez de retour dans vos foyers. Ce rêve si longtemps caressé sera réalisé après la guerre — du moins pour les survivants.

En France, certains journaux français ont, à ce moment-là, fait campagne pour demander que dans l'indemnité de guerre fut réservée « la part des combattants » ; mais cet appel honteux n'a pas trouvé d'écho en France, pas même sur le front.

En Italie, c'était un peu différent. Cette promesse était conforme à la tradition historique. Toutes les légions romaines ont entendu leurs chefs, leurs consuls, promettre des distributions de terres pour les vétérans. Et ces promesses ont été réalisées en effet. A chaque retour des soldats victorieux de Sylla, de Pompée, de César, de Crassus, il y a eu des partages de terres. On a procédé, alors, d'une façon beaucoup plus brutale que les bolchevistes eux-mêmes. On a tout simplement massacré les riches propriétaires, sous le nom de proscrits, et on a donné leurs terres aux soldats.

Les soldats italiens ne demandaient pas qu'on massacrât les propriétaires italiens, mais ils attendaient fermement qu'on leur donnât des terres à leur retour. C'est ce qu'a fait, le premier, le roi d'Italie, par un don généreux de 7.000 hectares du domaine royal. Bien entendu, il n'a pas distribué ces terres aux soldats individuellement. Il les a donnés à une œuvre créée le 30 décembre 1917, c'est-à-dire en pleine guerre, au moment le plus critique. C'était l'OEuvre Nationale des Combattants », tel est son titre officiel.

Cette OEuvre Nationale des Combattants a été créée

avec cet objet spécial de s'occuper des combattants et de leur attribuer des terres afin de les tirer définitivement de la misère. Ce n'est que quand la guerre a été terminée qu'elle a reçu un statut définitif. Néanmoins, à leur retour, les soldats italiens ont été déçus, car ces terres qu'ils attendaient, ils ne les ont pas reçues. Alors vous savez ce qui s'est passé : ils les ont prises. Dans la précédente leçon, j'ai cité un exemple de cette prise de possession des grands domaines par les paysans. Le Gouvernement italien, qui était à ce moment-là le gouvernement de M. Giolitti, a laissé faire. Et même, un décret, dit Viscosi, a consacré, pour ainsi dire, cette prise de possession en déclarant qu'elle serait valable pendant quatre ans sur toutes les terres plus ou moins abandonnées, à la condition que les paysans les cultiveraient et les bonifieraient.

Naturellement, les paysans n'ont rien bonifié du tout; ils se les sont partagées.

C'est alors qu'est venu le fascisme. Il est intéressant de se demander qu'elle a été son attitude en face d'une quasi révolution agraire. A-t-il employé la manière forte, qui lui est si familière ? Non ! c'eut été contraire à l'esprit même du fascisme qui prétend continuer les traditions de la Rome Impériale. Mussolini a dit dans une interview, il n'y a pas longtemps, que l'homme de l'histoire romaine auquel il était le plus jaloux de ressembler, c'était Sylla. Eh bien, Sylla était précisément de ceux qui avaient le plus usé et abusé du partage des terres à ses vétérans. Mussolini ne pouvait donc écouter qu'avec une certaine bienveillance ces réclamations. C'est pourquoi l'Œuvre des Combattants a été non seulement dotée par lui d'un statut, par une loi du 31 décembre 1923, mais elle a reçu une très belle donation de 300 millions de lires pour l'aider dans son œuvre vis-à-vis des combattants.

Ces combattants se sont ralliés tout de suite au fascisme. C'est parmi eux que se recrutent les milices aux chemises noires. J'ai sous les yeux la revue publiée par l'Œuvre des Combattants. C'est une publication magnifique. Sur la couverture, très artistique, on voit, au milieu d'un cadre où les roses grimpent sur des treillis de fils barbelés, un soldat italien, l'arme au pied, et dont l'ombre sur le mur reproduit la silhouette bien connue du légionnaire avec le casque romain ; et cette couverture porte pour devise *Victoria nobis vita*, « la victoire, c'est notre vie » ; ou peut-être pourrait-t-on traduire aussi : « nous sommes les fils de la victoire. »

Cette devise vous dit assez quel est l'esprit de l'Association des Combattants. L'Italie a tenu le rôle le plus glorieux dans les arts, les lettres, la civilisation, depuis des siècles ; mais on ne peut pas dire que depuis la fin de l'empire romain, elle ait connu beaucoup de victoires et depuis deux mille ans elle a été le plus souvent dans le camp des vaincus. Enfin, elle a eu sa victoire de Vittorio Veneto qui a été la bonne puisque c'est celle qui lui a fait gagner la guerre.

C'est à cette Association qu'a donc été dévolue la tâche d'accomplir les vœux des anciens combattants, c'est-à-dire de donner la terre aux paysans. Seulement, le gouvernement fasciste lui-même, prudent à l'occasion, a bien vu qu'on ne pouvait tout d'un coup partager la terre, comme l'avait fait le gouvernement bolcheviste, entre les mains de millions de paysans. Il fallait procéder avec plus de méthode.

Il fallait d'abord bonifier ces terres disponibles, car naturellement celles disponibles ce n'étaient pas les bonnes terres : c'étaient généralement celles qui avaient été dédaignées parce que trop arides, ou trop marécageuses, ou infestées par la malaria. On ne pouvait les donner aux paysans en cet état. Ils n'auraient su qu'en faire. Il fallait que l'Œuvre des Combattants s'occupât d'abord de la mise en état de ces terrains, avant de songer à les transformer en propriétés paysannes. C'est ce qu'elle a fait. Il y a eu là une très belle œuvre accomplie.

Nous sommes justement fiers en France de la reconstitution des régions dévastées qui est à peu près finie à cette heure. Mais l'Italie a aussi le droit de tirer quelque orgueil de la reconstitution de ses vieilles terres abandonnées depuis deux mille ans et qu'elle est en train de rendre à la culture et à la vie.

Je voudrais vous en citer un seul exemple. Voilà, en Toscane, un grand domaine de 3.000 hectares, situé près de Pise, tout près de la mer et qui appartenait aux maisons ducales qui se sont succédées, en Toscane depuis les Médicis : il avait passé à la Maison Royale de Savoie, par héritage. C'est un domaine dont le niveau est très bas ; certaines parties sont même au-dessous du niveau de la mer, ce qui fait que sur ces 3.000 hectares il'y en avait 2.000 de marais, de roseaux et de moustiques. Il n'y avait guère que 900 hectares qui fussent bons pour la culture. Eh bien, l'OEuvre Nationale des Combattants s'est attelée à cette tâche. Elle a accompli des travaux semblables à celui d'Hercule desséchant les marais de Lerne. Elle a creusé 58 kilomètres de canaux pour draînages, construit 33 kilomètres de routes en chaussées, 11 kilomètres de lignes de transport de force électrique. Elle a construit un grand nombre de fermes, d'étables pour le bétail, de logements pour les paysans, et on peut dire qu'elle a complètement transformé ces domaines. Elle y a dépensé 30 millions de lires.

Naturellement, ce n'est pas une association coopérative, moins encore des paysans isolés qui auraient pu exécuter de semblables travaux.

Ces travaux ne sont pas finis. Quand ils le seront, alors on partagera ces domaines, ou on les donnera en fermage à des associations coopératives.

Ce n'est pas tout. Pour constituer la propriété paysanne, il ne suffit pas d'avoir bonifié les terres. Il faut encore faire une sélection des travailleurs et ne pas donner des terres à n'importe qui. Si tous les millions de soldats démobilisés recevaient des terres, les trois quarts n'en feraient rien qui vaille.

L'OEuvre des Combattants, et du reste le gouvernement fasciste lui-même, est très sévère. Il veut bien donner la priorité aux ex-combattants, mais il exige des conditions préalables et assez sévères. Il faut d'abord que l'on soit cultivateur de profession et, en outre, il faut avoir les forces physiques suffisantes ; et si ce sont des mutilés, des réformés, qui viennent demander des terres, on leur cherchera d'autres emplois ; on les enverra d'abord faire leur éducation professionnelle dans les œuvres pour les mutilés qui ont été créées en Italie comme en France.

On demandera aussi, autant que possible, au cultivateur, une certaine épargne, parce que l'épargne révèle généralement les qualités voulues pour faire un bon paysan, c'est-à-dire la prévoyance et l'économie. D'ailleurs, il faut bien que le candidat ait un certain capital pour pouvoir mettre sa terre en exploitation, ou pour pouvoir l'acheter, si on la lui vend.

On préférera aussi, comme en France, ceux qui ont de nombreuses familles. Enfin, il est dit expressément que l'on préférera « ceux qui ont le respect de la loi et de l'ordre», ce qui veut dire que l'on préférera les fascistes. Il n'y a pas d'erreur là-dessus, parce que ce sont ceux-là seulement qui, dans l'opinion du gouvernement fasciste, peuvent offrir des garanties au point de vue de l'ordre et du respect de la loi.

Mais ces deux opérations, bonification des terres et sélection des candidats, peuvent se faire, pour ainsi dire, simultanément, par le moyen des coopératives de travailleurs agricoles, qui feraient ces travaux de dessèchement, de construction de routes. Ainsi ce sont les paysans eux-mêmes qui aménageront le domaine, et qui l'aménageront d'autant mieux qu'ils auront la perspective qu'il leur est destiné et que c'est pour eux qu'ils travaillent.

En même temps, on verra bien là quels sont les bons travailleurs les mieux qualifiés pour recevoir la terre à titre définitif.

On peut dire que l'Italie est en train de faire une colonisation intérieure. Cette œuvre de colonisation qui pour d'autres nations consiste à aller outre-mer défricher des terres, le plus souvent malsaines, ingrates, l'Italie l'accomplit sur son propre territoire. Nous verrons plus loin que l'Espagne l'a fait aussi.

C'est seulement quand ce travail préalable sera accompli que l'on arrivera à la question de savoir comment on doit distribuer ces terres, si c'est en pleine propriété, ou sous la forme de coopérative de culture.

Le gouvernement fasciste, certainement, a des préférences pour la propriété absolue, parce que c'est la vieille propriété romaine et par conséquent, là aussi, on retrouve la tradition de Rome. Le gouvernement fasciste la préfère aussi parce que c'est cette propriété paysanne qui peut donner confiance à un gouvernement qui cherche avant tout l'ordre, la discipline et un esprit conservateur.

J'espère cependant que le gouvernement fasciste, ni même l'OEuvre des Combattants, qui est son organe, n'excluera l'emploi des associations coopératives pour mettre la terre en valeur. En tout cas, si on est obligé de céder à cette aspiration du paysan vers la propriété parcellaire, individuelle, espérons tout au moins qu'on lui imposera pour correctif l'association coopérative, sous ses formes atténuées, spécialisées et multiples, telles que celles pour la vente des produits, pour l'achat des engrais ou des machines, pour la production du vin ou de l'huile, et toutes ces différentes formes de coopératives agricoles dont j'ai déjà parlé.

Grâce à ce correctif, la propriété paysanne n'aurait

plus les inconvénients ultra-individualistes dont souffre, depuis des siècles, la propriété paysanne française.

CHAPITRE VI

COOPÉRATIVES DE CRÉDIT, D'HABITATION ET « ENTI AUTONOMI »

§ 1. — Coopératives de Crédit

Il y a en Italie un très grand nombre de coopératives de crédit : il y en a plus qu'en France et surtout elles sont plus remarquables en ce sens qu'en France elles n'ont prospéré qu'avec le concours du gouvernement, du moins pendant toute la période de leur jeunesse, tandis qu'en Italie elles ont, dès le début, marché d'elles-mêmes et elles ont très bien marché. Mais nous n'en dirons que peu de chose, car elles n'ont pas de caractères spéciaux.

Il faudrait distinguer trois catégories d'institutions de crédit en Italie.

La première, ce sont les banques populaires, c'est-à-dire des banques pour prêter aux petites gens, dans les villes. La première a été créée à Milan, en 1865, par le grand homme d'Etat dont j'ai cité souvent le nom, M. Luzzatti, et qui n'avait alors que 23 ans. Il vit encore aujourd'hui (1). Ces banques populaires, qui n'ont guère réussi en France, se sont multipliées dans une foule de villes italiennes et constituent une forme très brillante de la coopération italienne. Elles étaient au nombre de plus de 800 en 1923, avec 1.200 filiales et 500.000 associés.

Il y en a une autre, née vingt ans plus tard, celle-ci pour les paysans. Ce sont les Caisses Rurales, dont la

____

(1) Nous avons eu le regret de le perdre depuis lors : en mars 1927.

première a été créée dans la petite ville de Lorette —
célèbre par la Vierge de Lorette qui a une église même à
Paris — par un juif, Wollemborg. Luzatti aussi est
juif. Celles-là aussi ont très brilamment réussi. L'Italie
a été couverte rapidement de ces caisses rurales. Elles
sont organisées suivant le même type que les Caisses
Raiffeisen allemandes. Il n'y a rien ici de spécial
comme caractère italien ; mais ces caisses rurales ont
rendu de grands services, non seulement au point de
vue économique, en fournissant des fonds aux paysans
pour leurs cultures s'ils sont propriétaires, ou pour les
rendre propriétaires s'ils ne le sont pas, mais aussi au
point de vue éducatif, en créant une sélection morale
entre les membres. Pour expliquer cette sélection
morale, il suffit de rappeler le trait caractéristique de
ces caisses rurales : c'est que pour se procurer de
l'argent, elles n'offrent comme garantie que la responsabilité solidaire de leurs membres. Ces pauvres gens
répondent tous les uns pour les autres. C'est là une des
merveilles de la coopération que cette responsabilité
personnelle, qui serait tout à fait insuffisante à l'état
individuel, devient suffisante pour emprunter des
millions dès qu'elle groupe un certain nombre de
paysans. Mais naturellement cette solidarité oblige les
membres de l'association à être vigilants sur leur
recrutement et à ne pas accepter parmi eux les premiers venus. Cette sélection, dont je parlais tout à
l'heure, est exercée ici par les associés eux-mêmes et
de la façon la plus sévère, à ce point que l'on a vu
dans certains villages des paysans qui étaient ivrognes
ou débauchés, se convertir pour obtenir leur admission
à la Caisse rurale. C'est un certificat d'honorabilité que
d'y être admis.

C'est un fait à noter que ces associations, quoique
créées par un juif, sont aujourd'hui à peu près toutes
entre les mains des catholiques, des prêtres.

Et pourquoi ? Parce que, semble-t-il, c'est dans les

milieux où la religion a conservé son autorité que cette
dépendance mutuelle est plus facilement acceptée :
déjà membre d'une même église, ils sont plus disposés
à mettre en pratique la parole de Saint-Paul : « portez
les fardeaux les uns des autres ».

La troisième institution de crédit qui porte le nom
« Institut National de Crédit pour la Coopération » est
de date beaucoup plus récente. Elle n'a été créée qu'à
la veille de la guerre, en 1913. Elle a pour but de prêter
de l'argent à toutes les associations coopératives qui
en ont besoin. Mais son champ d'action s'est peu à peu
élargi comme c'est le cas par tout pays pour les Banques Coopératives Centrales. Par le fait qu'elles fournissent aux sociétés tout ou partie de leurs capitaux,
elles sont amenées à exercer un contrôle général sur
tout le mouvement.

Cette Institution Nationale a été assez richement
dotée. Elle a 450 millions de fonds sur lesquels son
capital propre ne représente que 40 millions. Tout le
reste vient de fonds avancés par l'Etat ou les municipalités, les Caisses d'Epargne, etc. Nous ne pouvons
que renvoyer au magnifique volume publié par l'Institut lui-même en 1925, où l'on trouvera l'histoire de la
première période décennale de l'Institut (1914-1923).

Nous avons en France une banque de ce genre. C'est
l'ancien Office du Crédit Agricole qui est aujourd'hui
devenu Banque du Crédit Agricole et qui dispose de
fonds à peu près équivalents, mais seulement pour les
coopératives agricoles. Il ne fournit pas d'argent aux
coopératives de consommation ni de production. Chacune de ces deux catégories de coopératives a sa
Banque propre.

§ 2. — Coopératives d'habitation

Il faut mentionner aussi les coopératives d'habitation. La crise du logement existe naturellement en

Italie, comme partout en ce moment. C'est encore une des conséquences de la guerre, conséquence mystérieuse, peut-on dire, car on n'en a vraiment pas donné encore d'explication satisfaisante. En Italie, cette crise est d'autant plus forte que ce pays est surpeuplé ; il a beaucoup plus d'habitants que la France, par kilomètre carré. Aussi, les coopératives d'habitation ou de construction sont beaucoup plus nombreuses en Italie qu'en France, et elles rendent de très grands services, tout particulièrement à la classe des fonctionnaires. On peut dire qu'en Italie tout employé de chemins de fer — vous savez qu'en Italie les chemins de fer appartiennent à l'Etat et par conséquent les employés de chemins de fer sont des fonctionnaires comme ceux du réseau de l'Etat en France — s'il a vraiment le désir de devenir propriétaire d'une maison, le peut, à peu de frais. On a construit, en effet, un grand nombre de maisons dans des conditions de bon marché extrême, parce que les sociétés coopératives qui veulent construire empruntent des capitaux à un grand établissement, à une Banque faite spécialement pour cela et qui leur prête à bas intérêt ; en outre, l'Etat prend à sa charge la moitié des intérêts à payer. Les candidats peuvent entrer en possession de leur maison tout de suite, à titre de locataires pour commencer, mais avec un loyer qui quoique très inférieur au loyer généralement payé, est suffisant pour leur faire acquérir ia propriété de la maison au bout de 50 ans, ou de 25 ans s'ils veulent payer des annuités plus fortes. Voici, par exemple les chiffres d'une coopérative à Venise : le prix des logements de trois pièces, dans le quartier le plus pauvre de Venise, est de 600 lires par an, et dans les quartiers plus aisés, de 1.200 lires.

Si le locataire a hâte de devenir propriétaire, s'il a, comme le paysan français, le désir de dire : je suis chez moi, eh bien il peut racheter la maison tout de suite, en payant naturellement sa valeur, mais une valeur très inférieure au coût de construction et qui n'en est généralement que la moitié. Il peut aussi rester indéfiniment locataire, la coopérative restant elle-même propriétaire des maisons qu'elle a construites.

Le premier système, c'est la coopérative de construction ; le second, c'est la coopérative d'habitation. En France, nous n'avons que des sociétés coopératives de construction, parce que le Français, lui aussi, veut avoir sa maison. Mais en Angleterre, comme en Italie, il y a des coopératives d'habitation.

Le second système est pourtant bien préférable, car qu'importe de n'être que locataire, quand le propriétaire est la société dont on est membre soi-même, quand on sait que ce propriétaire ne vous mettra jamais à la porte et ne vous augmentera vos loyers qu'autant que vous y consentirez collectivement ?

Toutes les lois sur la prorogation des loyers que l'on vient de voter par tous pays ne valent pas la garantie que donne à ses membres une coopérative d'habitation.

§ 3. — Enti Autonomi

Citons enfin une institution, moitié coopérative moitié municipale, qui tient une grande place en Italie et qui mériterait d'être imitée ailleurs. Elle a probablement un grand avenir. C'est ce qu'on appelle les *ente autonome*, qu'on peut traduire : les Etablissements, ou Offices, ou Instituts, autonomes.

En France, c'est sur ce modèle qu'ont été constitués les Offices d'Habitations. Ces institutions ont été créées pour remédier aux inconvénients du régime municipal, trop souvent vicié par la politique électorale et paralysé par l'incompétence des conseillers municipaux. Afin de les soustraire aux pressions électorales et aux interventions politiques, on confie la direction de ces établissements à des personnes choisies parmi les notables de la ville ; toutefois, une partie des membres est nommée par le Conseil municipal — puisqu'il fournit les fonds, il faut bien qu'il ait un droit de regard — mais la majorité des membres sont désignés ou bien par les sociétés coopératives, s'il y en a dans la ville, ou par les établissements de bienfaisance, ou même sont choisis parmi les philanthropes et les personnes qui s'occupent particulièrement des questions qui devront rentrer dans le cadre de l'Office.

Les organisations s'occupent de tous les services publics, y compris l'alimentation et l'habitation. Ce sont des espèces de coopératives, mais qui ont ceci de particulier qu'au lieu d'être constituées seulement par l'initiative privée et ouverte seulement à ceux qui veulent y entrer, l'office englobe toute la population en tant qu'elle exerce un service public, et par conséquent on peut y voir une forme de coopération obligatoire, tout comme celle instituée en Russie par les Soviets, de 1918 à 1923. (1)

VII

LA SITUATION ACTUELLE
DU MOUVEMENT COOPERATIF

Arrivé au terme de cet exposé, il convient de passer une revue rétrospective du mouvement coopératif en Italie tel que nous l'avons exposé dans le chapitre I et II. Il faut distinguer quatre périodes.

La première, la plus longue, va de 1883 environ jusqu'à la guerre, jusqu'à 1914. C'est une période heureuse de trente années, et comme les périodes heureuses elle

---

(1) Dans un très savant livre qui n'a paru que postérieurement à ces leçons, *L'Ordre Coopératif*, M. le professeur Bernard Lavergne exprime une opinion peu favorable sur ces *enti autonomi*. Il déclare qu'après avoir jeté un vif éclat, elles se sont effondrées brusquement, n'ayant pu résister, par suite de leur gestion défectueuse, à la crise commerciale de 1920-1921. Ce jugement nous paraît beaucoup trop sévère. S'il est vrai que ces établissements soient assez désorganisés, ce n'est pas tant à raison de leur mauvaise gestion que parce qu'ils ont été balayés par le cyclone fasciste, comme d'ailleurs toutes les organisations coopératives et syndicales. La

est sans histoire. Le mouvement coopératif italien s'est développé sous les multiples formes que j'ai indiquées : coopératives de consommation, de crédit, de main-d'œuvre, de production, d'habitation. Il était arrivé à un haut degré de prospérité qui relevait un peu l'honneur des pays méridionaux. En 1914, il y avait 7.400 sociétés coopératives de différentes natures, avec environ 1 million de sociétaires, qui peuvent, en chiffres ronds, se classer de la façon suivante :

> 2.400 sociétés de consommation (avec 550.000 sociétaires) ;
> 3.000 sociétés de production ou de main-d'œuvre (300.000 sociétaires) ;
> 1.100 sociétés agricoles (200.000 sociétaires) ;
> 750 sociétés de construction (100.000 sociétaires).

Sur ces chiffres, plus de la moitié appartenaient à la Ligue Nationale qui jusqu'à cette époque n'avait pas eu de concurrent ; on ne faisait pas de distinctions, ni politiques, ni religieuses, et il semblait que cette unité coopérative dût se continuer.

Puis est venue la guerre. Cette seconde période qui va de 1914 à 1918 et qui a été une période catastrophique pour le monde entier, a été au contraire pour le mouvement coopératif une période de progrès quantitatif et qualitatif, telle qu'on n'en avait pas vu dans le passé. Dans plusieurs pays, notamment en Russie et en Italie, précisément, le développement fût extraordinaire. Pour vous en donner une idée, je dirai qu'en 1921, quand la

---

cause de leur ruine est donc d'ordre politique bien plus que d'ordre économique. C'est comme si en faisant l'histoire des associations coopératives ouvrières de 1848 en France et de leur courte vie, on négligeait de parler du coup d'Etat de Napoléon III et de la réaction bonapartiste qui les a supprimées.

M. Bernard Lavergne a été peut-être aussi un peu influencé par une sympathie paternelle pour les règles coopératives belges qu'il a découvertes, ou du moins tirées de l'ombre, et qu'il met bien au-dessus des *enti autonomi* ; cependant, si celles-ci étaient beaucoup moins connues que les italiennes, ce n'était pas sans raison.

guerre s'est terminée, le nombre des sociétés coopératives avait passé de 7.400 à plus de 20.000 avec peut-être 3 millions de sociétaires, c'est-à-dire que dans les quatre années de guerre ce nombre avait presque triplé.

Et la Ligue italienne continuait à grouper le plus grand nombre de ces sociétés ; elle n'en avait plus tout à fait la moitié, mais elle en avait encore 7.300 (avec 2 millions de sociétaires). C'était donc une des grandes Fédérations de l'Europe.

Cette date a marqué l'apogée du mouvement, mais aussi le commencement de sa désorganisation. Dans cette population italienne si facilement excitable l'affolement était grand, car à la commotion résultant de la guerre était venue se superposer celle de la Révolution bolcheviste. L'une et l'autre avaient suscité dans la classe des travailleurs des revendications qu'ils cherchèrent à réaliser par la main mise sur les usines et sur les fermes.

La Ligue Coopérative Italienne n'intervint pas, pas plus que le gouvernement d'ailleurs. Elle garda, dit-elle, la neutralité en restant ouverte à tout le monde. Elle ne demandait pas, disait-elle, de billet de confession ni de carte de parti ; qu'on fût socialiste, catholique ou libéral, tout le monde pouvait entrer.

C'était vrai, en droit ; mais, en fait, l'attitude de la Ligue, ses manifestes, ses programmes, les ordres du jour qu'elle votait dans ses Congrès, devaient avoir nécessairement pour résultat de détacher d'elle plusieurs fractions du mouvement italien. Il s'en est détaché successivement quatre : en 1919, ce furent les coopératives catholiques ; en 1920, à la suite du vote de l'ordre du jour Cabrini, au Congrès de Rome, qui tendait la main au parti socialiste de la Chambre, ce furent les coopératives du parti libéral, c'est-à-dire de Luzzatti et Buffoli ; en 1921, ce furent les coopératives fascistes, et aussi celles des ex-combattants.

§ 1. — **La scission du mouvement coopératif**

Voyons donc quelles étaient les caractéristiques de ces différentes écoles coopératives qui ne voulaient plus marcher sous le drapeau de la Ligue et qui, chacune, constituaient une Fédération autonome.

Toutes les trois se séparaient de l'ancienne Ligue dite socialiste, en ceci qu'elles se refusaient à accepter son vaste programme d'une Economie nouvelle opposée à l'économie capitaliste, d'une transformation de la société, voire d'une Révolution, puisqu'il visait à supprimer les caractères fondamentaux de l'ordre économique actuel, à remplacer la concurrence par la coopération, à abolir le profit et l'esprit lucratif.

De même que les économistes de l'école libérale française, elles ne voyaient en tout cela que de dangereuses utopies.

Mais si ces trois ou quatre écoles dissidentes se séparaient nettement de la vieille Ligue, en quoi se distinguaient-elles entr'elles ? Plutôt par des nuances que par des couleurs très tranchées.

a) *Les coopératives catholiques.*

Prenons d'abord la première, celle des coopératives catholiques, les blancs, comme on les appelle pour les distinguer des rouges qui sont les socialistes, et des noirs qui sont les fascistes. Chez nous, le catholicisme c'est plutôt le noir, mais en Italie, si les curés portent aussi la robe noire, le pape porte la robe blanche. Ces coopératives catholiques représentaient une fraction importante, car sur les 20.000 sociétés que j'indiquais tout à l'heure, comme marquant l'apogée de la coopération italienne, les catholiques, elles, comptaient 8.000 sociétés, donc autant que la Ligue socialiste, sinon davantage. Il est vrai que c'étaient les plus petites, principalement des coopératives de crédit, des caisses rurales, ce qui fait que tandis que la Ligue Nationale groupait 2 millions de coopérateurs, la Fédération catholique n'en groupait guère que 200 à 300.000. Elle avait cependant une très grande influence.

Le trait caractéristique de cette coopération c'était naturellement l'esprit chrétien ; elle cherchait dans la coopération plutôt une transformation morale, une révolution morale, si vous voulez, qu'une révolution économique. Comme je viens de le dire, elle écartait toute visée ambitieuse et même la suppression des marchands. Elles ne pouvaient entrer dans cette voie, parce que les classes moyennes, à la campagne ou dans les villes, sont une des forces du catholicisme dans tous les pays.

Les coopératives catholiques se refusaient aussi à suivre les coopératives socialistes dans leur entente avec les pouvoirs publics, municipalités ou Etat. Elles disaient que la coopération devait rester neutre.

Toutefois, il faut dire que si elles posaient ce principe, elles ne le pratiquaient pas tout à fait, car les coopératives catholiques en Italie, lié partie avec ce qu'on appelle « le parti populaire », qui est le parti catholique, je parle du temps où il y avait encore des partis en Italie, car à l'heure actuelle il n'y en a plus. Néanmoins, elles n'avaient pas conclu avec lui une espèce de pacte, comme avaient fait les coopératives socialistes avec le parti socialiste.

Elles ne visaient pas non plus à supprimer le profit dans le sens propre de ce mot. Elles bornaient leur ambition à supprimer ce que l'Eglise a de tout temps condamné sous le nom d'usure, c'est-à-dire le profit de spéculation, le profit qui ruine le débiteur. C'est pourquoi l'Eglise soutenait surtout les coopératives rurales, qui avaient précisément pour but de libérer le paysan de l'usure par le crédit mutuel. C'est là que les coopératives catholiques trouvaient véritablement leur champ d'action et c'est là surtout que grâce à cet esprit de fraternité chrétienne qu'elles développaient chez

leurs membres, elles pouvaient obtenir la réalisation
de cet engagement solidaire entre tous les sociétaires,
qui est la base même des coopératives rurales et qu'il
est si difficile d'obtenir dans les coopératives laïques.

b) *Les coopératives libérales.*

Quant au parti libéral, lorsqu'il s'est séparé à la suite
du vote de l'ordre du jour Cabrini, il n'en est pas résulté
un grand dommage pour le mouvement coopératif,
parce qu'il n'y a jamais eu beaucoup de coopératives
appartenant au parti libéral proprement dit.

Le parti libéral, dans tous les pays, soit en Italie, soit
en France, soit en Belgique, soit en Angleterre, a toujours été riche en personnalités éminentes, mais il n'a
jamais eu beaucoup d'action sur les masses. C'est ainsi
qu'en Belgique les coopératives libérales ont complètement disparu, étranglées entre les coopératives socialistes et les coopératives catholiques. Néanmoins le
schisme des coopérateurs de l'école libérale, en Italie,
a causé à la Ligue un dommage moral considérable
parce que dans ce parti libéral se trouvaient, comme
je l'ai dit, quelques-uns des plus illustres coopérateurs
italiens, Luzzatti, Buffoli, Bassi.

Le parti libéral avait-il un programme différent de
ceux des catholiques ou des fascistes ? Différent d'esprit, oui, car le parti libéral ne s'inspirait pas de l'esprit
évangélique, il ne cherchait pas à établir entre les
coopérateurs la fraternité chrétienne ; mais pratique-
ment c'était bien le même, c'était l'action de la coopération se renfermant dans les cadres de l'Economie
actuelle, la neutralité complète.

Luzzatti disait : « La Coopération ne doit être le
monopole d'aucune école, d'aucune secte, d'aucun
parti ; mais, comme la lumière du soleil, resplendir
sur la tête de tous les misérables mortels ».

Seulement, les misérables mortels qui étaient disposés par la violence n'ont pas trouvé que ce fût une consolation suffisante.

Et plus tard, alors que le mouvement fasciste avait déjà commencé, le 16 septembre 1921, à Rome, dans une leçon à l'Institut de Mutualité agraire, Luzzatti disait encore :

« Je défends avec une égale ardeur mon idéal et la liberté de ceux qui ne partagent pas mon opinion, désireux de rester fidèle au principe de notre temps qui ne se fonde pas sur la proscription ni sur l'accusation, mais sur la libre controverse. »

Il faut croire que finalement il a découvert que le fascisme répondait à cet idéal puisqu'il s'y est rallié.

e) Les coopératives fascistes.

Voilà où en était la coopération italienne quand survint le Coup d'État fasciste d'octobre 1922. A partir de ce moment-là toutes ces écoles furent balayées. Mais déjà, en 1920, s'était constitué le Syndicat Coopératif fasciste en opposition avec la Ligue Vergnanini.

Ces coopératives fascistes peuvent être classées avec celles des ex-combattants, car quoique formant deux Fédérations distinctes comptant plus de 1.500 sociétés chacune, avec 6 à 700.000 sociétaires, elles avaient exactement le même programme, et ce programme ressemblait beaucoup à celui des coopératives catholiques en ce sens qu'elles se refusent à envisager toute élimination, même à longue échéance, des classes moyennes, marchands, ou industriels, et écartent tout ce qui serait de nature à effrayer les classes possédantes.

Le Grand Conseil du Fascisme, réuni à cet effet, déclara qu'il admettait très bien que la coopération était un mouvement social des plus intéressants, qu'il était bienfaisant au point de vue des classes populaires ; et en ce qui concernait l'Italie, le fascisme reconnaissait les services qu'avaient rendus les coopératives, notamment aux émigrants italiens.

Le fascisme reconnaissait tout cela. Seulement il ajoutait : Nous ne voulons de coopératives qu'à la condition qu'elles abandonnent la politique suivie par la Ligue, c'est-à-dire qu'elles cessent de vivre en parasites de l'Etat, de lier leur cause à celle du parti socialiste, qu'elles observent une neutralité complète et qu'elles se placent sagement dans les cadres de la libre concurrence. Leur rôle sera précisément de faire mieux jouer cette concurrence et mettre un frein aux exploitations des marchands. (1)

Si l'on s'en tenait à ces déclarations et à celle citée en note, il faudrait en conclure que le programme coopératif fasciste n'était autre que celui des économistes de l'école libérale, et c'est en effet ce que nous avons montré ci-dessus dans le chapitre III. Mais cette assimilation paraîtrait injurieuse aux fascistes qui ont en horreur l'école libérale sous toutes ses formes. Aussi, comme nous allons le voir, la réalité a été bien différente.

§ 2. L'unité coopérative rétablie par l'étatisation.

La Fédération fasciste, qui s'était appelée d'abord le Syndicat Coopératif et qui s'appelle aujourd'hui et depuis *Ente Nazionale* (*ente* est un mot italien qui revient sans cesse et signifie établissement, institut), s'est efforcé de rallier le plus grand nombre de coopératives, de gré ou de force, et a tué toutes celles qui voulaient se maintenir indépendantes.

Je n'exagère pas en disant qu'il les a tuées, car la

___

(1) Dans une audience que le chef du gouvernement donna à Vergnanini peu après son arrivée au pouvoir, le 13 novembre 1923, il disait : « La Coopération doit être approuvée, en tant que moyen pratique de combattre toutes les formes du monopole et pour l'application sincère du principe fondamental de la libre concurrence... La Coopération est un élément d'une grande valeur morale et, à ce titre, elle peut réclamer de l'Etat non des privilèges financiers, mais une protection morale et les moyens d'assurer son fonctionnement dans une atmosphère de liberté ».

.Fédération fasciste dans le rapport présenté par son directeur officiel, M. Alfieri, Haut Commissaire de la *Enle Nazionale Cooperative*, a déclaré le chiffre de 4.000 sociétés inscrites, alors qu'il y en avait 20.000 à la fin de la guerre ; ce qui veut dire qu'il y a eu un formidable déchet de 14.000 sociétés qui ont disparu dans cette bagarre. (1)

Et on peut croire qu'en dehors de celles inscrites officiellement il n'y en a guère d'autres, car elles ne pourraient vivre et seraient dissoutes.

Cependant, le journal organe de la Coopération fasciste annonce « une intense activité de la coopération de consommation », mais il ne donne pas de chiffres à l'appui.

La façon dont a agi la Fédération fasciste et dont elle a supprimé les autres coopératives a été partout la même. Dans toutes les villes, dans tous les villages, partout où il y avait des coopératives, on a mis ces sociétés en demeure de prendre l'étiquette fasciste, de s'abonner au journal fasciste, *Il Lavoro Cooperativo*, et de mettre dans leur magasin le portrait de Mussolini, comme dans les coopératives russes on a mis le portrait de Lénine. Et si elles s'y refusaient, on avait recours aux mesures de contrainte les plus violentes. Quand la société était suspecte de socialisme, un arrêté préfectoral déclarait le conseil d'administration dissous et le remplaçait par un commissaire du gouvernement. La plus grande société italienne, l'Union Coopérative de Milan, a été ainsi soumise à ce coup d'Etat, à ce fait du prince, comme disent les jurisconsultes.

______

(1) D'après cette statistique officielle, ces 4.000 sociétés se subdivisent ainsi :

      1.808 de consommation ;
      1.132 de production et travail :
      617 agricoles (dont 350 caisses d'épargne) ;
      178 de construction.

Si pour les coopératives de consommation surtout on compare le chiffre de 1.800 à celui de 10.000 indiqué en 1920, dont 3.600 rien que pour la Ligue Vergnanini, on voit quel déchet.

Ailleurs, au lieu de faire intervenir un ukase du préfet, ce sont les coopérateurs fascistes eux-mêmes qui ont envahi la salle au jour de l'assemblée et ont terrorisé les électeurs présents, afin de faire nommer un conseil d'administration uniquement fasciste. C'est ainsi, notamment, qu'on a procédé auprès d'un certain nombre de coopératives qui avaient un double titre à la suspicion des fascistes, les coopératives du Tyrol. c'est-à-dire de cette partie de l'Autriche qui, après la guerre, a été annexée à l'Italie, quoique les habitants soient uniquement allemands depuis des siècles. Il y avait là bon nombre de coopératives agricoles, notamment de coopératives de crédit (134), embrassant la presque totalité des agriculteurs, qui ont été l'objet de sévices violents de la part des fascistes, non seulement parce qu'elles n'étaient pas fascistes mais parce qu'elles n'étaient pas italiennes. On les accusait d'envoyer des subsides à la Fédération allemande de laquelle elles relevaient avant l'annexion.

Le jour de l'assemblée, le 25 octobre 1925, la salle fut envahie par les fascistes qui prirent possession de l'administration. Et le lendemain, l'ancien conseil d'administration fut dissous.

Dans d'autres sociétés qu'on suspectait moins de socialisme, ou d'irrédentisme, on est arrivé à une transaction. Elles ont obtenu de vivre, moyennant qu'elles fissent place dans leur conseil d'administration à un certain nombre de fascistes.

Voici un seul exemple qui vaut pour tous les autres. Il s'agit d'une des plus grandes coopératives, celle de Reggio, qui écrit :

« Un accord est intervenu le 15 août avec Mussolini, concernant les coopératives de consommation de la province de Reggio. Il y a 80 sociétés coopératives dans la région. Notre situation était devenue impossible. Nous sommes l'objet de tentatives d'intimidation et de représailles ; les clients eux-mêmes sont surveillés et signalés, ce qui fait qu'ils ne viennent pas acheter dans nos magasins. »

Ces coopérateurs expliquent ensuite qu'ils ont fait appel au chef du gouvernement qui leur a accordé une audience et que l'accord est intervenu, c'est-à-dire qu'on leur a permis de vivre sous les conditions suivantes :

« Rendre complètement autonomes, et distinctes de toute organisation syndicale et politique, les coopératives de Reggio ; d'accepter le contrôle de la part de nos adversaires politiques, c'est-à-dire d'admettre dans tives de Reggio ; accepter le contrôle de la part de nos adversaires politiques, c'est-à-dire admettre dans tous les conseils d'administration des délégués fascistes... »

Pour donner satisfaction, nous avons demandé une direction paritaire. »

Enfin il y en a quelques-unes qui ont été épargnées, mais en bien petit nombre. Une des plus grandes de l'Italie a été laissée tranquille jusqu'à présent mais cela pour des raisons spéciales. C'est la grande « Coopérative Ouvrière » de Trieste : elle n'est pas spécialement ouvrière mais c'est le nom qu'elle porte. C'est l'une des plus grandes coopératives d'Italie : elle vient au 3ᵉ rang, avec 60.000 familles à peu près. On l'a laissée tranquille, non seulement parce qu'elle était restée neutre au point de vue politique, mais surtout parce que le pays de Trieste est un peu pour l'Italie ce que l'Alsace est pour la France : on tient à ménager l'esprit local, et le fascisme n'aurait pas voulu lutter contre la population de Trieste en persécutant sa grande coopérative.

Il y a aussi les coopératives de crédit rural, dont on a jusqu'à présent respecté la Fédération. Il est facile de comprendre pourquoi : c'est parce que les coopératives de crédit, qu'elles soient rurales ou urbaines, n'ont jamais été suspectes de socialisme. C'est tout ce qu'il y a de plus conservateur que la coopération de crédit ; aussi, en Russie, ont-elles été les premières qu'on ait supprimées. Cependant on annonce dès à présent que la Fédération des Coopératives de Crédit va être appelée à prendre place dans le grand Office National fasciste. Elle n'échappera pas à son destin.

Enfin, quant aux coopératives qualifiées, à tort ou à raison, de socialistes, qu'en reste-t-il aujourd'hui ? En apparence, rien. Je rappelle que la grande Ligue de Vergnanini a été supprimée au mois de novembre 1925. Son siège social a été saisi par la police ainsi que tous les documents, et il a été défendu à toutes les coopératives de recevoir désormais le journal de la Ligue.

Néanmoins, son malheureux secrétaire et directeur, notre ami Vergnanini, a essayé de lutter et a obtenu la permission de publier un petit journal. Mais si anodin qu'il soit, ce journal est presque toujours saisi ou arrêté à la frontière ; je puis en parler en connaissance de cause, car c'est à peine si notre Fédération Nationale, qui est censée le recevoir régulièrement, reçoit un numéro sur huit ou dix. Hier, pourtant, j'ai reçu un petit numéro grand comme la main, qui est une vraie lettre de faire-part de décès, pour annoncer que la publication ne pourra être continuée .

Cependant, cette Ligue coopérative n'est pas tout à fait morte parce que l'Alliance Coopérative internationale, qui a son siège à Londres, lui conserve une place nominale dans son Conseil Central et même lui avait ouvert un crédit de 1.000 livres. Elle a encore, à Milan, un petit bureau ouvert à celles de ses anciennes sociétés qui viennent clandestinement lui demander quelques conseils ou simplement lui apporter leurs condoléances. Car un très grand nombre de sociétés coopératives, quoique contraintes d'adhérer à la Ligue fasciste, ont conservé leur affection à la vieille Ligue rouge et attendent en silence le moment où elles pourront reprendre contact. Mais ce moment ne paraît pas venu.

En somme, « l'atmosphère de liberté » promise par le chef du gouvernement a été ceci : tout ce qui caractérise les coopératives, liberté de vote, souveraineté des assemblées, faculté pour les sociétés de ne pas accepter les décisions de la Direction Centrale, indépendante de cette Direction vis-à-vis de l'Etat, cela doit disparaître comme manifestations d'anarchie. On met à la place un encadrement -- *inquadramento*, c'est le mot favori des fascistes — englobant les coopératives de toute nature : consommation, crédit, travail, etc...

Encadrement, dans quel cadre ? Le régime fasciste n'en admet pas d'autre que le cadre corporatif, chaque industrie ayant le sien à deux compartiments, l'un pour les patrons, l'autre pour les ouvriers. Mais il se trouve dans l'embarras pour y faire rentrer les coopératives et surtout celles de consommation, les coopératives ayant précisément pour caractère de n'être ni des patrons ni des salariés et se donnent pour but de supprimer les uns et les autres. Les fascistes le reconnaissent eux-mêmes, aussi leur ont-ils accordé un organe représentatif spécial, *Ente Nazionale*, qui doit maintenir l'unité du mouvement coopératif. Mais son directeur est nommé par le gouvernement. Les coopératives sont soumises au contrôle d'inspecteurs et quand leur fonctionnement est jugé irrégulier, ou de « nature à détourner la société de ses buts sociaux », le ministre de l'Economie Sociale pourra dissoudre la société ou remplacer son conseil d'administration par un commissaire (décret du 30 décembre 1926). (1)

Il ne faut pas d'ailleurs s'étonner que les coopératives italiennes soient soumises à un tel traitement : toutes les institutions italiennes en sont exactement au même point. Tous les syndicats italiens ont vu leur siège social envahi, et leur organisation centrale, la

______

(1) Cette mesure d'une inspection obligatoire des Coopératives avait déjà été proposée avant la guerre et même par Luzzatti leur ami. Et elle n'a, en effet, rien de contraire à la liberté des coopératives, si ces inspecteurs sont élus par les Coopératives elles-mêmes ou du moins par leurs Fédérations. Mais tel n'est pas le cas s'ils sont nommés par le Gouvernement.

Confédération Générale du Travail — car il y avait une C. G. T. italienne comme il y a une C. G. T. française — a dû émigrer et se transporter à l'étranger, dans un siège inconnu.

Ce n'est point à dire que le gouvernement fasciste soit hostile au syndicalisme puisque, au contraire, comme nous le verrons plus loin, il veut faire du syndicalisme, ou corporatisme, l'armature de l'Etat. Seulement il ne veut qu'un syndicalisme qui soit à lui, parce que, selon la formule exprimée à la réunion du Bureau International du Travail à Genève, par le délégué italien : « n'ont droit à être reconnus par le gouvernement que les organisations qui reconnaissent le gouvernement ».

Il n'est pas jusqu'aux humbles *boys scouts* qui n'aient reçu l'ordre d'adhérer aux groupements fascistes ! A telles enseignes que le Saint Père s'est ému. En termes aimables toutefois, il a dit qu'il ne voulait pas ébranler le gouvernement actuel en l'attaquant sur ce point et qu'il conseillait aux boys scouts catholiques de se soumettre et d'entrer dans l'organisation fasciste.

Ai-je besoin de rappeler que les Universités ont été soumises exactement au même régime que les coopératives et les syndicats ; un bon nombre de professeurs ont été révoqués et par une loi récente, l'inamovibilité des professeurs a été supprimée. Tous ceux qui se présentent au concours pour être professeurs devront prêter serment de fidélité au gouvernement fasciste et seront soumis à une enquête sur leurs opinions politiques, exactement comme dans l'Union Soviétique, hormis le serment.

Est-il besoin de rappeler aussi qu'il y avait à Rome une Académie presque aussi célèbre que l'Académie française, l'Académie des *Lincei* (des Lynx), et que comme sans doute elle n'inspirait pas confiance au gouvernement fasciste, il vient de créer une nouvelle Académie dont les membres seront nommés par le gouvernement et au lieu des modestes jetons de présence, dont se contentaient les académiciens italiens comme les académiciens français, toucheront 30.000 lires de traitement, seront logés dans un très beau palais, et porteront un costume spécial, qui ne sera pas l'habit vert de nos Académiciens, qui ne sera pas non plus — à ce que je pense — la chemise noire, mais qui sera, en tout cas, une livrée.

Si je dis tout ceci, quoique ce soit en dehors de notre cours, c'est pour montrer que les coopératives n'ont pas été soumises à un traitement différent de celui de toutes les institutions italiennes. Et c'est l'honneur des coopératives de consommation d'avoir été les premières frappées partout où il y a une réaction antidémocratique

§ 3. — Le Corporatisme contre le Coopératisme

J'ai souvent montré dans ces explications combien la crise du mouvement coopératif en Italie présentait de traits communs avec celle du mouvement coopératif en Russie. La Révolution fasciste a fait ce qu'avait fait la Révolution bolcheviste d'octobre 1919 — avec quelques différences pourtant et qui ne sont pas à l'avantage du fascisme. En effet, si les bolchevistes ont excommunié et rejeté les coopérateurs, quoique ceux-ci fussent socialistes, parce qu'ils n'avaient pas fait acte d'adhésion au parti communiste, du moins ils n'ont détruit ni saccagé les magasins coopératifs, ni les sièges sociaux. Non seulement ils les ont respectés mais ils les ont revêtus d'un caractère officiel, parce que le gouvernement bolcheviste a voulu faire de la coopération l'armature même de la nouvelle République communiste. Lénine a dit expressément : « c'est l'association coopérative qui pourra seule rallier la population de l'immense Russie au Communisme, et c'est l'école par laquelle il faut la faire passer ». Il est vrai que cette coopératisation devait être précédée de la suppression du capitalisme et de la propriété. Mais, cela fait, le gouvernement soviétique voulait confier vraiment à la coopération toute l'économie nouvelle de la Russie et c'est son programme encore à ce jour.

Tout autre est le programme du gouvernement fasciste. Dans tous ses manifestes, ce n'est pas, comme en Russie, le mot coopération qui revient à chaque instant : c'est le mot « corporation », deux mots qui se ressemblent tellement que quelquefois les typographes s'y trompent mais ils représentent des idées tout à fait opposées.

Mussolini a dit récemment que l'année 1027 verrait un grand événement s'accomplir en Italie « l'avènement du premier Etat corporatif », c'est-à-dire fondé sur le travail, sur la profession. La thèse fasciste c'est d'écarter tout à la fois le vieux programme de la politique libérale bourgeoise et démocratique, avec son système parlementaire qui fonde le gouvernement sur l'équilibre des partis, comme en Angleterre ou en France, et d'écarter également le socialisme qui fait appel à la lutte de classe. A la place de ces deux conceptions le fascisme veut former le faisceau, c'est ici le mot propre, de toutes les forces nationales dans l'ordre politique, celles des intellectuels, des industriels et de la classe ouvrière.

De même que sur le terrain politique l'Italie a ses milices, les milices fascistes, divisées en légions et en centuries, avec leurs chefs auxquels on donne les noms un peu comique de proconsuls, préteurs, tribuns, centurions, Mussolini s'étant, comme il convient, réservé le titre d'imperator, de même elle aura ses milices de l'ordre économique qui sont les syndicats fascistes.

Tous les ouvriers sont forcés d'y entrer, parce que, s'ils n'y entrent pas, ils ne trouvent pas de travail. Les patrons, soit urbains, soit agricoles, n'oseraient pas les embaucher.

Mais la main-mise du gouvernement est beaucoup plus facile sur les organisations syndicales que sur les organisations coopératives, car celles-ci sont par leur nature de petites républiques.

Les syndicats fascistes déjà organisés, publient une magnifique Revue, comme nous n'en avons aucune en France — je parle des Revues populaires — revue illustrée sur papier couché, avec une couverture très artistique qui porte pour nom *La Stirpe* (la Race).

Ce syndicalisme a donc à peu près le même caractère que le coopératisme obligatoire qui fut décrété en Russie et mis en vigueur jusqu'en 1923. Mais, de même que celui-ci était désavoué par tous les vrais coopérateurs, de même ce syndicalisme fasciste est désavoué par tous les vrais syndicalistes.

Vous savez que cette question des syndicats est posée chaque année à Genève, au Bureau International du Travail. Ce Bureau se compose de délégués ouvriers, patronaux et gouvernementaux, pour chaque pays, en proportions égales. Mais chaque année les délégués ouvriers de tous les pays déclarent qu'ils ne veulent pas reconnaître les délégués syndicalistes italiens. Chaque année, la discussion recommence, à la grande irritation du gouvernement italien. Ses délégués sont admis tout de même, grâce au vote des représentants des gouvernements et des patrons ; mais néanmoins les délégués ouvriers au Bureau International se refusent à admettre comme camarades les délégués italiens.

La même querelle va se reproduire à propos des coopératives italiennes lors du prochain Congrès de l'Alliance Coopérative Internationale à Stockholm (août 1927). Les coopératives italiennes ont annoncé l'intention d'y réclamer une place pour leurs représentants (1). L'Italie est représentée dans l'Alliance Coopérative Internationale par Vergnanini et un autre délégué italien de l'ancienne Union. Jusqu'à présent on s'est absolument refusé à les remplacer par les délégués de la nouvelle coopération fasciste.

Cette question s'était déjà posée pour l'ancienne coopé-

---

(1) Voir à l'Appendice à la fin du volume.

ration Russe, qui y était représentée par le professeur Totomiantz et Sellheim. L'Alliance Coopérative s'était demandée ce qu'elle devait faire : garder les anciens délégués ; ou bien, les remercier et prendre les nouveaux ? Admettre les nouveaux c'était reconnaître que la nouvelle organisation coopérative russe était conforme aux statuts de l'Alliance, c'est-à-dire au type de Rochdale. Or, tel n'était pas le cas, car à partir de 1919, la coopération était devenue obligatoire pour toute la population, ce qui veut dire qu'elle avait été étatisée. On se refusa donc à admettre les nouveaux délégués et on maintint les anciens, mais lorsqu'en 1924 l'autonomie fut rendue aux coopératives, on fut bien obligé de prier les anciens coopérateurs russes de céder la place aux nouveaux qui représentaient véritablement la coopération russe. Comme dédommagement, on donna à l'un des anciens, le professeur Totomiantz, le titre de membre d'honneur.

La même difficulté se pose ici, car on peut dire qu'en Italie aussi les coopératives ne sont plus des associations libres, elles ont été quasi étatisées par le gouvernement fasciste. Un décret royal d'hier (30 décembre 1926) vient d'ériger la Fédération Coopérative fasciste en Office National (*Ente Nazionale*) dont le président est nommé par le gouvernement. Le directeur de cet Office le reconnaît lui-même, car il dit : « c'est l'Etat qui prend sous sa tutelle le principe coopératif et assume le contrôle du mouvement ». Il est vrai qu'une circulaire du 23 janvier a expliqué que c'était seulement la Direction Centrale qui était « encadrée » et que les coopératives locales conservent leur autonomie.

Il est donc probable — et pour moi, je le souhaite — qu'on trouvera quelque solution, quelque *combinazione*, comme celles où les Italiens ont été de tout temps experts.

Ce serait à souhaiter dans l'intérêt de l'Italie elle-même, car quoiqu'elle ne veuille pas en convenir, ce n'est pas sans dommage qu'elle a éteint des milliers de foyers coopératifs.

Elle souffre présentement d'une cherté extrême, et d'autant plus déconcertante que celle-ci coïncide avec un relèvement de la valeur de la monnaie qui aurait dû, semble-t-il, donner un résultat tout opposé.

Le gouvernement s'efforce de suppléer au manque de coopératives par l'installation de coopératives dans les usines qui ne sont que des *Economats*, par la reconstitution des *Enti autonomi* (voir ci-dessus, p. 122), par des mesures draconiennes contre les marchands (1), et même par une mesure qui serait efficace sans doute si elle pouvait être généralisée, mais qui, en attendant, est singulièrement douloureuse et impopulaire, par la réduction des traitements et des salaires.

Peut-être les coopératives, si elles eussent pu continuer librement leur œuvre, auraient-elles servi plus efficacement et moins brutalement à enrayer la hausse des prix. (2)

----

(1) Un décret-loi du 15 décembre 1926 vient d'imposer les règles que voici :

1° Toute personne qui exerce ou a l'intention d'exercer un commerce doit requérir de l'autorité municipale un permis spécial et verser un cautionnement de 500 à 5.000 lires, selon l'importance du commerce dont il s'agit.

2° L'octroi du permis est subordonné à l'avis d'une commission composée du podestat, de deux représentants des syndicats de commerçants et de deux représentants des syndicats de salariés. Le permis peut être refusé lorsque le requérant ne donne pas de garanties suffisantes au point de vue moral ou économique ou si la Commission estime que le nombre des établissements commerciaux du même genre que celui que le requérant désire tenir ouvert est déjà excessif.

3° Les communes ont la faculté d'établir à la suite d'un accord avec les conseils provinciaux de l'économie et avec les organisations syndicales intéressées, les prix de vente au détail des denrées alimentaires les plus importantes. D'une part, les commerçants en denrées alimentaires sont tenus d'afficher, dans leurs vitrines, les prix de gros et de détail même si ces derniers sont fixés par la commune.

(2) Depuis que cette leçon a été faite, les deux courbes, celle du nombre indice du prix et celle de la valeur de la lire au change, ont continué leur ascension parallèle, alors qu'elles

LIVRE II

L'ESPAGNE

CHAPITRE I

LES COOPÉRATIVES DE CREDIT AGRICOLE

§ 1. — Les Institutions Sociales
Les Positos

Les institutions sociales sont en retard en Espagne d'abord parce que l'Espagne est un pays où l'instruction fait presque complètement défaut. C'est le pays le plus illettré de l'Europe ; elle est même au-dessous des pays balkaniques (le mot français « illettré » est défectueux parce qu'il désigne plutôt ceux qui n'ont pas de culture littéraire : il vaut mieux dire « analphabétique » le mot n'est pas harmonieux, mais est plus exact). Au dernier recensement il y avait 11.145.000 personnes qui ne savaient ni lire ni écrire : c'est presque la moitié de la population. Et le pire c'est que les progrès sont excessivement lents ; il y a 60 ans les chiffres étaient sensiblement les mêmes que ceux d'aujourd'hui.

Vous direz qu'on peut cultiver la terre sans connaître l'alphabet ? Sans doute cela n'empêche pas de labourer. Mais pour créer ce qu'on appelle une institution sociale, par exemple un syndicat, une coopérative, il faut quelqu'un qui sache tenir des comptes, lire un livre ou un journal et faire une correspondance. En Espagne, il n'y a pour cela que le curé, car il y a très peu d'instituteurs en Espagne. C'est d'ailleurs une justice à rendre à l'Eglise catholique qu'elle s'est occupée en effet de ces institutions, mais elle leur imprimait un caractère clé-

---

auraient dû logiquement varier en sens inverse. Malgré la hausse du franc durant l'année 1926, il a été de beaucoup distancé par la lire, les 100 lires étant cotées 145 francs. Mais tandis que le nombre indice du prix au détail est en France au-dessous de 600, il est en Italie très au-dessus.

rical ; c'est pourquoi un décret de 1010, quoique par un gouvernement pas trop laïque, a défendu que les institutions sociales eussent pour administrateurs des curés.

Leur formation se trouve gênée aussi par le fait que nous venons d'indiquer : la faible densité de la population. Comment voulez-vous qu'une institution sociale quelconque, syndicat ou société coopérative, se constitue, quand les villages sont séparés les uns des autres par des lieues ? Un syndicat, une coopérative, cela suppose des réunions, des conférences ; les distances sont trop grandes : chacun reste chez soi.

Mais en tout cas il ne faudrait pas accuser de ce retard dans le mouvement social la législation espagnole ; par un phénomène vraiment curieux, l'Espagne a été le pays qui a eu la législation la plus libérale quant au droit d'association —bien avant la France ! Il y a une loi déjà de 1887, en Espagne, dont il vaut la peine d'exposer les grandes lignes.

Quiconque veut constituer une association, syndicat, coopérative, caisse d'épargne, etc... doit rédiger des statuts et s'entendre avec un certain nombre de voisins pour qu'ils inscrivent leurs noms. Cela fait, on envoie les statuts au gouvernement de la province (en France, nous dirions à la préfecture) avec les noms des sociétaires et sans oublier les formules : « Votre Excellence... Nous vous souhaitons un bon nombre d'années à vivre, etc... ». Puis on attend — mais pas longtemps. Car dans les dix jours le gouverneur doit dire s'il a quelque observation à faire. S'il ne dit rien, on applique le dicton : qui ne dit mot consent. Si au contraire le gouvernement a des observations à faire, il n'a que le droit de déférer les statuts au tribunal civil ; mais lui-même n'a pas le pouvoir de refuser l'autorisation.

Et le tribunal doit statuer dans les 20 jours.

Ainsi, dans le délai d'un mois au plus, l'association est fixée sur son sort et peut fonctionner. C'est une législation extrêmement libérale. Malheureusement une bonne législation ne suffit pas pour créer un mouvement social.

Il va sans dire aussi qu'en Espagne le développement des institutions sociales a trouvé les mêmes obstacles que dans les autres pays : routine dans la population agricole, individualisme, misonéisme. Le paysan espagnol est plus individualiste encore que le paysan français : il a plus de morgue, plus de fierté, si l'on veut, mais de cette fierté fâcheuse qui se défie de l'aide et des conseils d'autrui, surtout de ceux qui leur paraissent des supérieurs.

Cependant il ne faut pas croire que dans l'histoire de l'Espagne il n'y ait point eu d'institutions sociales ; il y en a eu et on peut les classer en trois catégories.

Il y a eu d'abord ces associations qui ne sont pas vraiment libres mais rendues obligatoires, en quelque sorte, par la nature des choses : les associations pour l'irrigation. J'ai parlé tout à l'heure des travaux des Maures en Espagne. Bien qu'un très grand nombre de ces travaux aient disparu, il en reste tout de même, notamment dans les fameuses huertas de Valence.

Tout système d'irrigation suppose nécessairement une association entre les propriétaires des jardins arrosés par les eaux. Il faut établir un règlement entre eux. Et ce n'est pas seulement en Espagne, il en est de même en Algérie.

J'ai dit souvent que l'eau avait été la grande institutrice de la coopération entre les hommes. C'est le cas pour les provinces de Valence et de Murcie. Il y a un livre du célèbre romancier Blasco Ibanez qui se déroule précisément dans la huerta de Valence et qui nous montre le fonctionnement de cette institution qu'on appelle de ce nom magnifique « le Tribunal des Eaux ». Le Tribunal des Eaux est une juridiction chargée de statuer sur les litiges, très fréquents, qui s'élèvent à propos d'irrigation. Il ne faut pas qu'un des membres de l'association détourne le cours d'eau à son profit ; chacun est inscrit pour une certaine heure et un certain nombre de minutes, soit la nuit soit le jour, et attend son tour de rôle. Quand il y a une sécheresse, il est souvent gênant d'attendre son tour et on est tenté de se lever la nuit pour lever la vanne et détourner l'eau bienfaisante sur le jardin desséché. Mais celui qui agit ainsi est condamné sévèrement par le Tribunal des Eaux, qui siège avec le costume vénérable du moyen-âge,

Voilà déjà une forme d'association.

Il y en a d'autres. Il y a eu de tout temps en Espagne des associations libres, moitié religieuses moitié civiles.

Vous avez entendu parler de la « Sainte Hermandad » ; ce n'était pas une institution légale mais une association privée, pratiquant une sorte de loi de Lynch pour établir la sécurité dans un temps où la police faisait défaut. Hermandad, cela voulait dire aussi fraternité, la Sainte Fraternité.

Ces fraternités ont existé depuis longtemps en Espagne ; elles possèdent collectivement des domaines, des terres, des entrepôts ; elles font des récoltes en commun.

Mais il y a surtout en Espagne une très vieille institution dont les Espagnols sont très fiers, qu'ils considèrent comme une de leurs gloires nationales : ce sont les « positos ». Le mot n'a pas de correspondant en français mais peut se traduire par établissement de « dépôt ».

Voici comment cette institution est définie dans une loi très postérieure à leur naissance spontanée :

« Le posito est une institution faite pour secourir les pauvres, dans un esprit religieux, dans un sentiment humanitaire, et aussi pour des raisons d'ordre public et de bon gouvernement. »

Une brochure exposée, il y a deux ans, à l'Exposition de Gand, portait aux nues les Positos :

« Institution nationale, sainte, antérieure comme

origine et supérieure comme organisation à celles de tous les autres pays... »

Et on y prétend même que les fameuses caisses rurales allemandes, les caisses Raiffeisen, n'ont fait qu'imiter les Positos, ce qui me paraît absolument controuvé.

Ces positos ont, en effet, une origine intéressante. Comme je viens de le dire, c'étaient des institutions pour les pauvres, mais avec un objet spécial : celui de prêter du blé ou du pain. C'étaient déjà des institutions de crédit rural, mais de crédit en nature.

De toutes les formes du prêt il n'y en a pas eu de plus urgente, de plus sacrée, peut-on dire, que le prêt du blé pour les semailles. Un cultivateur pauvre qui a dû vivre sur sa récolte de l'année précédente, quand vient le moment des semailles, en septembre ou octobre, n'a plus de quoi semer. S'il n'a pas de blé pour ensemencer son champ, il n'aura rien pour vivre l'année prochaine : c'est la mort pour lui et les siens, c'est aussi la ruine pour le pays. Il y a donc un intérêt national, et non pas seulement individuel, à ce que le paysan le plus pauvre ait du grain pour semer quand vient la saison. C'est la forme primitive du prêt : prêter du grain pour semer. C'est en même temps la forme la plus justifiée, puisque c'est la moisson elle-même qui rendra la semence et qui la rendra au décuple. C'est la terre elle-même qui emprunte et qui se charge de rembourser.

Mais c'est aussi, de tous les prêts, celui qui a donné lieu à la plus affreuse exploitation du paysan, et cela dans tous les temps et dans tous les pays.

Encore aujourd'hui, dans les pays d'Orient, en Algérie qui est à nos portes, cet abus se renouvelle chaque année. L'Arabe qui n'a pas de blé pour semer est obligé d'en emprunter. On lui fait payer alors des taux fantastiques, car l'usure est moins apparente quand la valeur prêtée et la valeur remboursée sont en nature que lorsqu'elles sont exprimées en monnaie.

Les Positos ont donc été créés pour prêter le blé aux cultivateurs pauvres, mais ils n'ont pas été créés seulement pour prêter le blé de semence, quoique ce soit la fonction la plus noble de ces institutions et la plus utile au point de vue national ; ils prêtaient aussi du blé simplement pour manger, pour donner du pain à ceux qui n'en avaient pas.

Ils avaient aussi un autre objet qui a disparu aujourd'hui, mais qu'il est intéressant de rappeler parce qu'il met en lumière une des mœurs peu connues du Moyen-âge. Ces positos avaient pour but de donner du pain aux pèlerins, aux voyageurs, aux « caminantes », aux chemineaux, comme nous disons aujourd'hui, aux gens qui vont par les routes.

Le Moyen-Age a peut-être été de tous les temps celui où, contrairement à ce qu'on croit généralement, les grand'routes ont été le plus fréquentées, à pied ou à cheval. C'étaient des voyageurs infatigables, ces gens du Moyen-Age : ils sillonnaient tous les pays d'Europe, et particulièrement l'Espagne, parce que riche en lieux de pèlerinage, à commencer par celui de St-Jacques de Compostelle, dont notre vieille rue St-Jacques, à Paris, ici près, marquait le chemin et a gardé le nom. On s'émerveille des croisades : mais les croisés n'étaient que des voyageurs comme les autres.

Plus tard, cette institution d'assistance mi-religieuse par l'aumône prit un caractère plus économique et social.

Vous savez que c'est en l'an 1500 à peu près que l'Espagne a réalisé son unité et a définitivement expulsé les Maures. C'est sous le règne de ses premiers rois, après Ferdinand et Isabelle, que les positos ont tenu une grande place dans le mouvement social en Espagne. On en créa partout. Il n'y avait pour ainsi dire pas un village, pas un « pueblo », qui n'eût son posito. Il y en avait 12.000 à la fin du xvi° siècle, ce qui est énorme puisqu'il n'y avait certainement pas plus de 12.000 villages à ce moment-là, et il n'y en a pas davantage aujourd'hui.

Les positos devinrent alors de véritables caisses de crédit, mais ils prêtaient toujours en nature.

Ils avaient pour but aussi d'agir sur le cours des blés de façon à le stabiliser. Vous avez vu dans les journaux ces jours-ci, bien des réclamations contre la spéculation sur les blés. Les positos, ayant en magasins de grandes quantités de blé qu'ils livraient aux pauvres avaient les moyens d'agir sur le marché et de stabiliser les prix. Mais cette fonction a disparu depuis que les positos ne font plus le prêt en nature.

Cette institution, au cours des siècles, a peu à peu déchu. Si, comme je viens de vous le dire, à la fin du xvi° siècle on comptait 12.000 positos, deux siècles plus tard, à la veille de la Révolution française, en 1780 il n'y en avait plus que 8.000. Et aujourd'hui il n'y en a plus que 3.000.

C'est donc une institution en décadence.

Quelles sont les causes de la décadence des positos Elles sont nombreuses. D'abord, c'est que l'Etat lui même, sous prétexte de les protéger, les a peu à peu ruinés. La législation des positos, en Espagne, es intarissable. Au cours de ces trois siècles, il y a eu une foule de lois sur les positos. Mais, sous couleur de les améliorer, on leur prenait leurs capitaux pour toute espèces d'emplois, étrangers à leur but. Chaque foi que l'Etat, ou les villes, avaient besoin d'argent pou des œuvres d'utilité publique, on le prenait dans le caisses des positos.

En plus de cette fâcheuse intervention de l'Etat, i y a eu aussi, comme on peut le penser, des abus.

Les administrateurs de ces positos, qui disposaien ainsi de l'argent pour ces prêts, avaient par là un gran pouvoir dans les villages, et ils en abusaient. Ils distri

buaient les prêts à leurs amis, comme cela arriverait
dans tous les pays, sans s'occuper réellement des besoins des emprunteurs ; et ce qu'on appelle en Espagne d'un nom emprunté à la conquête de l'Amérique,
« le caciquisme », régnait, c'est-à-dire le régime du bon
plaisir de l'administrateur.

L'esprit scientifique qui dirige aujourd'hui les organisations du crédit agricole, était totalement absent de
l'administration des positos : on ne s'inquiétait pas
de chercher l'emploi le plus utile de l'argent ; pas de
conseils donnés aux emprunteurs, pas de directives ,
manque total de ce rôle éducatif que jouent nos syndicats ou nos caisses rurales modernes dans tous les
pays.

Les positos ne manquaient pas de bonne volonté ;
ils se laissaient même volontiers voler, ce qui a été une
des causes de leur ruine. Quand ils prêtaient en nature,
il était d'usage que le boisseau débordât, le blé était
prêté à mesure comble ; mais quand on le rendait, on
rasait le boisseau de façon à en laisser le moins possible. Certains emprunteurs rendaient du mauvais blé à
la place du bon qu'on leur avait prêté. D'autres même
ne rendaient rien du tout.

Il n'y avait aucune sanction contre ces emprunteurs
qui ne remboursaient pas, sinon qu'ils étaient simplement rayés du posito et on ne leur prêtait plus à l'avenir.
Il faut dire que généralement cette sanction était
efficace, car les villageois ne voulaient pas, par amour-
propre, être rayés du posito.

Parfois, on prêtait sans intérêt, mais généralement
à un intérêt de 4 % qui, pour l'Espagne, et comparé
aux taux usuraires en usage, est vraiment infime.

Mais surtout ce qui a ruiné les positos c'est lorsqu'ils ont vu surgir la concurrence des institutions de
crédit de forme nouvelle, dont nous allons parler dans
un instant.

Si nous prenons les dernières statistiques publiées

— les plus récentes sont de 1922 — nous voyons qu'il y avait à ce moment-là 3.200 positos, qui ont fait 92.000 prêts, formant un total de 21 millions de pesetas. Ce n'est pas beaucoup, ni comme valeur absolue, ni surtout comme montant moyen de chaque prêt ; car cela ne représente que 200 pesetas en moyenne pour chaque opération ; il est vrai qu'il ne faut pas oublier que le peseta vaut 4 francs de notre monnaie actuelle.

Au reste ces prêts sont en voie de diminution. En 1912, il en avait été fait 131.000 : le recul en l'espace de dix années a donc été considérable. C'est le signe d'une institution qui se rétrécit.

L'ensemble des capitaux des positos est peu de chose : 88 millions de pesetas, pour 3.000 positos, ce qui fait en moyenne, par posito, moins de 30.000 pesetas.

Ce n'est pas avec cela qu'on peut refaire l'Espagne et remettre en culture les 28 millions d'hectares qui sont en friche.

Cependant ces institutions n'ont pas perdu tout prestige. Elles ont conservé auprès des paysans ce caractère vénérable dont je parlais tout à l'heure. Ils y voient un des aspects de la patrie, une des gloires de son histoire et, malgré ses imperfections, malgré qu'elle soit aujourd'hui surannée, ils s'y attachent, et le prestige est tel aujoud'hui qu'on conserve encore le nom de posito même quand il s'agit d'institutions différentes.

Cependant il n'en est pas de même dans les milieux ouvriers et de couleur socialiste, comme la Catalogne ; tant à raison de leur origine cléricale que du patronage officiel, les positos y sont plutôt déconsidérés.

§ 2. — La modernisation des Positos

J'arrive, pour terminer sur ce point, à la concurrence des institutions nouvelles qui, en présence de cette institution surannée, devaient fatalement l'emporter.

Ce n'est qu'en 1900 que les premières caisses rurales, c'est-à-dire la forme moderne du crédit agricole — l'association de cultivateurs empruntant sans hypothèque, sans gage et en donnant simplement pour garantie la responsabilité solidaire de tous les membres de l'association — après avoir fait le tour du monde a pénétré en Espagne.

Aujourd'hui les positos ne diffèrent plus guère des caisses Raiffeisen, sinon qu'elles ont été mises sous le contrôle de l'Etat.

Le régime tour à tour militariste et clérical, par lequel l'Espagne a passé depuis des siècles, n'est pas particulièrement favorable aux institutions sociales et coopératives. Cependant le clergé catholique, en Espagne, comme dans tous les pays, s'est intéressé à ces caisses rurales parce qu'il a vu là, avec raison, une réalisation du grand enseignement de l'Eglise : à la fois la lutte contre l'usure qui a été anathématisée par le pape Léon XIII, et la réalisation de l'aide mutuelle entre chrétiens. Dans l'acte de répondre les uns pour les lautres il y a un principe vraiment évangélique et il faut même avouer qu'il n'a pas été facile de faire accepter ce principe de solidarité et de responsabilité mutuelle là ou l'Eglise, soit protestante, soit catholique, n'est pas intervenue pour briser l'individualisme du paysan, pour lui dire : Tu dois répondre des dettes de ton frère comme il répondra des tiennes parce qu'il est écrit : « portez les fardeaux les uns des autres ».

En France, j'en ai longuement parlé au cours d'une autre année, il y a deux catégories d'associations de crédit agricole.

Il y a celles — environ 800 petites sociétés — qui ont adopté le principe Raiffeisen de la solidarité, c'est-à-dire la responsabilité illimitée des sociétaires. Elles sont toutes catholiques.

Mais beaucoup plus nombreuses sont celles qui rejettent toute responsabilité solidaire et où chacun ne répond que pour soi ; mais aussi n'ont-elles pu se procurer d'autre capital, pendant longtemps, que grâce aux avances de l'Etat.

En Espagne, non seulement l'Eglise a pris sous son patronage les associations rurales, mais en 1904 on a même fondé une banque à laquelle on a donné le nom de l'illustre pape qui était alors sur le trône de Saint-Pierre : « la Banque Léon XIII » et avec ce but précisément de prêter des fonds aux associations rurales qui se constitueraient.

Un peu plus tard il s'est fondé une Confédération Nationale Catholique Agraire, qui est une des grandes confédérations de l'Espagne : elle réunit à elle seule près de la moitié de toutes les caisses rurales, positos et syndicats agricoles, et publie une Revue. Ce n'est toutefois qu'une Union morale, non une Fédération d'achats ni une Caisse de prêts (1).

Je ne voudrais pas vous laisser croire que le mouvement coopératif en Espagne a toujours été aux mains de l'Eglise catholique. Il y a aussi en Espagne un parti libéral, qui se manifeste tout au moins par intermittence. En tout cas, il y a un parti neutre qui s'est intéressé au mouvement coopératif. Il y a notamment l'Association des Agriculteurs d'Espagne qui a créé une Caisse de crédit rural (*Caja de Credito de la Asociacion de Agricultores de Espana*), distincte des associations catholiques. Et le gouvernement lui-même, l'Etat, sous les différentes formes qu'il a revêtues, n'a pas laissé que de s'intéresser à la coopération de crédit. Il a même légiféré beaucoup plus que dans notre pays;

____

(1) La dernière statistique donnait :

   5.442 syndicats.
   3.537 positos.
    499 caisses rurales.
    135 coopératives de culture.
  1.242 associations diverses (caves, laiteries, meuneries, etc.).

  10.855

je ne fais pas l'énumération de ces lois ; elle serait fastidieuse. J'indiquerai seulement les deux lois de 1906 qui sont les lois organiques sur l'organisation du crédit coopératif en Espagne. L'une réorganise les positos, et les liquide, comme on dit ; c'est-à-dire qu'elle proscrit un inventaire de leurs biens, de façon à établir le patrimoine de chacun.

Ces positos appartenaient à deux catégories, les uns municipaux, les autres de fondation privée, exactement comme nos caisses d'épargne en France, qui sont les unes municipales, les autres privées. Mais qu'ils fussent municipaux ou privés, ces positos ont été également mis sous le contrôle de l'Etat.

La seconde loi avait trait aux autres syndicats agricoles et aux caisses rurales. Car en Espagne, toutes ces institutions qui, dans d'autres pays, sont séparées et distinctes, caisses rurales de crédit, syndicats agricoles, caisses d'épargne, sont confondues dans une même association, généralement du moins.

A première vue on peut croire en effet que c'est plus simple et même plus ingénieux.

Voici en effet une caisse d'épargne qui reçoit l'argent de gens modestes ; cet argent, ne semble-t-il pas qu'elle ne saurait mieux le remployer qu'en le prêtant aux paysans, aux cultivateurs, ou en l'avançant à des syndicats ? Ainsi, cette même institution jouerait comme une pompe aspirante et foulante, aspirant les économies des petites gens et les refoulant entre les mains de ceux qui en ont besoin.

Oui, mais c'est là un système simpliste qui a de graves inconvénients. Dans les autres pays, on a séparé ces institutions parce que si la réunion paraît à première vue une simplification, à y regarder de plus près on y voit plus d'inconvénients que d'avantages. En effet, le devoir des caisses d'épargne c'est de tenir l'argent à la disposition des déposants. Si les caisses d'épargne vont prêter cet argent à des cultivateurs pour construire des celliers ou pour défoncer des terres, elles ne pourront plus en disposer et, par conséquent, ne pourront plus rembourser leurs déposants.

On préfère donc, dans les autres pays, séparer nettement ces trois fonctions :

a) Caisse d'épargne ;

b) Syndicat agricole se limitant à l'achat des denrées nécessaires aux agriculteurs ;

c) Coopérative de crédit.

CHAPITRE II.

LA COLONISATION INTERIEURE

On trouve en Espagne une forme de coopération agricole qui n'existe point ailleurs, du moins pas en France, et qui est très intéressante.

Elle a fait l'objet d'une loi spéciale, qui est la loi du 30 Août 1907, intitulée « Loi pour la colonisation intérieure et la repopulation de l'Espagne ».

§ 1. — La situation économique et sociale de l'Espagne

Pour comprendre cette loi, il faut connaître la situation économique de l'Espagne.

Ce n'est pas offenser l'Espagne que de constater qu'elle est un pays pauvre à tous les points de vue, pauvre aussi en coopératives.

Mais pourquoi ce pays est-il pauvre, alors qu'il était autrefois un des plus riches du monde ?

Comme territoire l'Espagne est un des grands pays d'Europe ; sa superficie n'est inférieure que d'un dixième à celle de la France, 50 millions d'hectares en chiffre rond, alors que la France en a 55 millions ; ce qui veut dire qu'elle est au 3ᵉ rang, car depuis la guerre, c'est-à-dire depuis la disparition de l'Autriche et les amputations subies par l'Allemagne, la France est, après la Russie, le pays le plus étendu de l'Europe. L'Espagne possède un territoire notablement supérieur à celui de la Grande-Bretagne, à celui de l'Italie et même à celui de l'Allemagne. Néanmoins, la population de l'Espagne est bien faible puisqu'elle est de 21 millions d'habitants, contre 42 millions l'Italie, et 41 millions la France.

Il en résulte que la densité de la population est parmi les plus faibles de l'Europe occidentale. Tandis que la France a une densité de 72 habitants par kilomètre carré et l'Italie de 125 habitants au kilomètre carré, celle de l'Espagne n'est que de 42 habitants.

Quelle est la cause de cette faible densité de la population ?

Ce n'est pas la stérilité de la race : l'Espagne est le pays où le taux de la natalité est le plus élevé de toute l'Europe, après les pays des Balkans et de la Russie. Voici d'ailleurs les chiffres de natalité, par 1.000 habitants :

Espagne 30,4
Italie 20
France 19

Si la population de l'Espagne n'est pas plus nombreuse ce n'est donc pas faute d'enfants : il en naît à profusion. Seulement, ses enfants meurent tôt ; on pourrait presque dire que tant il en naît, tant il en meurt. Pourtant, la mortalité, quoique très forte, est inférieure à la natalité ; elle est de 21 pour 1.000 ; il reste donc un excédent de 9 pour 1.000, c'est-à-dire presque 1 pour 100, ce qui est considérable, puisqu'un accroissement régulier de 1 pour 100 par an dans la population permet d'en doubler le chiffre en 70 ans. C'est presque trop ! si un pays doublait sa population tous les 70 ans, ce serait effrayant, étant donné la longue vie des nations.

Malgré cette forte mortalité, il y a donc en Espagne un assez fort accroissement de la population ; elle a, en effet, doublé depuis un siècle. Du temps des guerres napoléoniennes l'Espagne n'avait que 11 millions d'habitants, et il est admirable de penser que ce pays ait pu tenir en échec Napoléon.

Pourquoi donc la population de l'Espagne a-t-elle été toujours si en retard sur celle des autres pays, en retard de plusieurs siècles peut-on dire ?

Est-ce la faute de son sol ? Le sol de l'Espagne n'est pas des plus riches : c'est déjà l'Afrique, on a pu dire que l'Afrique commençait non pas au détroit de Gibraltar mais au sud des Pyrénées. On ne peut pourtant pas dire que l'Espagne manque d'eau, mais le régime hydraulique est très défectueux. Le grand plateau qui occupe la partie centrale de l'Espagne (à la différence du plateau central français qui est très arrosé) est extrêmement sec. Ses fleuves coulent dans des vallées profondes et on ne peut faire de l'irrigation que quand ils arrivent près de la mer. Les Maures ont cependant bien su en tirer parti, et lorsqu'ils occupaient l'Espagne il n'y avait pas de régions qui fussent plus fertiles que les royaumes d'Andalousie et de Grenade, pas de jardins plus magnifiques que ces « jardins du Paradis ».

Encore aujourd'hui, dans la région de l'Ebre, les fameux jardins de Valence, les « huertas », sont des terrains extrêmement riches.

Faut-il chercher une explication dans le sous-sol ? L'Espagne n'a pas de charbon, il est vrai, et ce qui fait la densité de la population dans les grands centres industriels ce n'est pas le blé, mais le charbon. Cependant, l'Italie non plus n'a pas de charbon, ce qui n'empêche pas que sa population ne soit une des plus denses de l'Europe.

Il faut donc chercher une explication plutôt dans l'histoire de l'Espagne. L'Espagne a été saignée à blanc, ou plutôt elle s'est saignée elle-même. D'abord elle a expulsé ce qu'elle avait de mieux en fait de population industrielle : les Maures, les Juifs. Et après, si l'Amérique lui a envoyé des monceaux d'or, dont elle n'a su que faire d'ailleurs et qui ont été le commencement de sa déchéance, elle lui a sucé le meilleur de son sang. L'Espagne aura la fierté, il est vrai, de revivre dans les vingt Etats de l'Amérique latine qui parlent sa langue et compteront un jour autant d'habitants que les Anglo-Saxons, mais la mère-patrie s'est tuée dans cet enfantement.

Encore aujourd'hui, l'Espagne est un des pays d'Europe où il y a le plus d'émigrants ; et ce sont en général des hommes dans la force de l'âge.

Mais il ne dépend que d'elle de se relever ; elle pourrait certainement doubler sa population simplement en mettant en culture son territoire.

Sur ses 50 millions d'hectares de superficie, 22 millions seulement sont cultivés, donc moins de la moitié, 44 % du territoire. Il n'y a aucun pays d'Europe, sauf la Russie, qui présente une aussi forte proportion de terres non cultivées. Il faut penser que des pays comme l'Allemagne, la Belgique, l'Angleterre, cultivent jusqu'à 90 et 91 % de leur territoire.

La principale cause c'est la grande propriété. De même qu'en Italie, il y a, en Espagne, la très grande propriété, les grands domaines des seigneurs espagnols, qui restent stériles parce que ceux-ci n'ont pas d'argent pour les cultiver.

Et l'effet devient cause à son tour, car la faible densité de la population est elle-même une cause défavorable au développement de la culture. Quand les villages sont séparés par des distances énormes, la culture est difficile parce qu'on ne peut pas transporter les produits. Or, il y a en Espagne des milliers de villages qui sont presque dépourvus de tout moyen de communication.

§ 2. — La Loi du 30 Août 1907.

Voici comment le législateur, dans le texte même, expose son but :

« Cette loi a pour but d'enraciner dans la nation toutes les familles dépourvues des moyens de travail ou du capital nécessaire pour subvenir aux besoins de la vie, et ainsi de diminuer l'émigration, de repeupler les campagnes et de mettre en valeur les terres incultes ou mal exploitées.

« Ce but est réalisé par le partage des terrains publics entre les familles de cultivateurs pauvres et aptes au travail agricole. »

Voilà donc le but de la loi, il est grandiose et triple :

1° vivifier, ressusciter, les terres incultes qui malheureusement occupent aujourd'hui une immense partie du territoire de l'Espagne, la moitié, 25 à 28 millions d'hectares, et qui représentent non pas un retard dans l'évolution agricole, mais, ce qui est bien pire, une régression ; 2° émanciper les prolétaires ruraux en les transformant de salariés en propriétaires qui feront valoir ces terres par leur travail, qui transformeront le désert en jardins, comme il est dit dans les Prophètes ; 3° et par là retenir et fixer sur le sol national la jeunesse qui va chercher son pain en France ou en Amérique, arrêter cette lente hémorragie, d'autant plus funeste que la population espagnole est une des moins denses de l'Europe (42 habitants par kilomètre carré, contre 72 en France, 125 Italie et Allemagne).

Pour surveiller l'application de cette loi il avait été institué un Comité royal, une *Junte*, comme on dit en Espagne, non pas composé uniquement de fonctionnaires mais des gens les plus compétents dans les différents domaines — comme sont constituées en France nos grandes Commissions extraparlementaires, telles que le Conseil National Economique.

Mais aujourd'hui cette Junte a été dissoute et remplacée par une Direction spéciale au Ministère de l'Agriculture (Direction Générale de l'Action Sociale Agraire) ; on peut se demander si cette Etatisation aura de bons résultats pour l'expérimentation en cours.

D'abord, quels sont les terrains qui seront mis à la disposition de la junte, pour être ainsi régénérés ?

Ce sont les terrains de l'Etat et ceux des municipalités.

Il ne s'agit donc pas de toucher aux propriétés privées, aux *latifundia,* qui sont cependant un des fléaux de l'Espagne ; il s'agit simplement des terres qui sont en dehors de la propriété privée : ce sont celles-là seulement qu'à titre d'expérience, dit la loi — ce qui fait qu'elle réserve l'avenir — on va essayer de coloniser.

En ce qui concerne les terres de l'Etat, celui-ci les donne gratuitement. Quant aux terres des communes, il faut que les communes consentent à les donner.

Or il y a deux catégories dans les terres des communes : 1° celles qui appartiennent en propre à la commune et que la commune peut aliéner, d'après la loi nouvelle, pour en faciliter la colonisation ; 2° en outre, il y a les terres véritablement communes, les communaux, comme on dit en France : ceux-ci les communes ne peuvent en disposer qu'à la suite d'un referendum de la population ; il faut alors que les trois quarts des habitants de la commune consentent à cette aliénation en vue d'en faire des terrains de colonisation intérieure.

Elles n'y mettent pas beaucoup d'empressement ; les communes ne sont jamais disposées à aliéner leurs biens, même ceux dont elles ne font rien, malgré les adjurations de la Junte. Et quand elles s'y décident, elles donnent ce qu'elles ont de plus mauvais en fait de rochers ou de sables, hormis pourtant le cas où ce sont les habitants de la commune eux-mêmes qui doivent en profiter, c'est-à-dire quand c'est pour ainsi dire la commune qui se transforme en colonie intérieure.

2° A qui vont être attribuées ces terres ? qui seront les colons ?

C'est la Junte qui les désigne en procédant dans l'ordre que voici :

D'abord, on prend les plus pauvres, ceux qui n'ont

point de terres, les prolétaires ruraux. C'est pour eux que la loi est faite. Si quelqu'un est déjà propriétaire, on l'écarte : la loi n'est pas faite pour lui.

Parmi ces plus pauvres, on prend de préférence ceux qui ont le plus grand nombre d'enfants, ou plutôt le plus grand nombre de fils, parce que les fils pourront aider à la culture mieux que les filles.

On prend de préférence ceux qui sont aptes, comme dit la loi, au travail agricole, c'est-à-dire ceux qui sont connus comme de bons cultivateurs, capables de faire de bons colons.

On demande aussi des preuves de bonne conduite : on ne mettra pas dans ces colonies des ivrognes ou des imprévoyants.

Enfin, on prend autant que possible des voisins du lieu qui va être colonisé, des gens du pays, parce qu'ils ont chance de s'y trouver mieux et de connaître mieux les modes de culture.

3° Comment sera alloti ce domaine nouveau ainsi cr/é ? Est-il destiné à une culture collective ? Non. Le paysan espagnol est aussi individualiste que le paysan français. On divise le domaine en autant de lots qu'il y a de familles et sur chaque lot on bâtit une maison. C'est donc le partage du domaine, le système individualiste, mais qui sera corrigé, comme nous allons voir, par l'association coopérative.

Et comment ces lots seront-ils attribués à ces colons ? Sera-ce à titre gratuit ? Ou seront-ils vendus aux enchères ?

Vous ne sauriez croire quelle place a tenu dans l'histoire et la doctrine de la colonisation cette question de savoir s'il faut vendre aux colons les terres, ou bien les leur donner gratuitement ? Elle est discutée depuis plus d'un siècle, dans tous les grands pays colonisateurs. Et il faudrait tout le cours d'une année pour indiquer les arguments pour et contre sur cette question où se trouvent engagés tous les principes non seulement de la colonisation, mais de la propriété foncière en général.

Car on peut dire d'une part : si vous donnez la terre gratis, vous ne pourrez exercer aucune sélection. Vous allez la distribuer comme on distribue des aumônes aux pauvres ; ce ne sera pas une œuvre de relèvement, mais une œuvre d'assistance et les colons qui auront reçu les terres gratuitement n'en feront aucun cas. Ils penseront que si on les leur donne c'est qu'elles ne valent rien et ils ne chercheront pas à les mettre en valeur.

Il vaut donc beaucoup mieux vendre les terres que les donner. Ce sera d'abord un revenu pour l'Etat ; ensuite, ce système opèrera une sélection entre les colons, parce que les paysans qui ont fait déjà des épargnes seront seuls candidats et qu'on peut être sûr que pour ne pas perdre l'épargne qu'ils ont investie dans la terre, ils travailleront dur.

Néanmoins, après avoir pesé le pour et le contre, la Junte s'est finalement décidée pour la cession gratuite. Et cela se comprend parce qu'ici il y a des raisons spéciales.

D'abord, la loi est faite pour les cultivateurs pauvres d'Espagne, qui n'ont pas d'argent pour payer, même leur donnerait-on de grandes facilités.

Et puis si on mettait la terre aux enchères, comme on l'a fait dans nos colonies, par exemple en Algérie ou en Tunisie, cela ferait accourir des étrangers, et c'est ce qu'on ne veut pas. On veut que cette colonisation reste vraiment « intérieure », c'est-à-dire, autant que possible, réservée aux nationaux, aux « voisins », car le mot espagnol qui correspond à notre mot habitant d'une commune c'est précisément le mot « *vecinos* », les voisins.

En France il en est tout autrement. Nous avons aussi une colonisation intérieure dans tout le midi de la France, mais une colonisation qui fonctionne uniquement au profit des étrangers, Italiens ou Espagnols;

ils viennent coloniser nos terres des départements de la vallée de la Garonne. Quant aux paysans français, ce sont eux, au contraire, qui quittent la terre et la laissent aux étrangers. Quoique la population ne soit pas très dense en France, il n'y a pas de *latifundia ;* qui veut de la terre en trouve facilement.

Mais en Espagne, il n'y a pas d'immigrés à caser ; il y a au contraire des émigrants à retenir.

4° Et maintenant, sous quelles modalités les colons exploiteront-ils ? Sera-ce à titre de propriétaires définitifs, ou à titre de concessionnaires, de fermiers ?

Voilà encore une énorme question. Quand un pays a la chance de trouver la propriété à l'état naissant et de pouvoir la façonner à son gré, que faut-il préférer ? Est-ce la vieille propriété romaine, la propriété perpétuelle ? ou bien la propriété temporaire, mais à long terme ?

La question s'est posée pour la colonie juive en Palestine et a été résolue dans le sens de la propriété temporaire.

En Espagne, la loi a procédé d'une façon transactionnelle. Pendant les cinq premières années, le colon sera admis à titre précaire, à titre de fermier ou de concessionnaire, afin qu'on puisse voir ce qu'il est capable de faire. Après ce stage, on congédiera le mauvais cultivateur, mais le bon cultivateur sera gardé et il deviendra propriétaire définitif.

Pourtant ce ne sera pas la pleine propriété romaine : la propriété sera limitée de différentes façons.

a) elle ne pourra être aliénée pendant dix ans. On veut éviter cette spéculation si fréquente dans nos colonies françaises, où le colon, dès qu'il est devenu adjudicataire d'une terre, s'empressait de la revendre aux indigènes ou aux étrangers et de rentrer en France.

b) même après ces dix ans, lorsque le colon voudra user de son droit de vente, la direction de la colonie se réserve un droit de préemption. En aucun cas, il ne pourra vendre à un étranger.

c) le colon ne pourra non plus hypothéquer sa terre. On ne veut pas que cette horrible forme de l'usure qui s'appelle l'hypothèque vienne empoisonner ces nouvelles colonies. Si le colon a besoin d'argent, il n'aura à offrir que sa garantie personnelle, à laquelle se substitue d'ailleurs, comme nous allons le voir, celle d'une véritable association coopérative.

d) enfin, que le colon garde ou vende son lot ou qu'il le transmette par succession, dans tous les cas, il ne pourra. le fractionner : le lot reste indivisible, comme dans l'ordre physique l'atome qui est insécable.

On a voulu éviter par là ce grand péril de la petite propriété qui est de tomber finalement en poussière de petits lots, impropres à la culture.

C'est dans le même sens qu'est la loi américaine dite du *homestead* (la conservation du foyer). Quand le propriétaire a placé son bien sous le régime du homestead, il ne sera jamais partagé. Cette loi a été aussi introduite en France : le propriétaire peut mettre sa terre sous le régime de l'indivisibilité, pour une très petite superficie, mais ce système n'a eu aucun succès. Mais pour le colon espagnol ce n'est pas facultatif, c'est obligatoire.

5° Enfin, le dernier caractère de ces colonies, le plus important pour nous, c'est que tous les colons qui sont installés sur le domaine, doivent former obligatoirement une société coopérative pour les achats en commun des denrées et tous autres produits nécessaires à la culture, et même pour la vente de leurs propres produits. Ainsi les colons seront maintenus dans les liens d'une solidarité qui les retiendra sur la pente de l'individualisme paysan. L'association aura pour mission aussi de veiller à ce que la colonie ne s'écarte pas du but visé par la loi.

Voici d'ailleurs ce que dit le texte même de la loi, à la suite des passages que j'ai cités :

« La constitution d'une association coopérative entre les nouveaux habitants de chaque terrain subdivisé est obligatoire. Elle devra être leur organe indicateur et intermédiaire dans tous leurs besoins de crédit, d'épargne, de secours, d'achat, de vente, d'amélioration culturale, et devra aussi leur procurer tous les avantages moraux et économiques de l'aide réciproque et de l'union des forces pour un but commun. »

Vous avez remarqué : « leur besoin de crédit ». Pour quoi faire, puisque le terrain leur est donné gratuitement ? Oui, mais le terrain ne suffit pas ; il faut aussi que chaque paysan trouve le capital pour mettre la terre en exploitation. D'autant plus que, je l'ai dit, on leur donne les terres les plus mauvaises, et que par conséquent, il faudra un capital assez considérable pour en tirer parti.

Qui fournira ce capital ? Ce ne sera pas l'Etat. En France l'Etat dispose pour le crédit agricole des centaines de millions qu'il s'est fait attribuer sur les bénéfices de la Banque de France comme prix de son privilège, mais en Espagne l'Etat ne dispose que d'environ 1.500.000 pesetas pour ces institutions.

Ce sont les communes, les positos, ou les autres caisses de crédit agricole, qui le prêteront — non aux intéressés individuellement, mais à la coopérative, laquelle représente la colonie et se porte garante vis-à-vis d'eux. Elle fournit, par sa collectivité, un gage beaucoup plus sûr que ne pourraient le faire de petits propriétaires.

Ces avances sont remboursables par très longues périodes qui vont jusqu'à 50 années. En un si long temps le cultivateur pourra rembourser les avances qui lui auront été faites.

Il y a pourtant des avances que l'Etat fait sans remboursement : ce sont celles qui ont un caractère de service public, toutes celles pour créer des routes, des égouts, les services collectifs, nécessaires à toute agglomération.

§ 3. — Organisation des colonies agricoles

Ceci dit, montrons, par un ou deux exemples, le fonctionnement de ces nouvelles colonies. Malheureusement, je ne les ai pas visitées et ne puis en parler que d'après des photographies. Prenons la plus ancienne de toutes qui est l'*Algaida*, ce qui veut dire l'endroit où il y a de l'eau. Elle est en effet située à l'embouchure du Guadalquivir, tout près de Cadix, le grand port espagnol.

Je disais tout à l'heure que les communes ne donnent pas volontiers leurs bons terrains. En effet, c'est ici une immense plage qui contient à l'analyse 91 % de sable pur, de silice ! C'est une plage sans doute comme une en France qui m'est familière, une immense plage de sable qui va de Cette jusqu'aux Saintes-Maries : il y a là cinquante kilomètres de sable presque pur.

La plage concédée à la colonie dont il s'agit s'étend sur plus de 3 kilomètres de long, 462 hectares.

Mais par une dispensation de la Providence il s'est trouvé que ce terrain est devenu le plus fertile qu'on puisse rencontrer, et cela par deux causes.

La première, c'est par le même miracle que celui dont nous avons été témoin sur nos plages de la Méditerranée : on a reconnu que ces terrains de sable pur sont tout ce qu'il y a de meilleur pour la vigne, ou du moins permettent de planter des vignes sans recourir aux plants américains, parce que le phylloxéra ne peut pas y vivre, il y est asphyxié. On plante là les vieux plants du pays, qui meurent ailleurs et qui donnent ici des produits magnifiques.

C'est ainsi que sur ces plages d'Aigues-Mortes et des Saintes-Maries dont je parlais, là où il n'y avait que des coquilles et quelques plantes marines, on voit verdoyer un immense vignoble et fleurir aussi de grosses fortunes. Les propriétaires réalisent chaque année, et tout particulièrement cette année-ci, des centaines de milliers de francs de bénéfices.

Le même heureux phénomène s'est réalisé pour la colonie de l'Algaïda; on a planté des vignes qui sont magnifiques.

Il y a mieux. Sur nos plages de France il ne faut pas trop creuser, parce qu'au-dessous on trouve l'eau de mer, ce qu'on appelle le salin, qui tue la vigne. Là-bas, au contraire, au-dessous d'une couche de sable d'un mètre, on trouve une couche d'eau douce, l'eau du Guadalquivir qui baigne toute cette immense plage. En sorte que les légumes puisent tout de suite, avec leurs racines, l'eau douce qui les fait prospérer de façon merveilleuse.

On a donc fait non seulement des plantations de vigne mais des jardins qui sont une merveille, paraît-il, où l'on fait pousser des melons de 10 kilos, des choux-fleurs de 30 kilos, et autres monstres, comme pour les Expositions.

Ainsi, cette colonie a donné infiniment plus qu'on n'en attendait.

Elle a été divisée d'après les règles indiquées tout à l'heure, en 100 lots, pour autant de familles, avec une petite maison dessus.

Ils sont bien petits, ces lots : 1/2 hectare pour ceux qui ont un jardin et deux hectares pour ceux qui n'ont que la vigne. Mais cela suffit pour faire vivre une famille, car vigne ou jardin rapporte en moyenne de 3.000 à 5.000 pesetas par lot (14.000 à 22.000 francs actuels).

Les maisons ne paraissent pas belles ; mais elles n'ont pas coûté cher. Chacune de ces maisons, 5 m. 50 sur 6 m. 50, comporte trois pièces, et en plus un appentis pour les outils agricoles, qui double à peu près la superficie de la construction. Elles ont coûté 3.000 pesetas ; même traduite en francs français, ce qui fait environ 13.000 francs actuels, cette somme ne suffirait pas en France pour construire une maison de trois pièces.

Ces lots sont parfaitement géométriques ; chacun 100 mètres sur 100 mètres de côté, ce qui fait juste un hectare. Et ils sont alignés le long d'une immense voie, desservie par un chemin de fer Decauville qui a trois ou quatre kilomètres de longueur.

Ce n'est pas pittoresque, à en juger par le plan et par les photographies. C'est tout à l'image de ces horribles villes américaines qui donnent l'impression d'un papier quadrillé. Elles n'ont aucune ressemblance avec ce qu'on appelle en Angleterre les cités-jardins ; mais on peut y avoir une anticipation d'un système nouveau d'urbanisme, dont nous exposerons les mérites dans une prochaine leçon, qui se nomme la « ville linéaire » (*Ciudad Lineal*) et qui est déjà réalisée dans la banlieue de Madrid.

Il y a cependant un centre de vie collective : c'est une place centrale autour de laquelle sont groupés tous les services collectifs. Il y a là une quinzaine de pavillons, pour le directeur, l'administrateur, les gardes, le médecin, le dispensaire, et des écoles pour une centaine d'enfants, car la population totale de la colonie de l'Algaida, avec ses 100 familles, est de près d'un millier d'habitants, ce qui représente un fort village. Il y a aussi une salle de récréations pour fêtes, conférences, cinéma, etc. Il y a un pavillon pour la société coopérative de consommation qui approvisionne les habitants ; une boulangerie commune, un cellier pour la vinification en commun, parce que sur d'aussi petites parcelles chacun ne peut avoir son cellier. Il y a une salle pour la production de l'électricité, distribuée dans le village ; il y a même un observatoire de météorologie.

C'est donc une petite cité très moderne. Nous n'avons absolument pas de similaire en France. Il faudrait aller les chercher dans les colonies des juifs sionistes, en Palestine.

Pour terminer sur la colonie de l'Alguaida, je donnerai simplement un chiffre qui est vraiment impressionnant ; cet immense domaine de sable qui était affermé par la commune 325 pesetas par an, donne actuellement 700 à 800.000 pesetas (3 millions de francs) de revenu brut et représente un capital de 2 millions de pesetas, c'est-à-dire 8 millions de francs français.

On peut donc dire que la colonisation intérieure a fait sortir du sable une cité nouvelle.

C'est, il est vrai, la plus belle de ces colonies, et la plus ancienne. Mais il y en a d'autres, une vingtaine en tout, d'une superficie totale de 10.500 hectares et groupant un peu plus de 1.200 colons, ce qui représente donc une moyenne de près de 9 hectares par tête, donc très supérieure à celle de l'Alguaida. Mais c'est parce que la plupart sont situées en terrains de montagne, les municipalités, comme je l'ai dit déjà, ne cédant guère que les terrains inutilisables. La plupart se trouvent dans les anciennes provinces de l'Andalousie et de l'Estramadure, c'est-à-dire dans le Sud-Ouest de l'Espagne, près des frontières du Portugal. Quelques-unes dans la Sierra Morena (la Montagne Noire), nom familier à ceux qui ont lu Don Quichotte, la Sierra Morena où le Chevalier de la Manche alla faire pénitence pour des péchés imaginaires.

La Junte prend soin que chaque lot ait des dimensions rationnelles, c'est-à-dire suffisantes pour permettre à une famille complète d'y vivre, par son seul travail, et en même temps assez restreintes pour que le possesseur ne soit pas obligé de recourir à la main-d'œuvre salariée et puisse cultiver avec ses propres bras et ceux des membres de sa famille. On ne veut pas que le salarié pénètre dans ces colonies parce qu'on veut précisément qu'elles constituent une forme d'affranchissement. Si on n'y prenait garde, il arriverait ce qui s'est produit dans les colonies françaises d'outre-mer : les colons prennent des salariés et, devenus de gros propriétaires, vont manger leurs rentes dans les villes. C'est ce qu'on veut éviter.

On donne donc des lots plus ou moins étendus, suivant que le terrain est plus ou moins fertile, et c'est pourquoi, dans les parties montagneuses, les lots atteignent parfois 8 à 9 hectares par famille.

Prenons par exemple une de ces colonies, Canamero, qui se trouve à peu près dans la même région : c'est la plus vaste de toutes, 2.222 hectares (mais dont 500 en bois), divisée en 458 lots. Voici quelle est la composition de chaque lot :

1 hectare 1/2 de vignes,
1 hectare d'oliviers,
3/4 d'hectare de jardins,
1/2 hectare de blé.

Le colon a ainsi le vin de sa vigne, le pain de sa terre à céréales ; avec ses oliviers il a son huile, qui est de grande consommation en Espagne, et dans son jardin ses tomates et ses pois chiches qui constituent le menu ordinaire des repas en Espagne, comme le macaroni pour les Italiens. Ainsi, la famille, sur son lot, a tout l'essentiel pour vivre.

Ces colonies rayonnent même en dehors de l'Espagne. On en a installé aux Iles Canaries; et la Junte directrice a reçu compétence non seulement pour la colonisation intérieure en Espagne mais aussi pour la zone espagnole du Maroc. Il sera très instructif pour nous de voir ces nouvelles colonies à l'œuvre dans les pays musulmans du Maroc. Nous pourrons y trouver nous-mêmes, pour notre colonisation, d'utiles leçons.

§ 4. — Les insuffisances de cette expérimentation et les extensions projetées

Néanmoins, il faut reconnaître que les résultats de cette expérience, comme le qualifie la loi, sont encore peu importants. La superficie totale de ces colonies est inférieure à celle de certains grands domaines en Espagne.

N'importe, les expérimentations sociales, pas plus que celles dans tout autre domaine, ne doivent pas être appréciées seulement quantitativement.

Mais ce qui est plus grave c'est qu'on peut se demander si, même en supposant que ce système de colonisation se généralisât, le but poursuivi par le législateur serait réalisé ?

Car, d'abord, aurait-il pour résultat d'augmenter la population ? Je ne le vois pas bien. Les colons, je viens de le dire, ne viennent pas du dehors, ils viennent du dedans : ce sont des voisins. Il n'y a donc qu'un simple déplacement de population. Il n'y a pas une âme de gagnée pour la nation.

Peut-être dira-t-on qu'une fois ces colons installés et devenus relativement riches, chacun possédant sa petite maison, ils auront plus d'enfants et ainsi repeupleront ? Ce serait un résultat bien contraire à toutes les prévisions de la science démographique. Il y a lieu de penser au contraire qu'ils en auront beaucoup moins, de même que nos paysans français. La natalité est énorme en Espagne et si elle n'était enrayée par la terrible mortalité infantile, la population de l'Espagne dépasserait celle de la France ou même de l'Italie. Mais cette prolificité sera vraisemblablement enrayée dans les colonies intérieures. Du jour où au lieu de vivre de son salaire journalier et du salaire de ses enfants, le paysan aura son petit lot avec un hectare de vigne, un hectare de blé, un hectare d'oliviers, un hectare de jardins, le colon limitera le nombre de ses enfants à la quantité d'aliments disponibles.

On peut cependant prévoir une diminution de la mortalité infantile, la famille étant mieux nourrie, mais ce ne sera pas une compensation suffisante à la diminution de la natalité. Ce n'est pas une critique que je fais là, car le but doit être d'avoir plutôt des familles heureuses que des familles nombreuses, mais je cherche seulement si le but de la loi dite « de repopulation » sera atteint.

Quant à l'autre but, enrayer l'immigration, il y a un peu plus de chances pour qu'il soit atteint.

· On peut en effet espérer que ceux qui émigraient d'Espagne pour aller chercher leur pain à l'étranger pourront coloniser chez eux. Et encore ce résultat est-il douteux, car les jeunes gens, attirés par les mirages des riches terres de l'Argentine ou du Brésil — et ce ne sont pas seulement des mirages, puisqu'ils ont vu bon nombre d'entre eux rentrer au pays devenus de gros riches — se tiendront-ils pour satisfaits par les médiocres perspectives que leur offrent ces colonies intérieures ? Tous ceux qui ont l'humeur un peu aventureuse continueront à aller chercher fortune au-delà des mers, comme nos Basques français.

Il ne faut pas s'exagérer, au reste, l'importance de cette émigration : elle a atteint en 1012 le chiffre maximum de 245.000, mais aujourd'hui est descendue au-dessous de 100.000 ; ce n'est pas grand'chose dans un pays qui compte de 600.000 à 700.000 naissances. Et en admettant même que la colonisation intérieure en se généralisant pût avoir pour effet de supprimer l'émigration, si d'autre part elle avait pour effet de réduire le nombre des naissances, la population risquerait de perdre plus qu'elle ne pourrait gagner.

Enfin reste le troisième but de la loi, non plus de repeupler l'Espagne, mais de remettre en culture ses terres stériles.

C'est le plus important et, heureusement, c'est celui pour lequel on peut attendre les meilleurs effets de la loi. Il est à prévoir, en effet, qu'en Espagne, comme partout d'ailleurs, le passage du salariat à la propriété aura pour effet de transformer les sables ou les rochers en terres fertiles, comme nous l'avons vu déjà dans la plus ancienne de ces colonies. A ce point de vue, le système de colonisation intérieure de l'Espagne, s'il se généralise, devra considérablement augmenter le rendement agricole de la terre espagnole.

Cependant, ici encore, il faut poser un point d'interrogation. N'y a-t-il pas à craindre que ces petites propriétés ne soient cultivées de façon tout à fait routinière ? Ces colonies se prêteront-elles à l'industrialisation de la culture ? Nous l'espérons, parce que le législateur espagnol a introduit ici le ferment nécessaire, à savoir l'association coopérative de ces petits paysans, qui pourra peut-être leur assurer les bienfaits de la grande production. Déjà il s'est constitué une Caisse rurale de crédit qui s'occupe d'introduire dans ces colonies de véritables coopératives de culture, comme celles qui ont donné de si heureux résultats en Italie.

Lors de la création de chaque colonie, la Caisse Centrale est informée du caractère de l'entreprise, de la nature et de la superficie de la terre à cultiver, des conditions auxquelles elle peut être prise à bail. Si le Comité de la Banque approuve la proposition, un compte est ouvert au nom de la société coopérative de culture pour le montant total des dépenses, telles qu'elles ont été estimées sur devis établis en commun par les représentants de la société et un expert de la Banque. Les membres de la société se portent solidairement responsables pour le montant du crédit ; les récoltes, le bétail, l'outillage et les machines sont également nantis comme garantie additionnelle. Un intérêt de 5 % est à payer sur les sommes reçues comme avances.

Peuvent seules être membres de la société les personnes qui prennent réellement part à la culture de la terre. A titre d'avances sur leur part de bénéfice, la société leur paie des salaires au tarif en cours dans la localité.

Mais peut-on espérer que l'expérimentation se généralisera et que l'étendue de ces colonies, qui actuellement est infime, en regard des immensités de terres qui sont en friche, en Espagne, pourra être centuplée ?

Pourquoi les résultats ont-ils été médiocres ? Pour une raison bien simple : parce que cette loi de la colonisation intérieure ne vise que les biens de l'Etat ou des communes, mais ne touche pas à la propriété privée. Dans ces conditions, le champ est très limité, non seulement comme étendue mais aussi comme qualité, parce que, dans tous les pays, sauf en ce qui concerne les forêts, la propriété privée a peu à peu saisi tout ce qui pouvait être de culture facile ou avantageuse et n'a laissé à l'Etat et aux communes que ce qui ne valait pas la peine d'être approprié.

Donc, aussi longtemps que la loi espagnole respectera les grands domaines, le champ d'action de la colonisation intérieure sera très limité.

C'est bien ce qu'a compris la Junte, cet Office qui est chargé de veiller à la mise en œuvre de la loi de colonisation intérieure. Cette Junte, qui est composée d'hommes d'esprit libéral, au courant du mouvement social et de la révolution agraire de l'Europe orientale, a présenté un projet de loi en vue d'élargir le champ de la colonisation intérieure. Ce projet de loi a été déposé une première fois en 1011, puis en 1014; mais la guerre est venue et la question a été momentanément abandonnée. Il a été présenté pour la troisième fois en 1021 ; mais de nouveau a été ajourné, pour des raisons faciles à comprendre, étant données les dispositions très hardies, sinon même révolutionnaires, de ce projet de loi.

Cette fois, on s'attaque aux grands domaines. Nous avons parlé des abus de la grande propriété en Italie, des latifundia. Il semble qu'ils soient plus graves encore en Espagne. Car en Italie les grands propriétaires, tels que les princes romains, se bornent à abandonner leurs terres, tandis que les grands propriétaires espagnols

— à ce que disent du moins les socialistes et les libéraux — font un véritable métier d'usurier ; ils achètent au petit paysan son blé à vil prix au moment de la récolte, l'emmagasinent dans des greniers, se faisant ainsi accapareurs et, le moment venu, revendent ce blé au plus haut prix à ces mêmes paysans qui ont eu l'imprudence de céder leur récolte.

Ces grands propriétaires sont donc très peu aimés en Espagne et une loi qui mettrait une limite aux abus de la grande propriété serait certainement très populaire.

D'après le projet de loi, la Junte serait autorisée à dresser un cadastre de toutes les terres d'Espagne, cadastre non pas géométrique, mais approximatif, pour déterminer quelles sont les terres incultes qui sont négligées par les propriétaires, qui pourraient être bonifiées et pour cela affectées à la colonisation intérieure.

Une fois ce cadastre dressé, on limiterait l'étendue des domaines qui ne rempliraient pas les conditions voulues, c'est-à-dire dans lesquels il y aurait une partie plus ou moins considérable laissée en friche.

On considérerait comme n'étant pas cultivés tous les territoires de chasse gardée qui, en Espagne comme en Angleterre, en Hongrie, etc., sont considérables ; de même aussi, ceci est spécial à l'Espagne, les terrains consacrés à l'élevage des taureaux de course.

On déterminerait aussi quelles sont, dans ces grands domaines, les parties qui, tout en étant cultivées, ne le sont pas convenablement, celles par exemple qui pourraient être arrosées et qui ne le sont pas, dans des régions où il y a de l'eau et où autrefois les Maures pratiquaient l'irrigation.

On limiterait à 75 hectares tous les terrains d'agrément proprement dits, c'est-à-dire les parcs.

Quand on aurait ainsi déterminé les portions de domaine inutilisées, on exproprierait, avec indemnité, tout ce qui dépasserait 500 ou 300 hectares, suivant que le domaine serait d'un ou de plusieurs tenants, et on

affecterait la partie expropriée à la colonisation inté·
rieure qui aurait ainsi un large champ d'action.

Avant même d'en venir à l'expropriation, on frappe-
rait d'un impôt spécial les terrains qui resteraient
incultes. C'est une mesure déjà appliquée dans d'autres pays, notamment en Pologne. Il paraît abusif, en
effet, qu'un propriétaire ne paye pas d'impôts sous le
prétexte que sa terre ne rapporte rien, alors qu'il béné-
ficie généralement de la plus-value.

En outre on appliquerait en Espagne une loi qui
existe déjà en France, aux termes de laquelle les propriétaires voisins peuvent être obligés à se réunir en
association, pour des travaux d'utilité générale, tels que
irrigations, digues contre la mer ou contre les inonda-
tions, dessèchements de marais, etc.

Seulement tandis qu'en France ces syndicats entre
propriétaires ne peuvent être établis qu'autant que la
majorité des propriétaires intéressés le décident et l'imposent à la minorité, en Espagne ils pourraient l'être
dès que l'administration l'aurait décidé.

Ces limitations seraient encore modestes à côté des
amputations formidables que la législation agraire a
réalisées dans les différents pays de l'Europe orientale,
par exemple en Lettonie. Mais elles paraissent très révolutionnaires en Espagne et il reste à savoir si ce projet
de loi, repoussé ou ajourné déjà deux fois, aura plus de
chances d'être adopté sous le gouvernement actuel. Il
semble peu probable que le gouvernement de M. Primo
de Rivera soit plus accueillant pour cette limitation de
la grande propriété.

Le fait que la Junte a été dissoute et remplacée par
un Bureau ministériel n'indique-t-il pas qu'on a trouvé
son zèle un peu indiscret ? Et la Junte dissoute, qui se
fera le patron de la loi de réforme agraire ?

En tout cas, je ferai remarquer que si la législation
espagnole est en retard sur celle des pays slaves, au
point de vue de la limitation de la grande propriété,

elle est en avance quant à l'obligation d'association coopérative qu'elle impose dans les colonies intérieures qui se créeraient à la suite de l'expropriation.

Si cette loi est adoptée et si on voit bientôt tous les grands domaines espagnols cultivés par de petits propriétaires, obligatoirement réunis sous le régime d'associations coopératives, il y aurait là un fait considérable dans l'histoire du mouvement coopératif. Nous y verrions même la solution idéale du grand problème agraire.

En effet, s'il faut opter entre la socialisation de la propriété, ou la petite propriété individualiste, telle qu'elle existe aujourd'hui entre les mains du paysan français, c'est une alternative qui n'est guère moins inquiétante d'un côté que de l'autre, car si la propriété collective semble condamnée par l'expérience, d'autre part la propriété paysanne individualiste développe des tendances à l'égoïsme non moins fâcheuses au point de vue moral qu'au point de vue économique : elle aboutit à une production morcelée qui ne peut pas satisfaire aux desiderata de la grande production moderne.

Entre ces deux solutions, celle des colonies espagnoles, c'est-à-dire celle de paysans propriétaires cultivant chacun leur lot, mais reliés entre eux obligatoirement par de multiples associations coopératives, apparaît comme réalisant à la fois les avantages économiques de la grande production et les vertus morales de la solidarité.

CHAPITRE III

LES COOPÉRATIVES DE CONSTRUCTION

§ 1. — L'extension de la loi d'expropriation

Il y a des sociétés coopératives de construction en Espagne, comme dans tous les pays.

Vous savez ce que sont ces sociétés. Elles sont formées par ceux qui veulent avoir une maison à eux et qui s'associent pour faire construire collectivement des maisons qu'ils se répartissent ensuite entre eux, soit par voie de tirage au sort, soit par voie de mise aux enchères, soit par différents moyens que je n'ai pas à indiquer ici.

Ces sociétés de construction ne sont pas toutes coopératives, c'est-à-dire créées par ceux-là même qui se proposent d'habiter les maisons, mais bon nombre sont simplement philanthropiques en ce sens qu'elles ne construisent pas pour leurs membres mais pour le public, pour quiconque désire se loger à bon marché.

Ces sociétés de construction, coopératives ou non, ont besoin pour se développer de certaines conditions favorables.

Il faut d'abord avoir des terrains, et c'est là un gros problème. Pour obtenir ces terrains disponibles on se heurte généralement à la même difficulté que celle que j'ai signalée pour les terres cultivables : il faut que les municipalités aient un pouvoir d'expropriation.

Sans doute, même là où la propriété individuelle est, en principe, absolue, il n'y a aucun pays où l'on n'ait admis une dérogation pour le cas d'utilité publique. L'expropriation pour cause d'utilité publique existe partout et en Espagne aussi.

Seulement, d'une façon générale, ce qualificatif « d'utilité publique » est pris dans le sens le plus strict du mot. En France, par exemple, on n'exproprie que pour construire un chemin de fer, ou, dans les villes, pour ouvrir une rue. Mais on ne va guère au-delà. Il ne viendrait, en France, à l'esprit de personne d'exproprier pour construire une cité ouvrière, quoique l'utilité soit, à vrai dire, beaucoup plus indiquée que quand il s'agit de percer le boulevard Haussmann.

En Espagne, la loi d'expropriation était prise, comme en France, dans le sens le plus strict et on n'en usait que dans des cas comme ceux que nous venons d'indiquer, construction d'un chemin de fer ou d'un canal, ouverture d'une rue, mise à l'alignement d'une maison. etc. Mais on n'usait pas de l'expropriation pour la réalisation d'une œuvre sociale.

Il faut encore autre chose pour la construction à bon marché : il faut un plan d'extension. Il faut que les villes se fassent des réserves de terrains pour l'avenir, afin de les soustraire à l'accaparement de la spéculation.

C'est une préoccupation qui ne s'est révélée que tout récemment que celle d'établir pour les grandes villes des plans d'extension. C'est l'Angleterre qui a donné le signal. Il y a, en Angleterre, toute une série de lot sur le *town planing*, l'urbanisme, qui est aujourd'hui de règle dans toutes les villes anglaises. Il en est de même en Allemagne. En France, nous y sommes venus aussi, mais avec beaucoup de retard ; on n'a pas encore de plan d'extension bien arrêté, même pour Paris, à cause des difficultés qui résultent précisément de l'incertitude des prévisions, toute la banlieue se trouvant divisée en communes indépendantes qui y ont grandi au hasard et étranglent la ville.

Mais en Espagne on a fait un pas en avant. Une loi récente, du 10 octobre 1924, est venue élargir de façon révolutionnaire l'ancienne loi sur l'expropriation pour tous les cas où il s'agira de fournir du terrain à des sociétés d'habitations à bon marché.

D'abord, suppression ou simplification des formalités innombrables qui étaient jusqu'à présent imposées, en Espagne comme en France, telles que déclaration d'utilité publique, enquête, etc., qui demandent des années.

Des facilités seront également procurées pour les achats de terrains. Ce qui rend difficile l'expropriation, en France comme dans tous les autres pays, ce sont les prix exorbitants qu'il faut payer pour indemniser les propriétaires expropriés. La loi, respectueuse de la propriété privée, même lorsqu'elle la soumet à l'expropriation, veut donner au propriétaire toute garantie qu'on lui paiera la valeur et plus que la valeur de son immeuble ; c'est pourquoi elle confie le soin de déterminer le prix à un jury composé de propriétaires, lesquels naturellement fixent le prix maximum. C'est ainsi que le nombre de millions payés pour le boulevard Haussmann dont je viens de parler, a été vraiment effarant.

Or, d'après la nouvelle loi espagnole, le prix sera fixé non pas par un jury mais par le tribunal ordinaire, qui devra apprécier d'après la valeur des immeubles dans la même localité. L'évaluation est assez facile : on sait bien quelle est la valeur des terrains et quel est le prix de la construction ; il suffit de faire une déduction proportionnelle à l'âge de la maison.

Le prix ayant été ainsi établi, la loi, généreusement, le majore de 10 % représentant « le prix d'affection », c'est-à-dire cette valeur morale qui n'est pas d'ordre économique.

Mais la loi a dû prévoir le cas de mauvais vouloir des municipalités. Lorsqu'un décret royal aura décidé qu'il faut exproprier pour fournir des terrains à une société de construction, la municipalité sera obligée de pourvoir aux expropriations nécessaires.

En Espagne, comme dans tous les autres pays, on consent certaines faveurs aux sociétés de construction, tout particulièrement quand ces sociétés ont un caractère coopératif. On leur alloue, par exemple, une prime de 20 % sur la construction, c'est-à-dire que l'État donne une subvention égale au 1/5 du prix que représente la construction si c'est une société coopérative, 10 % seulement si c'est une société ordinaire.

§ 2. — La Cité linéaire

Parmi ces sociétés de construction il en est une, particulièrement originale et qui ne se trouve qu'en Espagne : c'est la cité linéaire, *Ciudad lineal*.

L'idée première de la cité linéaire remonte à 1882 et elle eût pour auteur M. Arthur Soria, mais c'est seulement en 1894 qu'elle a pris corps sous la forme d'un quartier de plaisance édifié dans la banlieue de Madrid, à 5 ou 6 kilomètres de la Puerta del Sol (la Porte du Soleil), le beau quartier de Madrid, à peu près comme à Paris celui de l'Arc de Triomphe.

Elle est constituée par une allée centrale de 40 mètres de largeur, grande avenue plantée d'arbres, avec des lignes de tramways et voies latérales pour les voitures, cavaliers et les piétons.

De chaque côté de cette avenue longitudinale sont des îlots, coupés par des rues transversales de 30 mètres de largeur, ce qui donne un plan quadrillé, suivant le système des villes américaines.

Chaque îlot contient huit ou dix parcelles, quelquefois quinze ou vingt, de proportions inégales. Chaque parcelle comporte une maison et un jardin. La contenance du lot varie de 400 à 2.000 mètres carrés, mais la maison ne doit occuper que le 1/5 de la superficie du terrain, de façon à laisser le reste en pelouse ou parc.

La cité linéaire a donc tout à fait l'aspect de ce qu'on appelle en Angleterre une « cité-jardin ». Chaque villa disparaît sous la verdure et sous les ombrages.

Tout ce qui est nécessaire aux besoins et au confort des habitants s'y trouve réuni : écoles, églises, dispensaires, cinéma, services d'électricité.

Des lignes de tramways pour Madrid, de jour et de nuit, desservent l'avenue centrale.

Derrière les alignements de maisons, il y a un bois, d'une centaine de mètres de largeur, qui sert de promenade aux habitants. Et au-delà, on a réservé une zone de champs cultivables pour des jardins maraîchers.

Telle que je viens de la décrire, cette cité ne semble pas avoir un caractère plus original que tout autre lieu de villégiature, mais ce qui est intéressant c'est qu'elle prétend marquer une ère nouvelle dans l'évolution de la vie des villes.

Comment les villes ont-elles poussé jusqu'à présent ? Elles ont poussé concentriquement, exactement à la façon d'un arbre qui, au fur et à mesure qu'il vieillit, s'accroît chaque année d'une couche nouvelle, de sorte que le nombre de ces couches correspond exactement au nombre des années qu'il a vécues. Pour la croissance des villes, ces couches concentriques sont parfaitement apparentes, aussi bien que dans le tronc scié d'un vieux chêne. Il n'y a pas de ville où elles soient plus visibles qu'à Paris. On voit, autour de la Cité qui a été le noyau, une série de voies concentriques dont les plus anciennes ont disparu aujourd'hui, ayant été mangées par le temps, telle la première enceinte de Philippe-Auguste, puis l'enceinte de Louis XIII ; mais les autres subsistent presque intactes, telles celle de Louis XIV qui est marquée par les grands boulevards, puis celle du Second Empire qui a formé les boulevards extérieurs ; et maintenant, voici qu'on démolit les fortifications et une nouvelle enceinte va être marquée par de nouveaux boulevards — en attendant que tout le département de la Seine se trouve annexé, ce qui devrait être fait depuis longtemps.

Mais, cette forme de développement n'est pas particulière à Paris ; on la rencontre dans toutes les villes, grandes et petites. A Moscou, elle est encore mieux caractérisée par le fait que les anciens remparts des premières enceintes ont été conservés dans l'intérieur de la ville, la plus ancienne étant autour du Kremlin. De même, à Vienne, il y a la grande promenade classique qu'on appelle le Ring, ce qui signifie l'anneau.

La petite ville où je suis né, Uzès, dans le Gard, a aussi son « tour de ville » qui n'est autre que l'enceinte des anciens remparts, dont les fossés ont été comblés.

Pourquoi les villes ont-elles poussé ainsi sous cette forme concentrique ? Parce que les habitants se serraient les uns contre les autres comme un troupeau de moutons quand vient le loup. Le troupeau prend ainsi la forme circulaire, en cas de danger, et les taureaux ou les béliers placés à l'extérieur font front à l'ennemi. Ainsi, au Moyen-Age, les populations, constamment menacées par l'invasion, se groupaient autour de l'église ou du château.

Puis, lorsque la cause a disparu, lorsque la sécurité a été assurée, les architectes ont néanmoins conservé cette disposition concentrique et en ont fait un motif esthétique en lui donnant la forme rayonnante.

Mais ce plan a le grave inconvénient de contraindre la population à s'agglomérer ; il l'entasse sur un terrain trop étroit pour la contenir ; il crée la surenchère qui fait monter à des prix incroyables le terrain et le loyer, avec tous les inconvénients physiques et moraux du surpeuplement.

Et maintenant, en quoi la cité linéaire apporte-t-elle un remède ? Prenez le plan d'une grande ville, regardez l'ensemble de ses rues ; il a l'air d'un écheveau de fil très embrouillé. Eh bien ! déroulez l'écheveau sur toute sa longueur : vous aurez la cité linéaire.

Vous me direz : si la ville ne se compose plus que d'une seule rue, elle sera interminable ! Evidemment : l'ensemble des rues de Paris représente 1.080 kilomètres. Si vous en faisiez une cité linéaire, celle-ci aurait donc 1.080 kilomètres de longueur et crèverait la frontière , soit du nord au midi, soit de l'est à l'ouest ! Mais il n'est pas nécessaire que la cité linéaire soit en ligne droite ; elle peut être circulaire ou en spirale.

Néanmoins, il est vrai que la cité linéaire a de grandes ambitions en fait d'extension. La cité linéaire de la banlieue de Madrid a déjà 6 kilomètres de longueur, mais ce n'est encore qu'un tronçon, et elle ambitionne d'atteindre un jour 54 kilomètres.

La cité linéaire peut encore servir de trait d'union entre deux villes. Par exemple, il y a une cité linéaire qui est déjà en train de se former entre Paris et Saint-Germain ; on y prépare une magnifique voie qui prolongera l'avenue de la Grande-Armée jusqu'à Saint-Germain. Cette immense voie, plus large encore que celle de la cité linéaire de Madrid, comportera deux voies pour tramways, une voie pour métro, deux voies pour les piétons.

Mais mieux encore, la cité linéaire pourra s'égayer à travers les campagnes encore vides ; ces colonies que nous avons déjà décrites sont à peu près des cités linéaires.

Les avantages de ces cités-là seraient précisément de remédier à tous les maux que je viens de rappeler et qui résultent du vieux système de croissance concentrique des villes.

Toutes les maisons étant éparpillées à travers la campagne, ce serait la ville tout entière qui se trouverait transportée à la campagne, ou plutôt toute ville serait ville par devant et campagne par derrière.

Alors, tous les microbes du surpeuplement seront balayés par l'air qui souffle à travers ce rideau de maisons, comme à travers un rideau de gaze. En outre, la hausse du prix des terrains se trouve enrayée et par là même celle du logement, car ce qui fait la surenchère sur les terrains dans les villes modernes, c'est la pression sur le centre ; mais dans la ville linéaire, il n'y a plus de centre, la ville s'allonge à volonté ; il n'y a pas de différence entre les divers points de la ville.

La cité linéaire de Madrid ne répond pas tout à fait à la définition pure de la ville linéaire, en ce sens que la cité linéaire type ne comporte qu'une seule rangée de maisons le long de l'avenue, avec la campagne derrière, tandis que la cité linéaire de Madrid comprend, de chaque côté de l'avenue centrale, 200 mètres de terrains bâtis, ce qui fait qu'avec l'avenue centrale et les avenues latérales, elle a un demi-kilomètre de largeur. Mais c'est tout de même une ville bâtie en longueur.

Seulement, il y a la grande objection qui se présente tout de suite à l'esprit : celle de la distance. Dans les villes modernes, la distance est déjà un obstacle ; qu'en sera-t-il dans ces villes qui auront des dizaines, des centaines, de kilomètres de longueur ? Comment fera-t-on pour communiquer ?

Eh bien ! la distance sera supprimée, voilà tout ! Elle l'est déjà aujourd'hui. La distance est remplacée dans tous nos horaires par le temps. Il ne viendra à l'idée d'aucun de nous de dire qu'il loge à 3, 6 ou 10 kilomètres du Collège de France, mais il dira qu'il lui faut 20 minutes ou 3/4 d'heure de tramway ou métro. Chacun sait à combien de minutes il se trouve du lieu de son travail, ou de son plaisir ; le temps seul compte et non plus l'espace.

Il suffira donc, dans ces cités linéaires, de réduire la durée du trajet. Or, rien ne se prête mieux à la rapidité et à la continuité des transports que le plan de la cité linéaire, avec son avenue centrale où les moyens de communication peuvent fonctionner sans interruption, où l'on pourrait même installer un trottoir mobile, comme celui dont on a fait l'expérience à l'Exposition de 1900 à Paris, et qui serait comme un fleuve humain circulant sans arrêt.

Ce qui fait perdre du temps aujourd'hui quand on se sert de moyens de locomotion, même rapides, comme l'autobus ou le métro, c'est qu'il faut attendre cinq minutes, parfois dix à douze minutes, ce qui fait perdre tout l'avantage de la rapidité. Dans la cité linéaire, grâce à ce fait qu'ils seraient concentrés sur une même voie, les transports, même s'ils n'étaient pas continus, pourraient du moins se succéder sans arrêt et il n'y aurait plus aucune perte de temps. Rien ne serait plus facile que d'établir, — comme dans les maisons américaines de cinquante étages, où il y a des ascenseurs express qui ne s'arrêtent qu'aux 10e, 20e, 30e et 40e étages, et des ascenseurs omnibus pour desservir les étages intermédiaires — des trains rapides et des trains omnibus.

Cette idée de la cité linéaire, dont il faut attribuer le mérite à M. Soria, était alors bien inconnue : elle l'est encore et je ne crois pas qu'elle ait donné lieu à beaucoup de leçons comme celle que je fais ici. Elle a été exposée plus tard par un Anglais, M. Petavel, mais qui ne semble pas avoir connu le plan de M. Soria, ni la qualification de « cité linéaire » : je crois bien avoir été le premier à introduire ce mot en France dans un article de l'*Emancipation* de février 1907.

Les cités-jardins sont beaucoup plus connues, mais ce n'est pas la même chose. Les cités-jardins datent, en Angleterre, de 1900 et sont la réalisation d'un livre qui a fait grand bruit, le livre de Charles Howard, intitulé *To Morrow* (Demain), la ville de demain.

La cité-jardin ressemble à la cité linéaire, en ce qu'elle a pour règle comme celle-ci de ménager des espaces libres, en réservant les 4/5 de la superficie pour les parcs, les allées et la verdure. Mais elle en diffère par certaines règles :

1° D'abord par la limitation du nombre des habitants. Afin d'éviter que ces cités-jardins ne deviennent de grandes villes, on a limité la population, Letchworth a 30.000 habitants. Le chiffre n'est d'ailleurs pas encore atteint, mais si on arrive à ce maximum de 30.000 habitants, on mettra un écriteau « Complet ». Et tous ceux qui voudront des cités-jardins iront en construire ailleurs.

La cité linéaire, au contraire, n'est jamais limitée, puisqu'on peut la prolonger indéfiniment.

La seconde différence entre les deux idées, celle-ci plus intéressante pour nous, c'est que la société linéaire n'a rien de vraiment coopératif dans sa constitution ; elle est en dehors du cadre de ce cours et ce que nous venons d'en dire n'est qu'un hors-d'œuvre, tandis que la cité-jardin anglaise, la garden-city, est une cité coopérative, tout au moins en ce sens que la propriété des terrains, et par conséquent celle des maisons, n'est pas aliénée ; elle reste à la société ; les habitants ne sont que locataires.

Ce régime n'a d'ailleurs rien de surprenant en Angleterre ; vous savez que la plupart des habitants ne possèdent les maisons et les terrains que pour une longue durée, 99 ans au plus ; terrains urbains ou terres cultivables appartiennent à des lords dont les ancêtres les ont données à ferme et, lorsque le bail est arrivé à terme, elles reviennent à leurs propriétaires avec une énorme plus-value.

Or, l'idée maîtresse des cités-jardins est de garder pour l'association cette plus-value des terres, au lieu de la laisser confisquer par des individus.

Il n'en est pas de même dans la cité linéaire de Madrid, et je le regrette, parce qu'elle aurait eu en ce cas le caractère coopératif que je louais tout à l'heure dans « les colonies intérieures ». Les terrains de cette société linéaire sont vendus, en pleine propriété, à qui veut les acheter. Une Société de Crédit a été créée pour faciliter ces acquisitions par des annuités échelonnées. Ainsi, pour un lot de 10.000 pesetas, il suffit de verser 2.000 pesetas comptant, puis pendant 10 ans (par des versements mensuels qui, de 120 pesetas la 1re année, vont décroissant jusqu'à 72 pesetas la 10e année) une somme totale de 11.620 pesetas. Mais une fois que tous les lots auront été vendus en pleine propriété, comment fera-t-on pour conserver à cette cité le caractère qui fait sa raison d'être ? Chaque propriétaire étant maître de son lot, qui pourra l'empêcher d'arracher les arbres sur toute l'étendue de son terrain, de bâtir sur les espaces libres et de détruire complètement le plan de la colonie ? Du moment que ces cités sont livrées à la propriété individuelle, elles sont perdues pour l'avenir. Je n'ai pas vu qu'il y eût des servitudes établies pour parer à ce risque et maintenir un certain contrôle au point de vue de l'agrément et des services collectifs.

En ce qui concerne la plus-value des terrains, ce sont les acquéreurs qui en bénéficieront, et ces acquéreurs ne sont pas de pauvres gens, non ! la cité linéaire de Madrid n'est pas, comme les colonies intérieures, peuplées d'ouvriers, mais de gens riches qui vont là en villégiature. Car les prix de ces maisons sont assez élevés ; ils vont de 18.000 pesetas, pour une superficie de 64 mètres carrés à 30.000 pesetas, et plus, pour une superficie de 80 mètres carrés, ce qui représente 80.000 à 120.000 francs français. Et cette plus-value est considérable puisque, d'après ce que nous lisons dans la brochure illustrée publiée par la « Compagnie d'Urbanisation », le prix du lot de 400 mètres carrés, qui lors de la création de la cité, en 1894, était de 100 pesetas, s'est élevé à 1.000 en 1899, à 1.500 en 1907, à 2.250 en 1913.

Reste une dernière question, celle de savoir si ces cités linéaires, qui au point de vue historique, répondent à une idée très intéressante et vraiment neuve, répondront au goût des habitants ? C'est très douteux.

Car il faut bien dire que ce sont les philanthropes et les sociologues qui prêtent aux ouvriers cette idée que le vrai bonheur se trouve aux champs. Il est vrai que l'ouvrier, chaque fois qu'il a une journée de vacance, se fait une grande joie d'aller la passer à la campagne ; mais autre chose est d'y aller en partie de plaisir, autre chose est d'aller y vivre. Il est très douteux qu'on trouve beaucoup d'habitants qui prissent plaisir à se loger dans ces cités linéaires, surtout parmi les ouvriers : il est probable qu'au bout de peu de temps, ils demanderaient à revenir dans la grande ville. avec ses saletés, mais aussi avec ses misérables joies, qui sont tout de même des joies pour ceux qui en ont pris l'habitude.

Et la preuve c'est que la cité-jardin de Letchworth qui

avait limité à 30.000 le nombre de ses habitants, n'en est pas encore à 20.000, alors qu'elle existe depuis vingt ans. Et j'ai entendu dire que la cité linéaire de Madrid n'avait pas non plus très bien réussi.

Et puis, sans se placer au point de vue du goût des habitants, en se plaçant à un point de vue plus élevé, il faut se demander s'il n'y aurait pas un grand danger pour la civilisation à voir disparaître ce que j'appelais tout à l'heure la ville concentrique.

C'est la ville agglomérée qui a fait l'histoire des peuples : ce sont ces villes qui, par leur disposition même, ont été ce qu'on appelle si bien des foyers de civilisation — des « foyers », cela est bien dit. Prenez un feu qui brûle, séparez les tisons et dispersez-les le long d'une ligne : ils s'éteindront. Le foyer sera mort. Tout foyer ne s'allume et ne brille que par un certain rapprochement, une certaine concentration des éléments, et je doute que la cité linéaire, si elle eût existé dans le passé, nous eût donné la civilisation dont nous vivons.

Car en somme, qu'est-ce que la civilisation ? C'est Babylone, c'est Memphis, c'est Athènes, c'est Rome, c'est Paris : toutes des villes concentriques dans toutes la force du mot, et non des organismes vermiformes.

CHAPITRE IV

LA COOPÉRATION DE CONSOMMATION

ET DE PRODUCTION

§ 1. — **Les Coopératives de Consommation**

J'ai dit, dans la première leçon de ce cours, que la coopérative de consommation était le couronnement de l'édifice coopératif, quoi qu'il puisse sembler un peu paradoxal de prétendre que le degré le plus élevé du mouvement coopératif se trouve atteint dans un magacin d'épicerie, mais j'ai expliqué pourquoi cette forme de la coopération implique des efforts et des vertus spéciales (voir page 13).

Il n'y a donc que les pays réellement avancés au point de vue de la coopération qui comptent un grand nombre de sociétés coopératives de consommation, fortement organisées. Nous savons que l'Espagne n'en est pas arrivée à ce point.

Il n'y a en Espagne que deux foyers coopératifs : l'un en Catalogne, autour de Barcelone, l'autre en Biscaye ,autour de Bilbao.

Ces deux foyers sont en même temps, il faut le noter, et par la même raison, les deux principaux centres industriels de l'Espagne. La Catalogne a toujours été la province la plus industrielle et la plus prospère de l'Espagne, et elle le manifeste périodiquement par des tentatives d'indépendance ; nous en avons eu un exemple tout récemment. La Biscaye est aussi une région industrielle, à raison des mines de fer qui se trouvent dans cette région, dans les Monts Cantabriques. Nous voyons ici, une fois de plus, que les centres ouvriers sont les milieux les plus favorables au développement des coopératives de consommation.

Remarquons aussi que l'un et l'autre de ces deux foyers sont au Nord de l'Espagne, confirmant ainsi cette loi géographique curieuse que j'ai mise en lumière bien souvent : c'est au pôle Nord de chaque pays que se porte le mouvement coopératif.

Mais ce ne sont pas de grands foyers. Le centre de Catalogne compte 150 sociétés coopératives de consommation, avec 27.000 membres, et fait pour 27 millions de pesetas de ventes. En plus, on évalue à 60.000 le nombre de coopérateurs éparpillés en Catalogne. en dehors de la Fédération.

Quant au groupement de Biscaye il comprend 43 coopératives, avec 18.000 membres, qui font pour 20 millions d'affaires.

Chacun de ces groupes est fédéré ; mais ce qu'il y a de particulier c'est qu'ils sont fédérés séparément. On a bien essayé de les réunir en une seule Fédération Nationale, mais jusqu'à présent on n'a pu y arriver.

La Fédération de Catalogne était jusqu'à présent une Fédération purement morale, qui bornait son rôle à grouper les sociétés coopératives, à faire de la propagande et de l'éducation coopérative, tandis que la Fédération de Biscaye était ce que nous appelons un Magasin de Gros, c'est-à-dire faisait des achats pour le compte des sociétés fédérées. Mais ce Magasin de Gros est peu important et ne fait qu'un chiffre d'affaires insignifiant.

Il y avait aussi une banque pour la Fédération de Biscaye ; mais cette banque n'avait qu'un capital de 45.000 pesetas et un chiffre de dépôts de 390.000 pesetas. Ce sont des chiffres qui seraient bien minimes même pour une simple banque individuelle.

En dehors de ces deux foyers, il n'y a pour ainsi dire rien. Il y a à Madrid, une Fédération Coopérative de fonctionnaires, fondée en 1920, qui groupe à peu près 27 coopératives de fonctionnaires, avec 20.000 membres environ. Elle a aussi constitué un Magasin de Gros, mais de peu d'importance, 1.500.000 pesetas. Ces coopératives ont un caractère officiel en ce sens que l'Etat leur avance le capital nécessaire, mais en échange exige leur adhésion à la Fédération de Madrid.

Dans tous les pays on trouve des coopératives de fonctionnaires. Nous avons, en France, la grande coopérative des Fonctionnaires du département de la Seine, qui comprend un très grand nombre de membres, 15 à 20.000, mais qui n'a pas de caractère officiel. Elle n'est pas subventionnée par l'Etat. Les fonctionnaires ne sont, ni juridiquement ni moralement, obligés d'y adhérer.

On peut encore citer quelques coopératives éparses ; il y en a quelques-unes autour de Valence ; d'autres sont disséminées dans le reste de l'Espagne. Combien en tout ? On ne sait pas. On ne peut le savoir parce qu'il n'y a pas de Fédération Centrale. L'Espagne en est, dans son évolution coopérative, au même point que la France en 1886, date à laquelle quelques Nîmois — et c'est de là que vient la dénomination d'Ecole de Nîmes — prirent à tâche de créer une Fédération Nationale. Ils furent obligés de courir un peu partout pour faire le recensement des coopératives et les grouper. L'Espagne en est là ; elle est donc en retard d'environ quarante ans sur le mouvement français.

Autant qu'il soit possible de donner des chiffres, on peut croire qu'il y a en Espagne 250 coopératives, avec un peu plus de 100.000 coopérateurs. Ce sont des chiffres infimes, si on les compare à ceux des autres pays et surtout au chiffre de la population de l'Espagne qui est de 20 millions d'habitants. Même en admettant que ces 100.000 coopérateurs représentent 500.000 personnes — ce qui correspond à une moyenne de 5 personnes par famille — cela ne ferait que 1 coopérateur par 40 habitants. En France, quoique nous ne soyons pas au premier rang, tant sans faut ! nous comptons à peu près 8 millions de personnes, hommes, femmes, enfants, qui appartiennent à une coopérative, sur 40 millions d'habitants, ce qui fait 1 sur 5. Et dans les pays très coopératisés, comme l'Angleterre, la Suisse, l'Autriche, la Hongrie on arrive à une proportion de 40 % : il y a presque un habitant sur deux qui appartient à une société coopérative.

Mais ceci dit, je ne voudrais pas trop déprécier le mouvement coopératif espagnol. Il a certains aspects intéressants, non pas seulement ceux que j'ai déjà cités dans le domaine des coopératives de culture et de colonisation, mais même dans celui de la coopération de consommation, qui paraît si pauvre au point de vue numérique.

D'abord, ce qui me frappe c'est la moyenne du chiffre

d'achats par membre, qui est considérable. Si nous divisons le chiffre des ventes par le nombre des coopérateurs, nous arrivons à une moyenne, pour la Fédération de Catalogne et la Fédération de Biscaye, de 1.100 pesetas par membre ; et j'ai même relevé certaine coopérative de Biscaye où la moyenne des achats s'élevait à 2.300 pesetas par coopérateur. Si nous convertissons ces chiffres en francs-papier, c'est-à-dire les multiplions par 4,35, nous aurions une moyenne d'achat de 4.600 francs-papier par an ; et pour la petite coopérative à laquelle j'ai fait allusion, une moyenne de 10.000 fr. par tête.

Ce sont des chiffres énormes, si nous les comparons aux chiffres français, car en France, la moyenne des achats n'est que de 1.000 francs (1.023 francs) par coopérateur et par an, et dans les coopératives les plus prospères, les plus avancées, la moyenne des achats ne dépasse pas 4.000 francs.

Il faudrait donc en conclure que le coopérateur espagnol achète quatre fois plus que le coopérateur français, ce qui serait un beau témoignage à lui rendre, car c'est le chiffre des achats qui mesure, peut-on dire, le degré de ferveur du coopérateur, l'intérêt qu'il porte à sa société.

Il y a là quelque chose d'autant plus étrange que le chiffre des achats par coopérateur, dans la classe ouvrière, est en fonction du taux des salaires. Si en Angleterre le sociétaire peut acheter beaucoup, c'est parce que les salaires y sont plus élevés. Mais les Espagnols n'ont pas des salaires plus élevés que les Français, même évaluée en monnaie d'or ; et la meilleure preuve c'est que beaucoup d'Espagnols émigrent pour venir vivre en France ; ils ne le feraient pas s'ils n'y trouvaient pas des salaires supérieurs.

Quelle explication donner ?

Serait-ce une erreur de calcul, due simplement au fait que la vente au public absorberait une grande part des ventes, ce qui réduirait d'autant la moyenne des achats par membre effectif ? Mais cette même cause d'erreur se retrouve en tous pays et nous n'avons pas de raison de croire qu'elle tienne en Espagne plus de place qu'ailleurs.

Autrefois, quand les coopératives ne vendaient pas au public mais seulement à leurs membres, on aurait pu donner une explication inverse : c'est que certains sociétaires achetaient plus qu'il ne leur fallait, en vue de revendre à leurs camarades, avec bénéfice, se transformant ainsi en petits marchands. Mais cette explication ne tient plus puisqu'aujourd'hui les magasins sont ouverts à tous.

Les coopérateurs espagnols que j'ai interrogés sur ce point l'expliquent par la variété des articles mis en vente : comestibles, boissons, charcuterie, mercerie, confection, cordonnerie, faïencerie, literie, etc. Mais tout cela se trouve aussi dans nos grandes coopératives.

Faut-il donc croire que, précisément parce que les coopérateurs espagnols sont moins nombreux, les coopératives ont pour ainsi dire écrémé la classe ouvrière et pris ce qu'il y avait de mieux comme dévouement et comme solidarité ?

C'est possible ; il est certain qu'au fur et à mesure que la coopération s'étend en surface, elle perd en qualité, il y a une certaine dilution qui s'opère dans la masse.

Il semble, en effet, que dans les coopératives espagnoles la vie soit plus intense que dans la nôtre, on y trouve des manifestations plus fréquentes de solidarité ; par exemple les fêtes — y compris la fête internationale du premier samedi de juillet qui laisse nos coopérateurs français si indifférents — y sont célébrées avec plus d'entrain.

Voici, par exemple, une société de Barcelone, qui

porte un beau nom, *La Dignidad*, la Dignité. C'est un titre rare parmi les coopératives. Nos coopératives s'appellent plutôt la Fourmi, l'Abeille, la Solidarité, la Moissonneuse, mais la Dignité, cela dit plus ! Récemment, la « Dignidad » de Barcelone a organisé une fête dont le compte rendu remplit tout un volume illustré que j'ai entre les mains. On a donné d'abord une représentation d'une Cour d'Amour, telle qu'elle se tenait autrefois en Provence et chez les Catalans, — deux races sœurs — avec la reine et les troubadours. La fête a été encadrée de poésies en langue catalane. Puis, il y a eu de nombreux discours, dont trois rien que pour expliquer le nom de la Société.

Le titre du principal discours était celui-ci : « La Coopération, instrument de dignification » ; l'expression est un peu rébarbative en français, mais elle est claire : la Coopération, c'est le moyen de relever la dignité de l'individu.

Comment la coopération relève-t-elle la dignité de l'homme ? D'abord en le libérant du parasitisme des intermédiaires. Les commerçants sont les domestiques du public ; eh bien ! le coopérateur fait comme ces ménages qui, aujourd'hui se passent de domestiques et se servent eux-mêmes.

Au point de vue aristocratique d'autrefois, on aurait vu là plutôt une déchéance, mais en se plaçant à un point de vue vraiment démocratique, on peut dire, en effet, que la vraie dignité consiste à apprendre à l'individu à se servir lui-même.

C'est un accroissement de dignité aussi que de remplacer le mobile intéressé du bénéfice, du lucre, par le service social. C'est un titre de noblesse d'être au service de la Nation, comme autrefois au service du Roi.

Ce n'est pas tout ! La suppression de la vente à crédit, voilà aussi un moyen de relever la dignité de l'individu ; oui, lui apprendre à payer comptant, à ne pas venir chez le marchand, tout honteux, de semaine en semaine, demander encore un peu de crédit ; et finalement, ne plus oser passer dans la rue, devant la porte du fournisseur qu'on n'a pas payé. Il y a là une humiliante servitude dont le coopérateur s'apprend à se libérer.

Les orateurs catalans ont montré encore comment la coopération accomplissait cette œuvre de « dignification » en luttant contre toutes les servitudes qui tendent à abaisser l'individu : contre l'usure, contre le jeu d'argent, contre le taudis, contre la contamination du milieu insalubre, contre l'alcoolisme surtout.

Et il y a aussi chez les coopérateurs espagnols, un vif sentiment de la nécessité de l'éducation. Comme ils ont conscience de leur petit nombre, ils s'appliquent à recruter la génération nouvelle. Voici un texte de leur programme, détaché entre beaucoup d'autres :

« Les coopératives de consommation doivent s'occuper de nouer des ententes avec les professeurs de l'école primaire ; ils doivent donner des fêtes et y inviter les enfants, afin qu'ils puissent visiter les sociétés et se familiariser avec les œuvres sociales qu'elles comportent. »

Nous tâchons de faire cela aussi, en France ; nous créons des coopératives scolaires dans les écoles françaises, il y en a déjà plusieurs milliers et nous sommes en train de faire imprimer une brochure de quelques pages, qui sera distribuée par le Ministère de l'Instruction Publique aux 120.000 instituteurs ou institutrices de France, afin qu'ils puissent s'intéresser à la coopération et initier, dans une certaine mesure, leur petit monde au mouvement coopératif. Mais jusqu'à présent, les résultats ne sont pas bien considérables. Il semble qu'en Espagne le petit monde coopératif soit plus vibrant qu'en France.

Une loi organique sur la Coopération est attendue avec impatience ; elle a été déjà rédigée avec le plus grand soin par M. Salas Anton et semble devoir être une des meilleures lois coopératives de l'Europe : elle est inspirée par des principes très démocratiques, presque socialistes, puisqu'elle exige que la moitié du bénéfice soit réservée à des œuvres de solidarité.

Il y a, à Madrid, ce qu'on appelle l'Ecole Sociale, qui auparavant s'appelait « l'Institut des Réformes Sociales », institution officielle pour s'occuper de toutes les questions ouvrières, un peu comme le Musée Social, à Paris. Seulement, au lieu d'être, comme le Musée Social, une œuvre privée, cette Ecole Sociale de Madrid est une institution d'Etat.

Les coopérateurs espagnols disent pourtant que l'intervention de l'Etat n'a pas toujours été très heureuse et ils lui reprochent notamment d'avoir retardé le mouvement coopératif en Espagne par ses exigences fiscales.

Il est vrai que dans tous les pays, les coopératives ont à soutenir une double guerre : la guerre contre les commerçants — celle-là ne finira jamais aussi longtemps qu'il y aura des commerçants — et la guerre contre le fisc. Le principal point sur lequel porte la querelle en tous pays c'est celui de savoir si le boni que distribuent les coopératives à leurs membres doit être frappé, soit à titre de revenu, soit à titre de bénéfices commerciaux ?

Et les coopérateurs de tous pays protestent avec énergie, en disant : Ce n'est pas un revenu, ce ne sont pas des bénéfices, c'est un remboursement.

La réclamation des coopératives est si juste qu'elle a fini par être acceptée en tous pays. En Espagne aussi elle l'a été, mais non sans peine, ni intégralement.

Il y a un arrêt du Conseil d'Etat du 23 juillet 1923, qui a donné raison aux coopératives contre le fisc et a dit que désormais il n'y aurait plus à percevoir l'impôt sur les ristournes ; mais sous deux conditions :

1° la première, qui est parfaitement légitime, c'est que les coopératives ne vendent pas au public mais seulement à leurs propres membres ; car si elles vendent au public et si ces bénéfices ne sont pas restitués aux acheteurs non inscrits à la coopérative, alors ils ne diffèrent plus du profit des marchands ;

2° la seconde, c'est que la coopérative soit ouvrière, ou du moins ne comprenne pas plus de 5 % de bourgeois.

En France, nous protesterions contre une telle jurisprudence. Nous ne voulons pas d'une coopération qui soit uniquement prolétarienne ; pour les bourgeois, le droit au remboursement du trop-perçu est aussi fondé que pour les ouvriers.

Mais il est probable que cette restriction disparaîtra avec la loi nouvelle, car celle-ci n'emploie plus le nom de coopérative *ouvrière* mais celui de coopérative *populaire,* qui est beaucoup plus large.

§ 2. — La Coopération de production et les positos maritimes

Les coopératives de production ouvrières ne sont nombreuses dans aucun pays, sauf en Italie et relativement en France qui est leur pays d'origine. Il n'y en a point en Espagne — ou une seule, nous a-t-on dit, à Barcelone — en entendant par là les coopératives indépendantes formées par les ouvriers avec leurs propres capitaux, en vue de se libérer du salariat.

Mais il y a un assez grand nombre d'entreprises de production créées par les sociétés de consommation et exploitées par elles, et même plus qu'en France relativement : par exemple à Barcelone une très belle fabrique de pâtes alimentaires, créée par la Fédération de Catalogne.

Il y a aussi des boulangeries coopératives, si tant est qu'on puisse considérer ceci comme de la production.

Quant aux associations de production agricoles elles sont assez nombreuses par tous pays, et en Espagne aussi.

En outre, toutes les associations que nous appelons en France des syndicats agricoles fonctionnent plus ou moins en Espagne comme coopératives de production (voir ce que nous avons dit ci-dessus, p. 153) : il y en a plus de 5.000. (1)

Il n'y a presque rien de cette forme d'associations de production qui est si abondante dans tous les pays du nord de l'Europe, les laiteries coopératives. Sans doute l'Espagne n'est pas un pays de pâturages : néanmoins il y a de riches vallées et des régions riches de pâturages, où pourraient s'installer des laiteries coopératives, mais jusqu'à présent, les efforts de quelques coopérateurs, comme Rivas Moreno, n'ont pas abouti.

Mais, par contre, on trouve une forme d'associations coopératives de production qui existe aussi en Italie mais qui, en Espagne, a pris un développement remarquable : ce sont les associations coopératives de pêcheurs (pour celles d'Italie voir p. 82).

Les *positos maritimos* sont définis de la façon suivante par le décret royal du 18 octobre 1919 : « associations coopératives qui, ayant comme buts l'élimination des intermédiaires dans l'industrie de la pêche, l'achat des instruments de production et l'accomplissement des autres fonctions ayant trait à la même industrie, consacrent les bénéfices liquides qu'elles réalisent à des fins de prévoyance sociale et au profit du consommateur, abaissant les prix des produits de la pêche qui font l'objet de la plus large consommation populaire ».

Sur toute la côte d'Espagne, surtout sur les rivages de la Méditerranée, en Catalogne, à Valence, puis aussi en Andalousie, du côté de Cadix et sur la côte du golfe de Gascogne, dans la région de Cantabre et de Biscaye, il y a un grand nombre de ces associations coopératives de pêcheurs. Elles sont au nombre de 140 ou 150 et

---

(1) Au total, on compte en Espagne 11.000 associations agricoles (positos, syndicats, coopératives, etc.) dont plus de la moitié relèvent de la Fédération Catholique.

comptent 35.000 membres ; elles possèdent même des bateaux de pêche, au nombre de 80. Elles sont groupées en plusieurs fédérations régionales, en Catalogne surtout, en attendant la création d'une Fédération Nationale qui est à l'ordre du jour.

Ces coopératives sont très intéressantes à divers points de vue.

On ne sait pourquoi elles sont nommées *positos*, car les positos sont des caisses d'épargne et de dépôt ; seulement, on a pris ce mot positos parce qu'il a une tradition glorieuse qui date des premiers rois catholiques, c'est-à-dire à la fin du xv* siècle ; il est très populaire en Espagne et en grande faveur auprès du public. C'est une enseigne.

Mais il est vrai aussi que ces associations ont des fonctions multiples et que certaines d'entr'elles ont, en effet, des fonctions qui d'ordinaire appartiennent aux positos.

Leur objet principal, leur raison d'être, c'est la vente du poisson ; vente, autant que possible, directement au public, en passant par-dessus les intermédiaires. Vous n'ignorez pas — les journaux le rappellent à chaque instant — qu'il n'y a guère de denrée pour laquelle la marge entre le prix payé au producteur et le prix payé par le consommateur, présente un plus énorme écart. Cela s'explique par le grand nombre d'intermédiaires qui vont acheter le poisson au débarquement et qui, d'échelon en échelon, le portent aux Halles, et de là chez les détaillants. Chemin faisant, le prix grossit à chaque étape. Si donc on pouvait faire arriver directement le poisson des mains du pêcheur dans celles du consommateur, il y aurait une simplification énorme qui se traduirait par une grande baisse de prix. On a essayé en France, mais on n'a pas réussi.

Eh bien ! les pêcheurs espagnols ont réussi, ce qui prouve qu'on n'a pas agi en France avec assez de persévérance. Dans certaines villes, à Séville, on a organisé la vente directe par la coopérative maritime au public.

Il semble aussi qu'ils aient trouvé dans l'Administration publique un appui efficace. Il y a une Caisse centrale de Crédit maritime qui, aux termes du décret royal du 18 octobre 1919 qui l'a instituée, est « une institution coopérative de crédit populaire, dépendant du Ministère de la Marine, avec personnalité juridique propre ; elle a pour but le développement de l'industrie de la pêche et l'amélioration des conditions des pêcheurs, ainsi que des travailleurs appartenant aux industries similaires ». Le capital de la Caisse est constitué de 2 millions de pesetas avancés par l'Etat. Ce n'est pas beaucoup et cependant il semble qu'elle ait fait plus que notre Crédit Maritime en France. Son Conseil d'administration est présidé par le Ministre de la Marine lui-même, assisté d'un certain nombre de hauts fonctionnaires d'Etat ainsi que de représentants de la classe maritime. La Caisse centrale de crédit maritime est le moteur principal de tout le mouvement coopératif des pêcheurs.

Ces associations n'ont pas seulement pour but la vente du poisson, mais aussi toutes les opérations qui se rattachent au poisson, telle que la mise en conserve et aussi toutes celles qui caractérisent les travailleurs de la mer et des ports ; les positos fabriquent des cordages, des couleurs pour peindre les navires, des goudrons pour les calfater. C'est pourquoi on leur donne le nom très large de positos « maritimos ».

Et c'est pourquoi ces associations ne se composent pas uniquement de pêcheurs proprement dits mais de tous les travailleurs de la mer et des ports : débardeurs, constructeurs, calfatiers, peintres, etc.

En troisième lieu, ces associations s'occupent aussi d'acheter des barques, pour permettre aux pêcheurs de s'élever du rang de salariés au rang de patrons. La part que prélève le patron de la barque représente quatre à cinq fois la part que reçoit chaque pêcheur, car le patron dit, avec raison, qu'il lui faut retrouver l'intérêt de la barque et des filets. Mais le jour où la barque et les filets appartiennent à la société coopérative de pêcheurs, celle-ci étant propriétaire de ces instruments de travail, touche l'intégralité des produits du travail de ses membres et peut les répartir entre eux. Il y a de ce chef une grosse augmentation de bénéfices pour eux.

Enfin, ces positos maritimes ont aussi, à un très haut degré, conscience de leur fonction sociale. Notamment, ils ont pris à tâche la lutte contre les deux fléaux de la population maritime, en tous pays : l'ignorance et l'alcoolisme ; en Espagne, c'est surtout l'ignorance, en France, c'est surtout l'alcoolisme. En Espagne, 85 % de la population des pêcheurs ne sait ni lire ni écrire. Il est beau de constater que ces associations de pêcheurs illettrés construisent des écoles pour leurs enfants. Ces positos ont construit plus de cent écoles qui sont fréquentées par 8.650 enfants. Tout comme nos coopératives de consommation, ils ont créé des coopératives scolaires, des *positos infantiles,* comme ils disent, pour faire faire à leurs enfants, de bonne heure, l'apprentissage de la coopération. On apprend aux enfants à former des petites coopératives pour acheter leurs cahiers, leurs crayons, leurs plumes, leurs livres, leurs encriers, pour constituer de petits musées d'enseignements, pour faire de petites excursions.

Et ils ne négligent pas non plus la lutte contre l'alcoolisme, car, quoique moins répandu en Espagne qu'en France, ce fléau y sévit tout de même. Les pêcheurs espagnols ont compris que, pour s'émanciper, c'était le premier obstacle à renverser. Et la preuve qu'ils ont bien mis le doigt sur la plaie c'est que, en France, l'échec de ces coopératives est venu précisément de là. On avait créé en Bretagne une coopérative de pêcheurs ; elle a échoué parce que les intermédiaires qui achetaient le poisson aux pêcheurs, s'ils leur payaient à vil prix le poisson, en compensation ils leur donnaient des bouteilles d'alcool et les pêcheurs étaient satisfaits de cet odieux marché. Les coopératives, naturellement, n'ont pas voulu faire de même, et c'est ainsi que les marchands sont parvenus à ressaisir leur proie.

Les coopératives de pêcheurs espagnols ont créé aussi de nombreuses œuvres de solidarité ; j'ai ici une liste des fonctions différentes qu'elles inscrivent dans leurs programmes.

1° Vente du poisson, coopératives de pêcheurs proprement dites, 50 sociétés ;

2° Assurance contre la maladie, l'invalidité et la vieillesse, 66 ;

3° Prêts d'argent aux pêcheurs qui veulent, par exemple, devenir patrons et n'ont pas l'argent nécessaire pour acheter une baraque et des filets, 26 ;

4° Création d'habitations pour les marins, car ils sont misérablement logés, 6 ;

5° Magasins de vente, c'est-à-dire coopératives de consommation, 36.

En ce qui concerne les bénéfices, les positos appliquent le principe de la coopération socialiste de l'Ecole de Saint-Claude, c'est-à-dire qu'ils suppriment toute répartition individuelle, même celle sous la forme de ristourne qui est de règle dans les sociétés coopératives de consommation du type de Rochdale. Tous les bénéfices de ces sociétés, quand il y en a, sont employés d'abord à rembourser les avances de la Caisse Centrale de crédit maritime qui a fourni le capital de la société ; et le reste est consacré à la création de ces nombreuses œuvres que je viens d'énumérer : construction d'écoles, de maisons salubres, assurances, magasins, etc. On peut donc dire que ces associations sont au premier rang dans le mouvement coopératif par leur caractère altruiste.

C'est, avec la colonisation intérieure, l'œuvre coopérative qui fait le plus d'honneur à l'Espagne et, ajouterai-je, qui nous humilie un peu, car pourquoi nos populations maritimes, d'ailleurs si intelligentes, notamment celles de Provence, si proches parentes de race, de langue et de tempérament, des Catalans, n'ont-elles pu faire ce qu'ont fait les pêcheurs de l'autre côté du golfe de Lion ?

Peut-être — quoique j'hésite à faire cet aveu — à ce que, plus instruits, lecteurs trop assidus de petits journaux, les pêcheurs français doivent à cette culture journalistique une certaine indépendance d'esprit qui les rend plus rebelles à la discipline de l'association que les pêcheurs illettrés de Cantabre et de Catalogne.

APPENDICE

LA COOPERATION AU PORTUGAL.

Le Portugal aurait droit à une petite place parmi les nations latines qui font l'objet du cours de cette année. Malheureusement il n'est pas facile d'obtenir des renseignements sur ce pays et, même si on réussit à en avoir, ils ne sont guère abondants. C'est peut-être que le Portugal est continuellement en Révolution et les milieux agités ne sont pas favorables à la coopération.

Il y a pourtant au Portugal une antique institution qui est à peu près l'équivalent de celle des positos d'Espagne dont nous avons longuement parlé. Ce sont aussi des institutions pour prêter aux paysans pauvres du blé en nature, et qui peu à peu se sont transformés en sociétés de crédit. On les nomme les *celleiros* (1). Leur histoire remplirait un gros volume, mais ils sont tombés en décadence plus encore que les positos. Et

______

(1) Ce mot, qui semble une traduction du mot français « cellier » pourrait donner à croire qu'il s'agit de coopératives pour la vinification. Mais non, il y a bien aussi de celles-ci, mais on les nomme *bodegas*.

finalement une loi de 1911 les a remplacés par des caisses rurales de crédit, genre Raiffeisen.

Il y a aussi au Portugal une autre institution que nous avons rencontrée dans tous les pays latins, ce sont les caves coopératives.

Elles ont au Portugal une importance d'autant plus grande qu'elles sont faites surtout pour l'exportation. Vous savez qu'une des grandes richesses du Portugal c'est l'exportation de ses vins, notamment de ces vins de Porto dont les Anglais ne peuvent se passer pour terminer leur diner.

L'Etat montre une grande sollicitude pour ces coopératives, il leur fait des avances, mais par son contrôle il semble qu'il les a tuées, en tant que coopératives, de même qu'en Grèce la coopération pour l'exportation des raisins secs. Il y a bien quelques coopératives libres entre viticulteurs, mais elles aussi ont perdu tout caractère coopératif.

Les coopératives agricoles de fermage paraissent être totalement inconnues au Portugal.

Il y a aussi quelques coopératives de consommation. Elles ont même formé une Fédération en 1020 ; elles publient un journal qui s'appelle l'*Action Coopérative*, comme dans tous les pays coopérateurs. Cette Fédération groupait 200 coopératives avec 02.000 membres (en 1023), c'est-à-dire plus qu'en Espagne proportionnellement à la population.

Malheureusement les coopératives portugaises vivent quasi incognito et, bien différentes en cela des coopératives espagnoles, ne semblent pas désireuses de participer à la vie coopérative internationale. Pourtant leur fédération a envoyé l'année dernière son adhésion à l'Alliance Coopérative Internationale, mais elle en est restée là.

LIVRE III

LA ROUMANIE

CHAPITRE I

LE CARACTERE ETATISTE DE LA COOPERATION EN ROUMANIE

J'arrive au troisième pays latin, la Roumanie.

Je dis pays latin : c'est celui qui mérite le mieux ce titre puisque c'est le seul qui porte encore le nom glorieux de Rome — sans oublier pourtant celui que nous appelons Suisse française mais qui s'appelle en réalité Suisse romande. Avant la guerre, bien des Français ne se doutaient pas que la Roumanie était un pays latin et pensaient qu'elle était plutôt un pays slave. La guerre a appris beaucoup de géographie à tous les Français.

La Roumanie, comme tous les autres pays des Balkans et tous ceux de l'Europe orientale, est un pays surtout agricole : 80 % de la population roumaine appartiennent à la classe rurale, tandis qu'en France la proportion n'est que de moitié, et que dans les grands pays industriels, comme l'Allemagne et l'Angleterre, la population agricole ne représente même pas le quart de la population totale.

La guerre n'a pas changé cette proportion pour la Roumanie. Ce pays a doublé son territoire et sa population par l'annexion de la Transylvanie hongroise et de la Bessarabie russe, ou du moins ukrainienne, mais la proportion n'en a pas été changée parce que ces pays étaient eux aussi presque exclusivement agricoles. Il est donc naturel que la forme de la coopération la plus développée en Roumanie ce soit la coopérative agricole.

§ 1. — **Les relations entre l'État et les Coopératives**

En Angleterre on a dit que la Coopération était un Etat dans l'Etat.

Si l'on entend marquer par là la puissance du mouvement coopératif, c'est très exact. Mais si cette parole devait être prise au pied de la lettre, elle serait inexacte, parce que la Coopération, en Angleterre, n'entretient aucun rapport avec l'Etat. Il en est tout autrement en Roumanie, comme nous allons le voir.

Cette question des relations entre la Coopération et l'Etat est très importante. On peut concevoir différents modes de relations entre les pouvoirs publics et les coopératives.

Un premier mode c'est la séparation absolue, de même qu'en France la séparation de l'Eglise et de l'Etat. C'est-à-dire que la Coopération ne tient aucune place dans les administrations publiques, et inversement les pouvoirs publics et l'Etat ne se mêlent en rien de la coopération. Telle est la situation dans le plus grand nombre de pays, en Angleterre précisément, en Suisse et dans les pays Scandinaves.

Il y a un autre régime dans lequel l'Etat et la Coopération, sans entretenir des relations officielles, cependant ne s'ignorent pas et se rendent des services réciproques. C'est le cas, par exemple, en France. En France, il y a un Conseil Supérieur de la Coopération, institué après la guerre, qui dépend du ministère du travail et discute les projets de loi de nature à intéresser les coopérateurs. Il y a aussi un fonds de 2 millions consacré à soutenir les coopératives et à leur faire des avances, mais seulement à celles qui ont accepté certaines règles : en sorte qu'ainsi l'Etat se fait le gardien des principes de Rochdale. On leur fait place dans les Conseils qui ont à s'occuper des grands intérêts publics, par exemple dans le Conseil National Economique institué en 1925, et dans bien d'autres Commissions — pour la lutte contre la cherté, ou pour le contrôle des chemins de fer, pour les tarifs douaniers.

Les Coopératives, réciproquement, ont rendu des services à l'Etat, notamment durant la guerre (1) pour l'alimentation publique.

Un troisième mode de rapports entre l'Etat et les Coopératives c'est l'absorption par l'Etat qui met la main sur les Coopératives et les transforme en un organe officïel. Tel est le cas dans deux pays.

La Russie soviétique, après la Révolution de 1917, a complètement absorbé les coopératives ; elles les a déclarées obligatoires, elle en a fait des espèces de communes économiques à côté des communes politiques. Mais après quatre à cinq ans, l'expérience ayant échoué, le gouvernement soviétique a rendu aux coopératives une certaine autonomie. Tout de même il reste encore entre les pouvoirs publics et les coopératives, en Russie des rapports nombreux et étroits, Par exemple l'Etat, qui s'est réservé le monopole du commerce extérieur, l'a délégué pour une part à la Fédération Coopérative Centrale.

Il en a été de même en Italie, depuis l'avènement du gouvernement fasciste. J'ai dit dans une précédente leçon qu'un décret royal récent venait de faire de la Fédération Nationale des Coopératives italiennes une institution d'Etat.

Enfin, il y a un quatrième mode de relations entre l'Etat et les Coopératives : c'est l'Etat exerçant sur les Coopératives une tutelle bienveillante, mais non despotique, leur conférant des attributions officielles. C'est précisément la situation en Roumanie. En Roumanie, cette phrase que je citais tout à l'heure : la Coopération

___

(1) Voir notre Cours de 1925-1926 (sous presse), *La Coopération en France durant la guerre.*

est un Etat dans l'Etat, est tout à fait à sa place ; ou du moins la Coopération y est devenue une branche de l'administration publique.

§ 2. — Les Centrales coopératives

Ce caractère officiel de la Coopération en Roumanie se manifeste sous des formes très variées.

D'abord, dans l'organisation même de la Coopération. Dans les autres pays, les coopératives s'organisent comme il leur plaît. Elles forment ou non des Fédérations, elles se « débrouillent » à leur gré. En Roumanie, il en va tout autrement. Il y a des cadres officiels comportant trois grandes divisions, dans lesquelles elles doivent rentrer : on les appelle des Centrales.

La première Centrale est celle des coopératives de crédit, qu'on appelle banques populaires. J'expliquerai tout à l'heure ce titre.

La seconde est la « Centrale des coopératives de consommation et de production ». On pourrait s'étonner de voir réunis dans une même Centrale deux mouvements aussi distincts que la coopération de production et la coopération de consommation et qui, dans d'autres pays, non seulement ne se confondent pas mais même sont quelquefois un peu antagonistes. Mais ce n'est pas par erreur que le gouvernement roumain a réuni sous une même rubrique et dans la même Centrale les coopératives de production et les coopératives de consommation. C'est au contraire parce que, précisément, connaissant ces divergences de but, il veut marquer son intention, sur laquelle nous reviendrons plus loin, de les forcer à collaborer.

La troisième Centrale est celle des associations agricoles.

Mais il ne faut pas se tromper sur ce titre, car les deux précédentes Centrales sont formées aussi de Coopératives agricoles : elles le sont presque toutes en Roumanie. Il faut entendre, par cette troisième rubrique, ces associations agricoles spéciales que j'ai appelées dans une leçon précédente coopératives de culture, sous forme de coopératives entre fermiers ou entre propriétaires.

Enfin, depuis la guerre, on a créé une quatrième Centrale qui est uniquement destinée aux coopératives urbaines. Depuis la guerre, en effet, il s'est formé un certain nombre de coopératives dans les villes. Celles-ci ce sont des coopératives de toute nature, consommation, production, crédit, et qui n'ont pour caractère commun que d'être toutes urbaines et d'être solidarisées dans cette quatrième Centrale, également rattachée au ministère.

Voilà donc les cadres administratifs dans lesquels la coopération roumaine doit obligatoirement se classer.

Ce n'est pas tout. Les administrations de ces Centrales ont un caractère tout à fait officiel.

D'abord, le Directeur de chacune de ces Centrales est nommé par le gouvernement. C'est un fonctionnaire, un haut personnage, comme en France le gouverneur de la Banque de France ou le gouverneur du Crédit Foncier, parce qu'on ne veut pas abandonner à un simple particulier la direction de ces établissements si puissants dans la vie nationale. En Roumanie, de même, l'Etat considère ces Centrales coopératives comme des organes trop importants pour être laissés aux mains d'une direction privée. C'est un hommage qu'il leur rend et qui, comme nous allons le voir, est accompagné d'avantages pécuniaires.

A côté et au-dessus du directeur, il y a, comme dans toutes les organisations, un comité directeur. Ce comité directeur se compose généralement de sept membres, dont trois sont élus par les coopératives qui relèvent de cette Centrale, et trois sont nommés par le gouvernement : un par le ministre du Travail, un par le ministre de l'Hygiène, un par le ministre de l'Instruction publique. Le septième membre est le directeur qui, nous venons de le dire, est nommé par le gouvernement, en sorte que le gouvernement dispose de 4 votes sur 7 et, par conséquent dirige tout le mouvement coopératif.

C'est là un régime tout à fait spécial ; il n'y a aucun pays, que je sache, dans lequel la Fédération Nationale des Coopératives ait un directeur nommé par le gouvernement et un Conseil d'administration dont la majorité est nommée par l'Etat.

Ce n'est pas seulement au point de vue des cadres administratifs dans lesquels elle est placée, c'est aussi au point de vue financier que la Coopération roumaine est placée sous le contrôle de l'Etat, car c'est l'Etat qui fournit la plus grande partie du capital de ces Centrales.

Le chiffre a souvent varié. Il a été augmenté successivement, presque d'année en année, de sorte qu'aujourd'hui je ne sais pas bien quel est le dernier chiffre. Je crois que le capital de chaque Centrale est de 50 millions de lei, dont la moitié a été fournie par l'Etat.

Au budget de 1927, les Coopératives figurent pour 43 millions de lei d'avances.

En France, nous avons quelque chose de semblable pour les coopératives de crédit ; des avances sont faites à ces coopératives, non pas directement par l'Etat mais, ce qui revient au même, prises sur la part des bénéfices de la Banque de France que l'Etat s'est réservée. Mais en faisant ces avances, l'Etat agit comme un simple prêteur et cette situation ne lui donne pas voix au gouvernement de la société. En Roumanie, au contraire, où l'Etat fournit la moitié du capital, il devient par la même actionnaire et participe à la direction.

L'Etat roumain fait plus encore au point de vue financier. Quand une coopérative centrale emprunte à la Banque Nationale, l'Etat se porte caution.

C'est là encore quelque chose de tout à fait nouveau. En France, en Suisse, en Angleterre, si l'Etat se portait caution pour les coopératives qui empruntent, cette intervention provoquerait de véhémentes protestations.

§ 3. — L'organisation de l'Enseignement coopératif

Ce n'est pas tout encore. Le caractère étatiste de la coopération en Roumanie s'affirme tout particulièrement dans le domaine de l'instruction et de l'éducation.

L'instruction est un grand problème pour les coopérateurs de tous les pays : ils sentent bien que le mouvement coopératif ne peut durer et grandir qu'autant qu'il se renouvelle à chaque génération, qu'autant qu'on saura entretenir cet enthousiasme qui, dans tous les mouvements sociaux, menace sans cesse de s'éteindre si des mains pieuses, comme celles des Vestales à Rome, ne viennent raviver le feu sacré.

Ce n'est pas seulement l'idéal qu'il faut entretenir, il faut des praticiens, au fur et à mesure que les coopératives s'étendent, qui connaissent les affaires, la comptabilité, le maniement des marchandises. Et il est humiliant pour le mouvement coopératif d'être obligé d'emprunter ses gérants au commerce, comme il le fait actuellement, c'est-à-dire à ceux-là même qu'il veut supprimer. En allant chercher chez les bouchers et chez les épiciers ses vendeurs, le mouvement coopératif ne sera-t-il pas trahi par ses ennemis qu'il introduit dans la place ? Il faut que les coopératives forment elles-mêmes leurs propres administrateurs.

Les Anglais ont bien compris ce besoin : c'est pourquoi, dès les premiers jours, les Pionniers de Rochdale ont pris pour règle (quoiqu'ils ne l'aient pas inscrit dans leurs statuts, comme on le dit toujours) de prélever 2 ¼ % sur les bénéfices, pour l'éducation.

En fait, la part prélevée pour l'éducation est très inférieure aux 2 ¼ % des Pionniers de Rochdale, mais étant donnée l'immensité des ressources de la coopération anglaise, le budget pour l'éducation ne laisse pas que d'être assez important.

En France, une association s'est fondée pour ce but sous le nom « d'Association pour l'Enseignement de la Coopération ». Elle fait campagne pour faire pénétrer l'enseignement de la coopération dans l'Université, dans les collèges et même dans les écoles primaires, sous une forme accessible aux enfants, la forme pratique de petites coopératives scolaires.

Cette association a obtenu que dans cinq ou six Facultés de droit un professeur donne chaque année quelques leçons sur la coopération. Elle a obtenu aussi que dans les lycées quelques professeurs d'histoire ou de philosophie consacrent deux ou trois leçons dans l'année à parler du mouvement coopératif au point de vue historique et social.

Enfin, pour les écoles primaires, la Fédération Nationale vient de publier une petite brochure qui, par les soins du Directeur de l'Enseignement primaire, sera distribuée aux 120.000 instituteurs et institutrices de France pour qu'ils fassent connaître la coopération à leurs écoliers et même leur apprennent à la pratiquer dans de petites « coopératives scolaires » pour créer de petits musées, laboratoires, cinémas, etc. Il y en a déjà plus de 3.000 en France.

Mais dans tout ceci il s'agit plutôt d'une éducation générale tendant à maintenir, comme je le disais tout à l'heure, l'idéal coopératif, plutôt que d'un enseignement technique pour former des administrateurs et vendeurs. On avait créé à Paris une Ecole Professionnelle qui a fonctionné deux ou trois ans, mais elle a été fermée faute d'élèves.

En tous cas ces enseignements sont donnés en dehors de l'Etat, ce sont des initiatives absolument privées.

L'Etat ne donne rien pour cet enseignement de la coopération, pas même pour celui du Collège de France : ce sont les coopératives qui en font tous les frais.

Eh bien ! si nous passons en Roumanie il en est autrement. L'enseignement de la coopération y est une branche de l'enseignement public, comme en France les écoles techniques des Arts et Métiers, ou les écoles d'agriculture.

En Roumanie, il y a seize écoles d'enseignement coopératif réparties sur divers points du pays, avec 600 élèves. Les cours de ces écoles durent deux mois, puis les élèves qui les ont suivis vont faire un stage dans une société coopérative, comme gérants, comme comptables, ou comme administrateurs, pendant un an. Ils reviennent ensuite à l'école suivre de nouveaux cours pendant trois mois, après quoi on leur donne un certificat. C'est un titre qui n'existe pas chez nous. De 1917 à 1923, pendant ces sept années, il est sorti de ces écoles coopératives roumaines 3.307 étudiants diplômés « ès-sciences coopératives ». Et sur ces 3.307 étudiants diplômés, les trois quarts sont retournés dans leur village pour servir chacun sa coopérative ! Ils n'ont pas fait comme tant d'étudiants en France qui, sortis des grandes écoles de l'Etat, abandonnent le service de l'Etat pour devenir journalistes, députés, ou n'importe quoi. Ces diplômés coopérateurs roumains prennent au sérieux leur fonction et réveillent les coopératives endormies.

Or, tous les frais de ces écoles et de cet enseignement sont payés par l'Etat.

Le Ministère de l'instruction publique a soin de nommer dans ces écoles de très bons professeurs, choisis exprès parmi ceux qui connaissent bien la coopération.

Il est vrai que si ces écoles trouvent tant d'élèves, c'est peut-être aussi parce qu'on fait à ceux-ci une faveur qui n'est pas de peu d'importance aujourd'hui en Europe : on réduit leur temps de service militaire, comme autrefois en France pour les étudiants des grandes Ecoles qui ne faisaient qu'un an au lieu de trois.

Quoiqu'il en soit, grâce à cette vigoureuse poussée il est à croire que la coopération pourra prendre un grand développement en Roumanie.

§ 4. — **La mise en tutelle des Coopératives**

Maintenant, voici le revers de la médaille.

En retour de tous ces avantages, l'Etat exerce un contrôle rigoureux sur toutes les coopératives, même sur celles qui sont indépendantes. Car il y a, en Roumanie, à côté des coopératives pour ainsi dire officielles, d'autres coopératives dites « indépendantes »; mais ce mot « indépendance » signifie seulement qu'elles ne s'adressent pas à la Banque Centrale pour leurs emprunts : elles n'en sont pas moins soumises au contrôle de l'Etat. Et ce contrôle n'est pas léger !

Il n'y a pas moins de 112 inspecteurs ou contrôleurs de l'Etat en Roumanie, comme il y a en France des inspecteurs pour les écoles primaires ou les lycées. Ils vont surveiller les coopératives, vérifier leurs comptes et leur donner des conseils et des instructions.

Il faut noter aussi que les coopératives ne peuvent se fonder sans autorisation. Dans tous les pays les sociétés coopératives — comme toutes les sociétés d'ailleurs — sont soumises à certaines règles, plus ou moins strictes, prescrites par la loi, mais dans le cadre légal la rédaction des statuts reste libre. En Roumanie, ces règles sont très sévères ; elles le sont un peu moins pour les coopératives dites indépendantes que pour les coopératives officielles, mais cependant elles s'imposent à toutes.

Cette sollicitude de l'Etat pour la coopération se manifeste par une surabondance de lois. Pendant les treize dernières années il y a eu une dizaine de lois successives sur la coopération, pour modifier les lois antérieures. La machine législative a fonctionné sans trêve pour les coopératives.

Les économistes de l'école classique déclareraient ce système détestable. Ils le condamneraient de la façon la plus sévère, et pour deux motifs.

Le premier, parce que, diraient-ils, c'est fausser le mouvement coopératif que d'en faire une institution officielle; le mouvement coopératif doit sa noblesse et sa vitalité à sa spontanéité, à ce qu'il est sorti des libres initiatives du peuple, tisserands de Rochdale ou ouvriers français de 1848.

Le second, c'est que faire une législation spéciale pour une certaine catégorie d'individus, ou d'associations, ou d'entreprises, c'est créer une inégalité choquante; la loi doit être la même pour tous. Il est, dit-on, injuste de voir l'Etat employer des fonds qui viennent des impôts, c'est-à-dire pris à tous les contribuables, pour favoriser tel ou tel mode d'entreprise, quelle que puisse être l'utilité qu'on lui attribue. Il est injuste d'alléger le service militaire des étudiants parce qu'ils se vouent à la coopération, plutôt que de ceux qui sont destinés à labourer la terre; injuste de rendre l'Etat responsable des emprunts contractés par les coopératives, alors que si un commerçant fait faillite c'est tant pis pour lui.

Déjà en France, les très minces faveurs accordées par l'Etat à nos coopératives — un petit fonds de 2 millions pour des avances annuelles remboursables, quelques privilèges pour les adjudications de travaux accordés aux coopératives de production, et surtout d'assez grosses avances faites aux coopératives de crédit en France — ont soulevé de vives protestations. Dans les journaux qui représentent l'Economie politique libérale, le journal *Le Temps*, en particulier, il y a souvent des articles critiques contre ces prétendus privilèges. Que serait-ce si l'on voyait en France ce qu'on voit en Roumanie !

Cette situation se rapproche beaucoup de celle du mouvement coopératif en Russie. Et c'est d'autant plus curieux que le gouvernement Roumain vit dans la terreur de la Russie soviétique et de tout ce qui s'y fait.

Je ne serai pas aussi intransigeant que les économistes de l'école libérale. La règle de l'autorisation préalable nous paraît fâcheuse et nous n'aimons pas beaucoup, nous coopérateurs, l'Etatisme, surtout pas sous forme de contrôle et de contrainte ; nous sommes d'accord qu'un vrai mouvement coopératif doit marcher de lui-même et non pas avec des béquilles que lui fournit l'Etat. J'ai souvent employé cette formule : il ne faut pas étatiser la coopération, mais il faut coopératiser l'Etat. J'ai même eu la chance que, dans un auditoire exclusivement bolcheviste, à Moscou, cette formule ait été accueillie par des applaudissements. Ce que j'entends par là c'est qu'il ne faut pas soumettre les coopératives à la bureaucratie administrative, mais au contraire faire pénétrer dans les administrations publiques l'esprit coopératif, l'esprit de liberté.

Mais cette réserve faite sur les principes, il ne faudrait pas cependant écarter absolument l'idée de la protection-tutelle, comme on dit.

Elle se présente dans bien d'autres domaines que celui dont nous parlons ici et y a trouvé de chaleureux partisans, même chez ceux qui la condamnent lorsqu'il s'agit des coopératives. Par exemple, dans la grande querelle entre le libre-échange et le protectionnisme, on n'a cessé de dire : Si vous livrez nos industries nationales à la concurrence étrangère quand elles sont encore dans l'enfance, jamais elles ne pourront vivre ; elles seront étouffées, comme les petites pousses dans la forêt qui ne peuvent pas se développer à l'ombre des grands chênes.

Il n'est pas de budget de l'Etat ou des plus humbles municipalités qui ne regorge de subventions pour des associations sportives, musicales, pour des laboratoires, etc., etc. Eh bien, les coopératives sont aussi, comme le disait Jaurès, des laboratoires sociaux.

Nous en avons un exemple tout à fait remarquable en France dans la coopération de crédit. La coopération de crédit ne germait pas, en France ; il y avait bien quelques apôtres, dans le monde catholique notamment, qui prêchaient sur les vertus de la solidarité et préconi-

saient le type allemand Raiffeisen ; mais c'était comme
le bon grain de la parabole de l'Evangile qui tombait au
milieu des pierres et des ronces et qui ne germait pas.
Les paysans ne voulaient pas s'engager solidairement.

Et dès lors ils ne trouvaient pas d'argent. Car comment leur en aurait-on prêté ? ils n'offraient aucune
garantie : pas de responsabilité solidaire, pas d'hypothèque, pas d'avoir personnel, rien !

L'Etat alors est intervenu ; il a dit : C'est moi qui vous
prêterai de l'argent. Sans doute il vaudrait mieux que
vous trouviez cet argent par vos propres forces, mais
enfin puisque l'esprit solidariste n'est pas assez développé chez vous, et en attendant qu'il se développe, je
vais essayer de vous fournir moi-même des capitaux.

Et c'est ce qu'a fait l'Etat : il a fourni près de 600 millions de francs de capitaux aux coopératives de crédit
agricole en France. Et l'expérience a réussi. Ce n'est
point à dire que les paysans soient devenus plus solidaristes, mais ils ont appris le chemin de la société, et
peu à peu les membres de ces sociétés coopératives
apprennent à ne pas compter uniquement sur l'Etat et
à compter un peu plus sur eux-mêmes ; ils apportent
eux-mêmes des fonds, ils versent une partie du capital.

D'ailleurs, l'administration ne perd pas de vue son
rôle éducatif ; elle se montre aujourd'hui plus serrée,
elle ne fait pas les avances n'importe comment, elle dit
aux emprunteurs : Vous voulez des avances ? Eh bien
fournissez d'abord la moitié par vos propres contributions. Et peut-être un jour viendra où l'Etat ne fournira plus rien, parce que les coopératives seront suffisamment entraînées : on pourra les émanciper, la
tutelle sera finie.

Je ne reprocherai donc pas au gouvernement roumain
d'avoir fait ce qu'il a fait. Il a vu que la population
roumaine n'était pas mûre pour une organisation coopérative spontanée.

C'est une population qui était maintenue depuis des

siècles dans un état de servage et ne pouvait pas trouver en elle-même les énergies nécessaires pour pratiquer le solidarisme, qui est la vertu des forts et non des faibles. Le solidarisme exige des individualités bien trempées pour se constituer.

Le danger, non seulement dans ce domaine mais dans tous, c'est que la tutelle se prolonge de façon indéfinie. Dans le droit privé, la loi, heureusement, a fixé la date à laquelle finit la tutelle. Mais quand il s'agit de tutelle politique ou sociale, jamais l'heure n'arrive où le tuteur dise : maintenant je suis inutile, mon pupille est en état de marcher tout seul.

Voyez dans le régime douanier ! Voyez dans la politique coloniale ! Voyez le régime dit des mandats, notamment en Syrie, ou celui des Américains aux îles Philippines ! On ne cesse de dire que le jour où le peuple indigène sera mûr, l'occupation cessera ; nous verrons bien, mais jusqu'à présent l'histoire politique ne fournit guère de précédents.

Et quand il s'agit d'un mouvement social, il faut considérer que plus il grandit, plus il devient fort, et plus les pouvoirs publics sont désireux de maintenir la tutelle, non plus dans l'intérêt du pupille mais pour leur propre sureté.

Quant à l'argument qu'il y a injustice vis-à-vis des autres citoyens dans les faveurs accordées aux coopératives, il ne porte pas si l'on admet que la société coopérative est utile non seulement aux sociétaires mais à tous, à ceux aussi qui ne font pas partie de la coopérative. Si on admet que la coopération de consommation, par exemple, représente non seulement l'intérêt de quelques millions de sociétaires mais aussi l'intérêt des consommateurs, de cette « foule muette » dont parlait le président Wilson, dans ce cas, on ne trouvera pas étonnant qu'on lui accorde une subvention à titre d'institution d'utilité publique. L'État accorde bien des subventions à des théâtres : l'Opéra, la Comédie Française, l'Odéon. Les autres théâtres ne pourraient-ils se plaindre ? S'ils le font, on leur répond qu'il s'agit de l'intérêt de l'Art.

CHAPITRE II
LES BANQUES POPULAIRES.

Après ce tableau général de la situation de la coopération en Roumanie, passons en revue les formes les plus importantes de la coopération.

§ 1. — **Rôle des banques populaires**

Il y a dans chaque pays un nom particulièrement en faveur qui marque le caractère de la coopération. En Espagne, je vous ai parlé des *positos* ; en Italie ce sont les *braccianti* ; en Angleterre, ce sont les *stores* ; en Roumanie, ce sont les *banques populaires*.

Mais cette désignation n'a pas le sens que nous lui donnerions en France.

Chez nous les banques populaires ce sont des banques qui ont pour objet de fournir des fonds aux artisans, petits commerçants, débitants. Elles ne nous intéressent guère, d'autant moins que ces banques fournissent de l'argent à ceux que nous combattons, c'est-à-dire aux commerçants. Elles sont peu nombreuses, ne se trouvent que dans quelques villes et ne se distinguent guère, en somme, des banques quelconques.

Mais les banques populaires roumaines ne sont pas des banques urbaines : elles sont ce qu'on appelle ailleurs les caisses rurales, les banques de crédit agricole, celles qui ont pris une si grande place en Allemagne et dans toute l'Europe orientale et centrale.

La Centrale roumaine des banques populaires a été au début la Centrale de tout le mouvement coopératif. La coopération de crédit rural a été la pierre fondamentale et semble être encore aujourd'hui la clé de voûte de tout le mouvement coopératif en Roumanie.

Cela s'explique fort bien parce que, de tous les pays, la Roumanie est peut-être celui qui a été le plus dévoré par l'usure : le taux de 500 p. 100 était courant. L'anti-sémitisme, malheureusement si répandu en Roumanie et dont la persistance afflige tous les amis de ce pays, peut trouver une explication dans ce fait que les juifs ont eu une grande part à cette pratique de l'usure. La coopération rurale de crédit a été une réaction contre cette servitude des paysans roumains.

Elle n'a pas été seulement une libération contre les usuriers, prêteurs d'argent, mais aussi contre les boyards, ces grands propriétaires de latifundia, qui exploitaient aussi les paysans non seulement en leur faisant payer leurs fermages sous forme de travail en nature, par des corvées qui absorbaient tout leur temps disponible, mais encore sous la forme de prêts.

Les banques populaires ne sont pas seulement, en Roumanie, des coopératives de crédit pour prêter de l'argent à bon compte ; elles font à peu près tout ce que font en France les syndicats agricoles : elles fournissent aux paysans tout ce qui est nécessaire à leur exploitation agricole. Elles fonctionnent aussi comme coopératives de vente, par exemple en achetant le blé aux paysans à la récolte et le gardant dans des greniers (ou même le laissant en dépôt chez l'agriculteur) en attendant le moment favorable pour la vente. Il y en a même qui fonctionnent comme sociétés de consommation et ont ouvert des magasins où elles fournissent des articles manufacturés.

La banque populaire est donc le type de la coopérative rurale paysanne sous toutes ses formes.

Ces banques sont très nombreuses.

En 1924 — je n'ai pas de statistique plus récente — il y en avait 3.685, avec 846.000 sociétaires, et elles avaient fait pour plus d'un milliard de prêts (en lei, il est vrai, qui ne vaut guère que 1/6 du franc).

Néanmoins ce sont des chiffres énormes, pour un petit pays comme la Roumanie. Songez donc que

840.000 membres, c'est-à-dire 840.000 familles, cela représente près de 4 millions d'habitants.

La France, qui a une population cinq fois supérieure à celle de l'ancienne Roumanie, ne compte dans ses coopératives rurales de crédit que 300.000 membres à peu près, c'est-à-dire une proportion infime, relativement à celle de la Roumanie. Il est vrai que depuis la guerre le nouveau royaume compte 17 millions d'habitants ; mais encore faut-il considérer que les nouvelles provinces sont à peine entrées dans les cadres du mouvement coopératif de crédit.

§ 2. — **Leurs lacunes au point de vue coopératif**

Mais après avoir rendu hommage au mouvement de la coopération de crédit en Roumanie, je dois faire une réserve en ce qui concerne la constitution de ces sociétés : elles ne relèvent pas de ce qu'on appelle le type Raiffeisen.

On sait que le type Raiffeisen est caractérisé par certains traits remarquables et presques mystiques.

Le premier, c'est que ces associations s'interdisent tout bénéfice et même ne donnent pas d'intérêt au capital.

Le second, c'est que les membres s'engagent solidairement pour tous les emprunts.

Or ces traits-là ne se retrouvent pas dans les banques populaires de Roumanie.

Premièrement, elles ne s'interdisent nullement de faire des profits ; elles en font, tout comme les sociétés capitalistes.

Si elles veulent faire des bénéfices, du moins devraient-elles, comme les coopératives de consommation, les répartir entre leurs membres, au prorata des affaires qu'ils traitent avec la société, c'est-à-dire au prorata des emprunts ; alors ce serait une restitution des intérêts payés en trop. Mais non ! Dans ces banques populaires, les actionnaires touchent un intérêt fixe de

8 %, ce qui n'est pas peu de chose, et en plus se partagent les bénéfices, au prorata de leurs actions. C'est donc, à ce point de vue, une répartition toute capitaliste.

En second lieu, les membres ne sont pas liés par ce beau principe de la solidarité illimitée entre tous les membres. Chacun ne répond que pour soi, comme dans toute organisation capitaliste.

Mais le crédit personnel, sans l'appui de la solidarité, n'offre aucune garantie aux créanciers. Quel peut être le crédit personnel d'un paysan ? Il faut donc remplacer ce crédit personnel inexistant par un crédit réel, sinon sous forme d'hypothèque, du moins sous forme de gage. Le paysan donne en gage son bétail, son chariot, ou ses instruments de labour. Il est vrai qu'ils sont autorisés à les garder chez eux, en dépôt. C'est ce qu'on appelle le warrant, d'un mot anglais bien connu. Le gage consiste donc simplement dans la promesse faite par le débiteur de ne pas disposer du gage qui est laissé chez lui en dépôt, et s'il en dispose il encourt des peines correctionnelles.

Mais là aussi nous revenons au système capitaliste ; ce n'est pas là un système coopératif. L'individualisme du paysan roumain n'est pas moindre que celui du paysan français.

Il est à remarquer que c'est généralement sous l'influence religieuse que l'on a pu obtenir des paysans individualistes le consentement à la solidarité, l'acceptation du principe « chacun pour tous, tous pour chacun », qui est le vrai principe coopératif. C'est ce que nous avons déjà remarqué en Espagne, en Italie, en France même, où les sociétés de crédit qui pratiquent cette solidarité ne se trouvent que dans l'organisation catholique, placée sous l'influence du clergé.

Pourquoi n'en est-il pas de même en Roumanie ? Il y a bien une Eglise et un clergé très nombreux en Roumanie et même les banques populaires présentent

cette particularité qu'il y a, parmi leurs membres
11.000 prêtres ! Pourquoi ces prêtres n'exercent-ils pas
la même influence que dans les autres pays ? Serait-ce
parce qu'ils ne sont pas catholiques romains ? On sait
que la majorité de la population roumaine appartient
à l'Eglise dite orthodoxe, c'est-à-dire grecque mais
autocéphale, se gouvernant elle-même. Or, c'est une
remarque intéressante à faire que des trois grandes
religions qui se partagent l'Europe, le catholicisme, le
protestantisme, l'Eglise grecque orthodoxe, c'est l'Eglise
catholique presque seule qui a pu obtenir des paysans
l'adhésion aux principes Raiffeisen. Ni les protes-
tants — sauf exception, bien entendu — ni les Grecs
orthodoxes n'ont su faire prévaloir l'obligation de la
solidarité. On peut l'expliquer peut-être parce que dans
l'Eglise catholique, il y a toujours eu, depuis les origines du christianisme, la haine de l'usure, cette usure
que le grand pape Léon XIII, dans une encyclique
célèbre, flétrissait de cette épithète *usura vorax*, l'usure
dévoratrice. L'Eglise catholique a fait sienne la parole
de Jésus : Prêtez sans rien attendre en retour.

A vrai dire, si on prenait cette parole au pied de la
lettre, non seulement le prêteur ne devrait pas réclamer d'intérêt mais il ne devrait même pas demander
le remboursement du capital. Nous croyons que le Christ
a voulu simplement dire : Prêtez sans attendre en retour
aucun sentiment de gratitude de l'emprunteur et c'est
une profonde vérité !

Mais, pour en revenir aux banques populaires de Roumanie, en quoi donc peuvent-elles alors justifier leur
titre de coopératives ? En ceci seulement qu'elles font
fructifier l'épargne populaire, en ceci que l'argent venu
du peuple retourne au peuple pour ses besoins. Elles
peuvent justifier aussi ce titre de coopératives en ce
qu'elles aident les autres formes de la coopération, en
leur faisant des avances.

CHAPITRE III
LES COOPÉRATIVES DE CONSOMMATION
ET DE PRODUCTION.

§ 1. — Les Coopératives de consommation

Les coopératives de consommation ont été très long-temps à apparaître en Roumanie. On peut dire même qu'avant la guerre il n'y en avait presque pas dans les villes ; les quelques-unes qui existaient, étaient des coopératives rurales.

La guerre a produit son effet ordinaire comme dans tous les pays. Elle a donné une puissante impulsion à la coopération de consommation, par suite de la dépréciation de la monnaie et de la hausse des prix, qui ont sévi en Roumanie plus encore qu'en France.

C'est ainsi qu'en 1926 — c'est la dernière statistique publiée à ce jour — il y avait 2.600 coopératives de consommation en Roumanie, avec 250.000 membres et une vente totale d'un peu plus de 1 milliard de lei.

Ce serait là un chiffre de vente élevé, puisque cela ferait 4.000 lei par membre si on remarquait que le lei qui était, avant la guerre, l'équivalent du franc, ne vaut plus aujourd'hui que $1/6^e$ de notre franc actuel, lequel ne vaut plus lui-même que $1/5^e$ de notre franc ancien, de sorte que 4.000 lei ne représentent guère plus de 130 francs d'avant la guerre.

Un des caractères défavorables de la coopération de consommation en Roumanie, comme au reste dans bien d'autres pays, c'est sa dispersion. Les coopératives de consommation n'ont pas encore réussi à s'unir par la création d'un Magasin de gros. Il y a, en Roumanie, huit fédérations d'achats, alors qu'il n'en faudrait qu'une seule !

J'aurais incliné à penser, quoique cette idée puisse paraître bizarre, que la Roumanie trouverait un stimu tant favorable à la coopération dans sa passion antisémite.

Quel rapport, direz-vous, l'antisémitisme peut-il avoir avec le développement de la coopération ? C'est que les juifs sont partout des marchands, des trafiquants, et par conséquent ce sont eux, les premiers, que la coopération heurte sur son chemin. Entre les commerçants et la coopération il y a un état de lutte, très marquée, par exemple, en Pologne. Il y a eu un précédent en ce sens à Constantinople, où les marchands qui ne sont pas Juifs mais Grecs surtout, sont détestés par les Musulmans au moins autant que les Juifs par les Roumains. Or, les Musulmans avaient créé des coopératives à Constantinople précisément pour se libérer des marchands grecs, les « bakkales ». Il est vrai que les coopératives musulmanes ont échoué, parce que les marchands grecs ont été les plus forts et aussi parce qu'ils tenaient leurs clients par la vente à crédit.

Mais il ne semble pas qu'en Roumanie on ait eu conscience que la Coopération pouvait servir à une campagne antisémitique. Tant mieux, du reste !

Dans la coopération de consommation en Roumanie, on peut signaler deux caractères particuliers.

En Roumanie les coopératives mettent franchement en pratique la vente à crédit, tandis que dans les autres pays elle est condamnée, tout au moins en principe, quoique assez souvent pratiquée en fait. Les coopératives roumaines admettent que tout sociétaire puisse acheter à crédit jusqu'à concurrence de la moitié du versement qu'il a fait dans la société sous forme d'actions. Celui qui a souscrit pour 200 francs peut donc acheter à crédit dans la limite de 100 francs. La société est couverte, puisqu'elle a pour gage l'action du sociétaire.

Toutefois, il faut signaler cette exception honorable que jamais la vente à crédit n'est consentie pour l'achat de boissons alcooliques. Les coopératives roumaines ne poussent pas l'héroïsme, comme les sociétés belges, jusqu'à se refuser à en vendre, mais du moins elles n'en vendent pas à crédit.

Signalons encore un trait qui n'intéresse que les militants professionnels : c'est que les décisions des Congrès sont généralement obligatoires pour les sociétés. La loi ne le dit pas mais le modèle officiel des statuts, dans un article 69, indique qu'un groupement coopératif bien organisé doit prévoir et accepter comme obligatoires pour la société les décisions des Congrès.

Dans les autres pays, en Angleterre, en France, en Allemagne, nous avons bien un semblant de gouvernement parlementaire pour les coopératives ; nous avons une assemblée annuelle, de quelques jours, composée de délégués élus des coopératives, et un pouvoir exécutif représenté par une Commission permanente ; mais leurs décisions ne lient pas les sociétés et celles-ci sont libres de n'en pas tenir compte.

§ 2. — Les coopératives de production

Les coopératives ouvrières de production sont rares dans tous les pays : en Roumanie on en compte une centaine, de métiers très divers, et encore 50 en plus si on classe parmi les coopératives ouvrières celles de mineurs et de pêcheurs, deux catégories presque inexistantes en France. Il faut remarquer que les coopératives de production ne peuvent guère se constituer que dans les villes : or j'ai déjà dit que la coopération urbaine était peu développée en Roumanie. On peut trouver à Bucarest une grande coopérative de meubles, mais qui ne vend pas au public ; elle ne travaille que pour l'Etat. C'est un caractère que vous retrouvez dans d'autres pays. Nos coopératives de production ouvrière françaises travaillent aussi en grande partie pour les pouvoirs publics, Etat, départements ou villes, et si cette clientèle disparaissait pour elles, un grand nombre devraient liquider.

Mais ce qu'il y a de spécial pour les coopératives de production de Roumanie c'est qu'elles sont obligées de vendre les produits de leur industrie aux sociétés coopératives de consommation, et de les leur vendre à un prix fixé par accord entre la Centrale et la coopérative de production.

Ainsi, la loi a établi le mariage forcé entre les coopératives de production et les coopératives de consommation. Généralement un mariage forcé ne donne pas de chances d'être heureux en ménage, mais il y a des exceptions.

Toutefois, quand une coopérative de production a trop produit, pour éviter qu'elle ne soit en perte on lui permet de vendre au public, avec autorisation de sa Centrale ; mais, dans ce cas, les bénéfices réalisés sur cette vente au public ne doivent pas être répartis entre les membres, ils doivent être affectés à un emploi d'intérêt général.

C'est là un régime qui ne se retrouve, à ma connaissance, dans aucun pays et qui touche à un problème de la plus haute importance. Je l'ai déjà signalé maintes fois. Il consiste en ceci : c'est que toutes les coopératives de production, ouvrières ou rurales, coopératives d'ouvriers peintres, menuisiers, etc., ou coopératives agricoles de viticulteurs, de fabricants de beurre, etc., toutes cherchent naturellement à vendre le plus cher possible et préfèrent vendre au public plutôt qu'aux coopératives de consommation, parce qu'elles espèrent obtenir un meilleur prix de leurs produits.

Il y a bien çà et là quelques conciliations. C'est ainsi que la Coopérative de consommation de Lorraine, la société de France la plus puissante, a pu traiter avec les coopératives de laiterie lorraines et nouer ainsi un commerce entre les deux formes de coopération.

Malheureusement, on n'arrive que rarement à cette entente qui semblerait pourtant bien naturelle.

Il semble qu'entre l'ouvrier producteur et l'ouvrier

consommateur le lien devrait se former spontanément. Mais il n'en est rien, car l'association ne tempère nullement l'âpreté des intérêts individuels vis à vis d'autrui, elle en fait au contraire un faisceau inflexible.

L'expérimentation roumaine du mariage forcé entre les deux formes coopératives est donc d'une grande portée et il sera très intéressant d'en suivre le développement.

Les coopératives de production rurales sont assez nombreuses. Mais avant d'en parler il faut exposer sommairement quel est le régime agraire en Roumanie.

CHAPITRE IV

LA RÉVOLUTION AGRAIRE

ET SES CONSÉQUENCES

Le mouvement coopératif roumain a reçu une forte impulsion du fait de la guerre et de la grande révolution agraire qui en a été la conséquence et a transformé toute l'Europe orientale.

J'ai déjà, à propos de l'Italie, fait remarquer combien était singulière l'indifférence de la presse et de l'opinion publique en France vis-à-vis de cette colossale Révolution à laquelle nous avons assisté dans ces dernières années — une révolution qui a ce double caractère d'être à la fois violemment socialiste, puisqu'elle procède par l'expropriation la plus brutale des grands propriétaires, des nobles, et antisocialiste, puisqu'elle a été faite surtout par peur du communisme et pour servir de bouclier contre lui.

Dans dix États de l'Europe orientale, tous ceux qui vont de la Finlande à la Mer Noire, et au centre de l'Europe jusqu'à la Bohême, on a voté des lois, plus ou moins dures, mais qui toutes exproprient les grands domaines pour installer à leur place une classe de paysans propriétaires.

§ 1. — **Les causes de la révolution agraire**

Pourquoi est-ce la guerre qui a donné l'impulsion a cette transformation ? Bien des raisons expliquent la liaison entre ces deux faits.

La première raison c'est le sentiment qu'il fallait donner à ces paysans qui avaient défendu la terre natale, quoique pourtant la plupart d'entre eux fûssent des prolétaires, c'est-à-dire ne possédâssent rien de cette terre de la patrie — qu'il fallait leur donner, dis-je, une part de cette terre pour laquelle ils s'étaient courageusement battus.

Dans tous ces pays, les hommes d'Etat, la presse, leur avaient dit : nous sommes et serons éternellement vos débiteurs. La guerre finie, il a donc fallu s'exécuter.

C'était d'ailleurs une tradition toute romaine : les généraux de Reme, quand ils ramenaient leurs armées victorieuses, s'empressaient de dépouiller les noble> pour partager leurs terres entre les vétérans.

La Roumänie elle-même doit probablement son origine aux distributions de terres faites par Trajan à ses vétérans.

Il y a eu un autre motif déjà indiqué : la peur de la révolution russe. Remarquez que tous ces Etats sont plus ou moins limitrophes de la Russie, sauf la Tchécoslovaquie, et tous avaient une peur terrible d'être bolchevisés : ils ont d'ailleurs failli l'être. Ils se sont dit : que pourrions-nous faire pour protéger notre pays ? Et ils ont pensé que le plus sûr moyen de se défendre contre le bolchevisme c'était de faire comme lui — comme dans ces prairies d'Amérique où, pour combattre l'incendie, les Indiens opposent le feu au feu, en allumant un petit incendie qui s'étend en cercle autour d'eux, mais qui, marchant à la rencontre du grand feu, l'arrête.

Toutefois on a procédé de façon moins brutale en décrétant, au lieu de la confiscation pure et simple, l'expropriation avec indemnité, ou même simplement la limitation en superficie, et aussi en changeant le mot d'ordre. A la formule communiste : la terre à tous, on a opposé la formule individualiste : la terre au paysan.

Seulement, pour faire à chacun son lot, il fallait bien exproprier une partie des grands domaines. Et c'était donc bien la révolution agraire, celle rêvée durant toute l'antiquité et réalisée par les deux Gracchus. Oui, ce que ceux-ci demandaient et ce qu'ils payèrent de leur vie ce n'était rien de plus : c'était l'expropriation des patriciens et le partage de leurs terres entre les plébéiens.

Il est à remarquer que le gouvernement soviétique lui-même avait hésité sur le parti à prendre. Dès la première nuit de son existence, la nuit du 8 novembre 1017, heure à laquelle la Révolution russe a triomphé et où les dernières résistances du gouvernement tzariste ont été écrasées par le bombardement du Palais impérial, le gouvernement soviétique a lancé le décret que voici : « Les droits sur la grande propriété foncière sont annulés». Remarquez qu'il ne dit pas «la propriété foncière », il dit « la *grande* propriété ». Cela signifiait : nous vous livrons, à vous, paysans, la propriété des seigneurs, mais à la vôtre il ne sera pas touché.

C'était là, en effet, tout ce que voulaient les paysans russes, rien de plus.

Mais comme les leaders de la révolution russe disaient être, des marxistes purs et qu'ils étaient obligés de mettre une certaine logique dans leur législation, ils se ravisèrent. Ils se dirent : tout de même, il n'est pas possible, au point de vue vraiment communiste et marxiste, de dire que nous exproprions seulement la grande propriété, ce serait un misérable opportunisme ! Aussi, trois mois après, quand fut promulguée la vraie législation communiste, les soviets disaient, cette fois :

« Article premier. — Toute propriété sur la terre, le sous-sol, les eaux, les forêts, est abolie pour toujours. »

Voilà ! cette fois c'est toute la propriété qui est visée. Mais ce nouveau texte n'aurait pas du tout fait plaisir aux moujiks russes s'ils l'avaient compris! seulement ils s'en sont tenus au premier décret et ne se sont pas préoccupés de celui-ci. Ils se sont dit : nous tenons les terres des barines, le tout est de les garder. Et si parmi eux il se trouvait quelques fortes têtes, de ceux qui lisent les journaux, et qui leur disaient : prenez garde ! ces terres, pas plus celles que vous possédiez auparavant que celles enlevées aux seigneurs, ne vous appartiennent en pleine propriété, elles appartiennent à la nation, vous n'en avez que la jouissance — les paysans s'en moquaient.

Je viens d'indiquer deux motifs de cette révolution agraire. En voici une troisième, c'est le sentiment nationaliste surexcité par la guerre.

En effet, dans presque tous ces pays qui ont voté ces lois agraires, les grandes propriétés n'appartenaient pas seulement à des nobles ; elles appartenaiort le plus souvent à des étrangers. Dans la Lettonie, la Lithuanie, la Tchécoslovaquie, les grands propriétaires étaient des Allemands ; et dans la Transylvanie annexée par la Roumanie, ils étaient Hongrois.

L'expropriation apparaissait donc comme complément nécessaire de la libération de la nationalité. C'étaient de jeunes Etats impatients d'être débarrassés de l'étranger, non seulement au point de vue politique, mais au point de vue de la propriété.

Peut-être vous étonnerez-vous que parmi les causes de cette révolution agraire, je n'aie pas indiqué en première ligne les abus de la grande propriété qui étaient dans ces pays-là, devenus intolérables ? En effet.

Cependant s'il n'y avait eu que ce motif, il n'aurait pas suffi à déclancher la réforme agraire : il est triste d'avoir à avouer qu'à elle seule l'oppression de la population rurale eut été tout à fait insuffisante sans l'action des autres causes que je viens d'indiquer.

Et pourtant il est bien vrai qu'en Roumanie surtout le régime de la propriété était intolérable.

Il y a bien des degrés dans la propriété foncière, depuis les formes les plus humaines et les plus faciles à légitimer, jusqu'à celles auxquelles il est impossible de trouver une justification.

La propriété la plus respectable c'est celle de l'homme qui cultive lui-même sa terre avec ses bras et ceux des membres de sa famille, la propriété liée au travail, ce que nous appelons la propriété paysanne ; celle-ci apparaît comme presque à l'abri de toute critique, au point de vue de la justice, sinon au point de vue économique.

Il y a, au-dessous, si nous supposons une échelle descendante dans l'ordre de la légitimité, la grande propriété ; mais pourtant le propriétaire qui fait valoir lui-même sa terre, qui y investit ses capitaux, qui fait fonction d'un grand chef de culture, celui-là rend incontestablement des services à la production, plus grands même que ceux du petit paysan, parce qu'il a plus d'instruction et plus de moyens. Malheureusement cette grande propriété ne peut fonctionner sans l'emploi d'une main-d'œuvre salariée et ce salariat est une plaie qui la ronge.

Descendant d'un degré encore, nous trouvons la propriété affermée : le propriétaire qui ne fait pas valoir lui-même, qui se décharge de ce soin sur des fermiers, et dont le rôle se borne à toucher la rente et à vivre en oisif. Ici, la propriété n'est plus du tout liée au travail, ni au travail manuel, ni même au travail de direction : elle n'est plus qu'un titre juridique.

La situation devient pire encore quand le grand propriétaire, au lieu de louer sa terre à des fermiers ou métayers, s'adresse à des intermédiaires, à des sous-entrepreneurs, des fermiers généraux, comme nous les appelons en France. Alors l'exploitation du travailleur s'aggrave des profits prélevés par les intermédiaires, profits qui se réitèrent à chaque intervalle qui sépare le propriétaire des travailleurs.

Enfin, le dernier degré c'est quand le propriétaire n'habite même pas le pays, ne prend même pas la peine de visiter ses terres, et va manger ses rentes à l'étranger! ou s'il a assez de revenus mobiliers, laisse ses terres incultes.

Or tel était le cas en Roumanie. Un très grand nombre de domaines appartenaient à des propriétaires « absentéistes », qui passaient leur vie à Vienne, à Paris ou à Londres, ne connaissant de leurs domaines que les rentes qu'ils recevaient à l'échéance.

En Roumanie, 3.000 propriétaires possédaient la moitié presque du pays, tout au moins la moitié des territoires cultivables ; bon nombre de ces propriétés comprenaient des milliers d'hectares. Le prince Cantacuzène avait, dit-on, un domaine de 100.000 hectares.

Le reste du territoire était morcelé entre plus d'un million de petits paysans qui n'avaient chacun qu'un lopin de terre, si petit qu'ils ne pouvaient en tirer parti pour vivre, de sorte qu'ils étaient obligés de louer leurs bras aux grands propriétaires.

Le régime agraire en Roumanie présente un caractère spécial: c'est que tout le capital agricole, c'est-à-dire l'outillage et le cheptel, appartient au paysan et non au grand propriétaire. En apparence cela semble une supériorité sociale, puisque tout travailleur agricole possédant une maison, un cheval ou un bœuf, une charrue et des instruments, il n'y a point de prolétaires proprement dits. Mais que peut-il faire de son cheval et de sa charrue s'il n'a point de terre ? Il fallait qu'il trouvât une terre à tout prix pour utiliser son capital et ne pas laisser son cheval mourir de faim, tandis que le seigneur, au contraire, n'en ayant point, n'avait pas à se préoccuper de les faire valoir.

Or à quelles conditions le grand propriétaire leur faisait-il cette grâce de leur louer ses terres ? Ou bien

à la condition que le fermier donnât les deux tiers
de la récolte ; ou bien encore, ce qui était plus fréquent,
que le travailleur agricole fournît un certain nombre
de journées de travail par an, pour cultiver le domaine
du maître. C'était la corvée du moyen-âge, la corvée
seigneuriale. On a fait le compte que dans beaucoup de
régions la plus grande part de son travail était ainsi
dérobée au malheureux travailleur agricole : parfois il
ne pouvait plus consacrer à la terre qu'il cultivait pour
lui-même que 50 journées par an, une par semaine !
Il y a même une région où seulement 27 journées dans
l'année restaient au paysan pour cultiver sa terre ;
tout le reste de son temps était dû au seigneur.

Et il ne pouvait pas s'échapper ; s'il s'en allait, même
en abandonnant son bétail, même en abandonnant sa
famille, il pouvait être poursuivi, saisi, réintégré de
force. C'était donc le servage antique sous la forme la
plus dure, et pourtant telle était encore la situation à
la veille de la guerre.

§ 2. La loi agraire de 1917

On avait bien conscience que c'était là un régime
qui ne pouvait plus durer ; il y avait eu plusieurs lois
agraires avant la guerre, mais ces lois-là n'avaient
porté aucun remède à la situation et n'avaient fait que
fortifier la grande propriété. Il est donc à croire que
les choses auraient continué encore si la guerre n'avait
provoqué une secousse salutaire. La preuve que sans
la guerre on n'aurait rien fait c'est que la loi agraire
roumaine d'expropriation n'a été votée qu'en 1917, au
moment où les armées allemandes occupaient la Roumanie et étaient à Bucarest ! C'est alors seulement que
l'Assemblée Constituante, réfugiée à Jassy, se décida
à voter la loi agraire de 1917. On l'a qualifiée de loi
« de panique ».

Il a fallu non seulement une nouvelle loi, mais un

changement de la Constitution même de la Roumanie. En effet, celle-ci disait :

« Art. 10. — La propriété de toute nature est sacrée et inviolable, et ne peut être expropriée que pour cause d'utilité publique légalement constatée et après juste et préalable indemnité. »

Il fallait donc changer cet article de la Constitution, et c'est pourquoi l'Assemblée Constituante fut convoquée à Jassy et appelée à voter *in extremis*.

Il semble cependant que le texte ancien aurait pu suffire, car n'était-ce pas l'utilité publique, ou si l'on veut l'utilité nationale, qui imposait la transformation du régime agraire ? Utilité nationale ! jamais cet adjectif a-t-il été mieux justifié que dans la situation que je viens de définir ?

Ainsi fut votée la loi. Dans la circulaire qui accompagne cette loi, il est dit :

« Les paysans, dès ce printemps, jouiront de la terre qu'ils attendent et béniront le roi de tous les Roumains. »

Voici maintenant comment elle a été appliquée.

Pour prendre la terre et créer la petite propriété paysanne en Roumanie, on commença par prendre les terres appartenant à l'État, aux églises, aux corporations, aux personnes morales, comme on les appelle. Puis on prit les terres des étrangers, donnant satisfaction ainsi au sentiment nationaliste ; des milliers d'hectares appartenaient, en Roumanie, à des étrangers. On prit ensuite les terres des propriétaires roumains, mais absentéistes que j'ai dénoncés tout à l'heure.

Mais c'était loin de suffire, car le tout ne donnait que 700.000 hectares et on évaluait à 5 ou 6 millions d'hectares le chiffre nécessaire pour donner satisfaction aux paysans. C'est pourquoi on dit : nous allons prélever ce qui sera nécessaire sur toute propriété dépassant 100 hectares.

Mais de quelle façon allait-on procéder ? Allait-on

procéder par amputation brutale en disant : personne
ne pourra posséder plus de 100 hectares et tout le sur-
plus sera pris pour le partager ?

Non, on n'a pas voulu de ce procédé parce que
c'eût été supprimer complètement la grande propriété,
et même, peut-on dire, la propriété moyenne, car si en
France un domaine de 100 hectares est déjà considérable, en Roumanie c'était un domaine assez normal
et il y en avait un grand nombre.

Cette solution eut donc aboutit à une décapitation
dangereuse au point de vue de la culture, analogue à
celle de la Russie, où la production agricole avait
baissé de moitié : cet exemple incitait à la prudence.
Pouvait-on procéder autrement et dire : le prélèvement sera proportionnel ; on prendra, par exemple,
sur chacun des grands domaines dépassant 100 hectares,
50 % de l'excédent ? Cela aurait laissé subsister, à
l'inverse, de très grands domaines et une inégalité trop
grande entre les propriétaires.

On s'est arrêté finalement, après quelques tâtonne-
ments et une première loi abandonnée, à un système
très compliqué que je ne puis expliquer en détail, mais
qui consiste, très sommairement, en ceci :

1° aucune expropriation sur les domaines de moins
de 100 hectares ;

2° pour les domaines de plus de 500 hectares, l'expropriation totale pour tout ce qui dépassait 500 hectares.

3° entre 100 t 500 hectares, la superficie à exproprier était calc ee suivant un coefficient variable : ainsi
jusqu'à 100 hectares le prélèvement est zéro ; de 100 à
200 hectares on prend 1/6, etc.

Mais on n'a pas fait les expropriations sans indemnité, comme le gouvernement soviétique : chaque propriétaire a reçu, pour la quantité de terre qui lui était
enlevée, sa valeur calculée avant la guerre.

Néanmoins si le principe a été respecté en droit, en
fait il ne l'a guère été.

D'abord les indemnités n'ont pu être payées en monnaie, en billets de Banque, car il aurait fallu recourir à une énorme inflation. Le gouvernement a payé en rentes sur l'Etat, avec amortissement en cinquante ans pour les propriétés privées, et en rentes perpétuelles pour les personnes morales.

En outre, on ne payait comptant que 80 % de la valeur; le reste devant être payé à la liquidation générale.

Au total, l'Etat a payé ou paiera, 4.857 millions de lei pour un peu plus de 2 millions d'hectares.

Les grands propriétaires se sont donc trouvés transformés en rentiers sur l'Etat. C'était loin d'être aussi avantageux pour eux que la possession de la terre ! Il suffit, pour s'en rendre compte, de voir ce qu'est devenue la rente française, et ce qu'est devenue la rente roumaine, et le cours des lei roumain. L'indemnité s'est quasi volatilisée.

Tournons maintenant du côté des « impropriés », comme disent les Roumains par un néologisme qui est assez bien trouvé, car il exprime bien la situation de celui qui est mis en possession de la propriété après expropriation du possesseur précédent ; en français, le mot « approprié » n'a pas du tout le même sens, — du côté des impropriés, qui allait-on prendre ? Par qui allait-on remplacer les grands propriétaires ?

On ne pouvait prendre toute la population agricole de Roumanie. Il y aurait un trop grand nombre de nouveaux propriétaires et ils n'auraient eu chacun qu'une parcelle insuffisante. Or, le gouvernement roumain, avec raison, ne voulait pas que cette révolution agraire aboutît à une pulvérisation de la propriété; il voulait qu'elle aboutît à la constitution d'une propriété saine, d'une propriété viable et productive économiquement, et non d'une propriété misérable qui eût été aussi stérile que les latifundia.

Il fallait donc que chaque alloti fût mis en possession d'un lot d'au moins cinq ou six hectares, selon que la région est plus ou moins fertile, et même dans certaines régions, comme en Bessarabie, de 8 à 10 hectares.

On se résolut donc à ne lotir qu'un million de paysans; 1.200.000, disent les documents officiels. Mais, en fait, on n'en a pas encore installé plus de 4 à 500.000. Et la moyenne étendue des lots attribués paraît très inférieure à celle qui avait été prévue. De 3 ½ hectares dans l'ancien royaume, et en Bessarabie, elle est descendue à 2/3 d'hectare en Bukovine.

Mais comment faire un choix entre les candidats à la propriété ?

On a procédé comme nous l'avons vu en Italie et en Espagne : la méthode est partout la même.

On a pris d'abord les vétérans, ceux qui avaient donné leur sang à la patrie ; ceux qui étaient réformés, à la condition qu'ils fussent valides ; ou bien leurs veuves et à leurs enfants, si ceux-ci étaient en âge de travailler. A défaut de cette première catégorie, on a donné la terre à ceux qui avaient une nombreuse famille, en donnant la préférence, cela va sans dire, à ceux qui avaient l'expérience de la vie rurale et qui n'apportaient pas des bras novices.

On a donné la préférence aux prolétaires, à ceux qui n'avaient pas du tout de terre, puisque c'est pour ceux-là principalement que la loi était faite. Toutefois, on n'a pas exclu de façon systématique les petits propriétaires, parce que beaucoup d'entre eux n'avaient que des parcelles insuffisantes qu'il convenait d'arrondir ; ceux qui avaient moins de 5 hectares ont été admis à participer au lotissement.

Enfin, il semble bien que, dans les nouveaux territoires annexés, les préférences aient été données systématiquement aux Roumains d'origine, au détriment des autres nationalités. Il est à remarquer qu'en Bessarabie, qui appartenait encore à la Russie à la date de la Révolution bolcheviste, en 1917, l'expropriation avait déjà été faite et sous forme de confiscation. Là, il n'y avait plus à prendre les terres des seigneurs, c'était chose juste ! mais on dit qu'on a pris celles de bon nombre de paysans ukrainiens.

Ces terres ont-elles été transférées gratis? Non : on a voulu que les paysans qui les recevaient, les payent.

On l'a voulu non seulement pour réduire les charges de l'Etat qui, sinon, aurait eu à supporter tous les frais de l'expropriation, mais aussi parce que le paysan apprécie mieux et utilise mieux ce qu'il a payé.

Seulement, on leur a fait des conditions très favorables. Tandis que pour les propriétaires, l'indemnité d'expropriation était évaluée à 40 fois la valeur du fermage, ce qui représente une capitalisation au taux de 2 1/2 %, pour les paysans, au contraire, elle n'était comptée que 20 fois la valeur du fermage, ce qui représentait une capitalisation à 5 %. On ne faisait donc payer au paysan loti que la moitié de ce que l'Etat s'était engagé à payer lui-même aux propriétaires expropriés. C'était l'Etat qui devait supporter la différence : c'était un sacrifice consenti en vue de créer la petite propriété.

Les paysans avaient même la faculté de ne payer qu'en vingt annuités. Mais la plupart des paysans ont préféré payer comptant ; le prix étant en effet très modique, surtout à raison de la dépréciation de la monnaie roumaine, presque tous les paysans se sont libérés tout de suite. La dépréciation de la monnaie a eu le même effet favorable que celle des assignats durant la Révolution française.

Mais même lorsqu'ils avaient payé, cette propriété était-elle donnée sans condition aux nouveaux détenteurs ? Etait-ce la propriété absolue et perpétuelle ?

Nous avons dit que le gouvernement soviétique n'avait pas donné aux moujiks la propriété absolue, la propriété de paysans français, mais seulement une concession perpétuelle, sous certaines conditions, notamment celle du travail personnel.

Le paysan roumain, au contraire, est plein propriétaire, ou le sera quand la liquidation sera achevée. Mais il ne le sera qu'à certaines conditions :

1° sa parcelle sera inaliénable pendant cinq ans ; on veut s'assurer par une espèce de stage que sa vocation de propriétaire est réelle ;

2° sa terre ne pourra jamais être hypothéquée ; c'est là une excellente mesure pour le protéger contre l'usure qui est un fléau en Roumanie ;

3° même quand il sera propriétaire définitif, le paysan ne pourra vendre sa terre à qui il voudra. Il ne pourra la vendre à quiconque posséderait déjà plus de 20 hectares ; on veut éviter la reconstitution des grands domaines par l'agglomération de petits lots ;

4° il ne pourra pas vendre son lot par parcelles : le lot est indivisible. Le morcellement excessif de la propriété, si on permettait aux paysans lotis de découper leur lot, serait pire que la grande propriété oisive. C'est pourquoi la parcelle est insécable, comme on dit, en physique, de l'atome ;

5° avant de vendre son lot, le paysan doit avertir l'Etat qui s'est réservé le droit de préemption ;

6° enfin, le nouveau propriétaire est soumis à certaines servitudes, à certaines obligations, dans l'intérêt national. Il doit accepter les directives qui lui sont données par la Caisse qui dirige cette opération. Il doit accepter un plan de culture ; il doit — et c'est ici ce qui nous intéresse — entrer dans une association coopérative avec ses voisins, pour l'exploitation collective de leurs parcelles.

Par le résumé de cette grande organisation agraire, vous pouvez juger à peu près de toutes celles qui ont été faites dans d'autres pays. Il y a bien quelques différences : le maximum autorisé est plus ou moins élevé, mais les grandes lignes sont les mêmes.

§ 3. — Les critiques suscitées par la réforme agraire

Voyons maintenant quels sont les résultats de cette révolution agraire.

Comme toujours, il y a des appréciations en sens inverse.

L'appréciation officielle c'est que les résultats obtenus sont merveilleux : le but du législateur a été pleinement atteint, la grande propriété a été supprimée, l'exploitation du travailleur agricole a été abolie, une classe nouvelle de paysans a été créée, une barrière a été opposée à la propagande socialiste et communiste.

En somme, quoique les statistiques que nous avons eues sous les yeux, soient loin de concorder, il semble que 3 millions d'hectares environ, aient été enlevés à la grande propriété pour être attribués aux paysans. Ce déplacement aurait eu pour résultat de réduire la grande propriété, qui occupait près de la moitié du pays, à 11 p. 100 environ. Il reste encore près de 1 million d'hectares en réserve.

Mais il y a aussi des critiques de deux côtés différents : du côté socialiste et du côté conservateur.

Du côté conservateur vous pensez bien que les grands propriétaires ne sont pas contents, ni même les économistes de l'école libérale. Ils disent : on a ruiné la propriété et par là la grande culture ; elle ne pourra se relever, parce que l'indemnité qu'elle a reçue a été dérisoire. Elle a été fixée en moyenne à 2.000 lei par hectare; et si vous songez que le lei vaut à peu près le 1/6 du franc, 2.000 lei représentent aujourd'hui environ 430 francs-papiers, soit 80 francs-or. C'est donc une obole. En outre, cette misérable indemnité n'est payée qu'en rentes sur l'Etat, dont le cours subit les mêmes dépréciations que la rente française. Alors, si avant la réforme on se plaignait que les propriétaires ne fissent rien de bon, ils seront bien moins en état de faire mieux maintenant !

Et entre les anciens propriétaires ruinés, d'une part,

et les nouveaux propriétaires sans ressources et sans instruction, d'autre part, quel sera l'avenir de l'agriculture en Roumanie ?

Du côté socialiste, les récriminations étaient plus inattendues : elles sont vives pourtant. On dit : C'est du bluff cette grande révolution agraire ! on a, il est vrai, rogné quelques grands domaines, mais aujourd'hui comme hier la Roumanie est un pays de grande propriété. Il y aurait encore 3.000 propriétaires, anciens boyards, qui possèdent non plus, il est vrai, les 5 ou 6 millions d'hectares qu'ils avaient avant la guerre mais qui néanmoins possèdent encore une grande partie du pays. On prétend que certains d'entre eux ont trouvé le moyen de conserver des domaines énormes ; on cite le prince de Brancovan — dont le nom est connu en France, parce que la comtesse de Noailles est née de Brancovan — qui posséderait encore aujourd'hui 3.000 ou 4.000 hectares.

Comment ces grands propriétaires ont-ils fait pour tourner la loi ? Il paraît qu'il y a bien des moyens. D'abord, la loi exempte de l'expropriation les vignobles, jardins et cultures industrielles : or, on peut planter des vignes ou faire des cultures industrielles sur de grandes étendues. Puis, il y a d'autres moyens de tourner la loi : par exemple, le propriétaire partage sa terre entre ses enfants ; en partageant un grand domaine entre les cinq ou six membres d'une famille on arrive a le maintenir, sinon en entier, du moins en grande partie.

En outre, tout en expropriant les grands propriétaires on leur a laissé le choix des terrains qu'ils pouvaient conserver. On n'a pas fait de même dans les autres pays. En Lettonie, par exemple, l'expropriation a été beaucoup plus sévère et les propriétaires n'ont pas eu le choix ; on leur a pris quelquefois le cœur même de leur domaine. Mais en Roumanie les propriétaires, ayant la faculté de choisir, ont pris, bien entendu, ce

qu'il y avait de meilleur et ont laissé pour l'expropriation ce qu'il y avait de plus pauvre.

Les socialistes ajoutent que les vrais paysans, les travailleurs ruraux, sont loin d'avoir tous recueilli le bénéfice de l'expropriation. Beaucoup en ont profité qui
n'étaient même pas agriculteurs, depuis les cabaretiers
jusqu'aux évêques, et même un beau domaine a été
offert à titre de gratitude à un général français !

Et que demandent alors les socialistes ? Voici leur
programme.

a) expropriation intégrale de la grande propriété
avec tout son inventaire, sans aucun dédommagement ;

b) transfert de toute la terre, avec tout son outillage,
entre les mains des paysans qui la labourent, sans
aucun payement ;

c) cessation des payements successifs pour les terres
réparties jusqu'à présent aux paysans par la réforme
agraire, et remboursement aux paysans des sommes
qu'ils ont déjà payées ;

d) reprise des terres attribuées, par une falsification
de la réforme agraire, à des non-cultivateurs (cabaretiers, maires, percepteurs, officiers, etc.) ;

e) nationalisation des forêts, pâturages, eaux, etc.,
comme propriété nationale mais en laissant aux
paysans la jouissance commune ;

f) protection de l'agriculture paysanne par des prêts
à bon marché de la part de l'Etat ; encouragement aux
coopératives paysannes par des avantages spéciaux,
transport, importation, impôts, etc ».

CHAPITRE V

LES ASSOCIATIONS COOPERATIVES AGRICOLES

La réforme agraire a eu pour résultat de faire naître
ou, tout au moins, de développer certaines formes d'associations coopératives.

§ 1. — Associations pour l'achat de terres

La première à citer, ce sont les associations coopératives de travailleurs agricoles pour l'achat de terres, quoique ces associations existâssent déjà avant la loi agraire.

En France il n'y a jamais eu d'associations de paysans pour acheter des terres. On peut l'expliquer en disant que la situation n'est pas la même, parce que en France il y a assez de terres pour ceux qui veulent en posséder, tandis qu'en Roumanie nous savons que ce n'est pas le cas, presque toute la terre étant entre les mains de grands propriétaires ; et même aujourd'hui, après la loi agraire, on n'a pas pu servir tout le monde. Il n'y a eu que 500.000 paysans qui ont été lotis alors qu'il y avait un million de candidats.

Peut-être direz-vous : à quoi bon créer des coopératives pour l'achat de terres ? Quiconque en désire et a assez d'argent pour en acheter n'a qu'à le faire individuellement, comme le fait le paysan français ? Oui, pourtant l'association offre ici la même utilité et la même avantage que dans les coopératives de construction. Les coopératives roumaines d'achat de terre achètent la terre en gros et la répartissent de la façon la plus avantageuse pour chacun des sociétaires.

Un autre avantage c'est que les prolétaires roumains qui veulent acquérir des terres n'ont pas d'argent pour les payer, et ne trouveraient pas facilement à emprunter — quoiqu'il y ait en Roumanie, comme en France, certaines facilités que l'Etat ou que les banques accordent aux travailleurs agricoles qui veulent acquérir des terres. Grâce à l'association c'est plus facile. Les associations de paysans pour l'achat des terres ont une solvabilité que n'ont pas les individus ; elles émettent des emprunts sous forme d'obligations et forment ainsi le capital nécessaire à l'achat. Naturellement, le domaine acheté reste indivis jusqu'à ce que les sociétaires se soient libérés, c'est-à-dire jusqu'à ce qu'ils aient remboursé à la société le montant de l'emprunt. Ce n'est qu'à ce moment-là que les lots sont attribués d'une façon définitive.

Ces associations rendent des services considérables, et ce qui le prouve c'est qu'elles sont en grand nombre.

En 1923, dernières statistiques, on comptait 104 sociétés pour l'acquisition de terres, comprenant 13.000 membres, ayant acquis une étendue de 46.400 hectares, ce qui représente une moyenne de 3 à 4 hectares par tête. Ce sont de petits lots mais qui suffisent pour les besoins des paysans et pour leur capacité de travail.

§ 2. — Associations de fermage

Voici une autre forme d'association agricole qui a pris un grand développement. Celle-ci n'est pas spéciale à la Roumanie, nous l'avons déjà vue en Italie ; ce sont les associations d'affermage collectif. Ce sont des travailleurs de terre, comme nous les appelons en France, qui s'associent pour prendre en commun le fermage d'un grand domaine. Ils y trouvent le grand avantage d'éviter l'intermédiaire, l'intendant ou fermier général, qui se place entre le propriétaire et les petits fermiers et qui vit aux dépens des unes et des autres, comme tous les intermédiaires. Celui-ci est particulièrement haï.

Si ces paysans s'entendent pour affermer directement au grand propriétaire ils peuvent ainsi ajouter à leur gain tous les bénéfices prélevés par ces intermédiaires. Et tandis qu'avant ils étaient simplement des salariés, les voilà élevés à la dignité de fermiers, ce qui est tout de même un avancement en grade.

Ces sociétés d'affermage ont très bien réussi en Roumanie, et même il est à remarquer que ces associations coopératives de fermage se forment plus facilement en Roumanie qu'en Italie et qu'en tout autre pays parce que, comme nous l'avons déjà dit, il n'y a pas en Roumanie de prolétaire proprement dit, c'est-à-dire sans

capital : le plus pauvre paysan roumain a non seulement sa petite maison mais il a son cheval ou ses
bœufs, son char et quelques outils pour son travail.
C'est le grand propriétaire, chose curieuse, qui n'a
aucun capital, aucun cheptel, et c'est le paysan, le travailleur prolétaire qui apporte le capital nécessaire à
l'exploitation, quand il entre sur la ferme.

Mais il ne faut pas croire que ces petits paysans qui
se réunissent en associations coopératives de fermage,
mettent en commun leurs chevaux et leurs outils ; il
n'y a pas en Roumanie le système du fermage communiste que nous avons vu en Italie, c'est-à-dire le fermage dans lequel la culture est faite en commun par
tous les membres de la société. Le paysan roumain ne
veut pas de la culture en commun ; chacun veut cultiver sa parcelle. Nous avons vu que dans l'Italie du Sud
il en est de même ; c'est seulement dans l'Italie du Nord
que se trouvent les exploitations de culture véritablement communistes.

Alors, direz-vous, si chacun de ces fermiers pratique
la culture individualiste, où y a-t-il société coopérative?

Si : même dans le fermage avec culture individuelle
il y a certains caractères propres à la coopération.

Il y a d'abord ceci que l'association représente ces
petits fermiers et figure seule vis-à-vis du propriétaire
comme fermière et comme débitrice. C'est elle qui est
responsable du paiement des fermages et aussi des
emprunts qu'il faudra faire à la Banque pour mettre
les fermes en valeur.

Or, tous les sociétaires sont responsables solidairement du paiement des fermages et aussi du remourse-
ment des avances à la Banque.

Il y a encore d'autres caractères coopératifs. Il y a une
réglementation collective des cultures : quoique chaque
sociétaire cultive son lot, il est cependant astreint à
une certaine discipline. La société fermière répartit tout
le domaine en sections affectées à telle ou telle culture

et règle la rotation des cultures. Elle aménage le domaine comme s'il formait une exploitation unique. Chaque fermier est obligé de suivre cette réglementation ; si, par exemple, sa parcelle se trouve dans la section désignée pour recevoir une culture de maïs, il devra cultiver du maïs cette année-là.

Le caractère coopératif se retrouve aussi dans la répartition et l'emploi des bénéfices.

Sur le produit brut on commence par prélever : a) le fermage dû au propriétaire ; b) l'intérêt et l'amortissement du capital employé pour l'exploitation. Ceci fait, l'excédent n'est pas partagé au prorata des dimensions des parcelles de chacun. On ne donne pas à celui qui a deux hectares le double de celui qui n'a qu'un hectare : les bénéfices sont répartis, disent les statuts, par une formule qui manque un peu de précision et risque de donner lieu à bien des contestations : « proportionnellement à l'activité apportée par chacun au service de la société. »

Je ne vois pas très bien comment on mesurera ce degré d'activité apporté par chacun à la marche de la société. Tout de même cette formule indique que nous ne sommes plus sous le régime strictement individualiste du paysan français, du chacun pour soi gardant jalousement les fruits de son champ, mais qu'un principe de solidarité doit diriger la répartition des fruits.

Il y a même des associations dans lesquelles les excédents de bénéfices sont consacrés exclusivement au développement de la société, c'est-à-dire à un emploi collectif.

Enfin, un dernier caractère coopératif dans ces fermages collectifs c'est que, quoique cultivant individuellement, les membres de l'association sont tout de même liés entre eux par les liens de nombreuses associations coopératives partielles — associations pour l'achat des engrais, des instruments, des semences — c'est-à-dire que ces associations de fermage constituent en même temps ce que nous appelons en France des syndicats agricoles.

Et même elles fonctionnent aussi comme sociétés de vente pour certains produits ; et aussi parfois comme sociétés coopératives de consommation, en ouvrant des magasins pour les membres de la société de fermage.

Quant à la constitution juridique de ces coopératives, il n'y a rien de particulier à en dire. Il faut un contrat légalisé devant le juge de paix, pour constater l'existence de la société. Il faut qu'il y ait au moins 25 membres — ce qui paraît beaucoup, car si 25 membres serait un petit chiffre pour une coopérative de consommation, quand il s'agit d'une coopérative de fermage, cela suppose un grand domaine.

Il n'est pas nécessaire, pour se constituer, que ces sociétés apportent un capital-actions ; elles peuvent commencer avec un capital emprunté, que la Banque Centrale, que nous connaissons, leur prêtera.

Mais elles devront, petit à petit, prélever sur les bénéfices une part suffisante, d'abord pour se libérer de leurs emprunts à la Banque Centrale, et ensuite pour se constituer un capital propre indépendant.

Ces sociétés de fermage en Roumanie ont une histoire assez curieuse. Elles ont passé par deux étapes. Jusqu'en 1909, il n'y en avait presque point. A cette date a été promulguée une loi qui a obligé tous les corps publics, les communes, hôpitaux, etc. — ce que nous appelons en France les personnes morales — à n'affermer leurs domaines qu'à des associations coopératives de fermiers. Il en est résulté que cette forme de coopération est devenue obligatoire pour tous les domaines appartenant à l'Etat, aux communes ou à toutes les personnes morales. Or ces domaines représentent de grandes étendues.

Cette loi a donc donné un très grand élan à ces coopératives d'affermage. Tout de suite après, dès 1010, on comptait 37 de ces sociétés d'affermage, comprenant 45.000 membres et affermant 248.000 hectares.

Puis est venue la grande loi agraire que nous connaissons, de 1917.

Cette loi, je le rappelle, a exproprié tous les grands domaines dont l'étendue dépassait 500 hectares pour les partager entre les prolétaires ruraux. Seulement, on ne leur a pas remis les terres tout de suite, car il a fallu du temps pour aménager les domaines, pour sélectionner les candidats à la propriété ; il y a donc eu un entr'acte assez long, durant lequel les domaines expropriés n'étaient pas encore répartis.

Et quelle était la situation de ces domaines ? Ils étaient remis aux communes pour qu'elles en assurent la gérance, en attendant la distribution définitive. Mais ces communes, que pouvaient-elles en faire ? Elles ne pouvaient que les affermer. Or, nous venons de voir qu'en vertu de la loi de 1909, elles ne pouvaient les affermer qu'à des associations coopératives de paysans. Donc, voilà des centaines de milliers d'hectares expropriés et se trouvant momentanément entre les mains des communes, qui ont passé précisément entre les mains d'associations coopératives de fermiers.

A vrai dire, ces associations coopératives de fermiers n'étaient autres que des associations des candidats à la propriété définitive, en attendant que les formalités fussent accomplies.

Cette loi agraire eut donc pour premier effet de multiplier dans une proportion énorme ces associations de fermage. Il y en a eu, après 1920, jusqu'à 3.000 !

Mais — et c'est ici que l'histoire devient vraiment instructive — quel a été le sort de ces associations de fermage collectif ?

Ceux qui ont des opinions socialistes, ou même ceux qui attendent l'avènement du coopératisme intégral, avaient lieu d'espérer que quand le partage serait fait et quand cette période intérimaire serait terminée, ces cultivateurs, ayant pris l'habitude de l'association dans le fermage collectif, seraient disposés à continuer à cultiver en commun, à titre de propriétaires, ce qu'ils avaient cultivé en commun à titre de fermiers.

Or, il n'en a pas été ainsi. De même que pour les coopératives de fermage en Italie, de même qu'en France pour les coopératives constituées pendant la guerre sur les terrains abandonnés par leurs propriétaires (1), de même aussi en Roumanie ces coopératives de fermage n'ont eu qu'une existence éphémère. Aussitôt que la répartition a été faite, répartition que ces paysans attendaient avec impatience, aussitôt qu'ils l'ont pu, ils se sont séparés. Et ils avaient même une telle hâte qu'un bon nombre ont préféré traiter directement avec le propriétaire pour avoir tout de suite cette terre qu'ils désiraient si âprement.

Si bien que de ces 3.000 coopératives de fermage, constituées à la suite de la loi agraire pour la culture provisoire des terres destinées à être distribuées, presque toutes ont disparu ! En 1923 il n'en restait plus qu'une centaine, avec 16.000 membres, sur 64.000 hectares. Et encore, ces chiffres datent-ils déjà de trois ans ; il est possible que le nombre en soit encore plus restreint aujourd'hui et que ces associations de fermage ne soient bientôt plus en Roumanie qu'un souvenir.

J'estime que ce sera fâcheux, non seulement pour le programme coopératiste, mais pour l'avenir de la petite propriété elle-même.

En effet, s'il y a en Europe, comme il le semble, à la suite de toutes ces législations agraires, une généralisation de la petite propriété paysanne et une quasi disparition de la grande propriété, il est à craindre qu'il n'en résulte une régression dans la production agricole, régression qui serait un désastre pour l'Europe.

____

(1) Voir le Cours de cette année, *La Coopération en France durant la guerre.*

Il faudrait donc que cette trop petite propriété paysanne, dont nous ne méconnaissons pas les vertus, eût au moins pour correctif, tant au point de vue économique qu'au point de vue moral, la formation d'une coopération volontaire, entre les petits propriétaires, sous toutes les formes et même, si possible, sous celle de la culture en commun.

Je puis dire toutefois, comme consolation, que si ces coopératives de fermage se sont dissoutes au fur et à mesure de « l'appropriation », comme on dit en Roumanie, du moins leurs membres ont conservé quelques bienfaits de cette période de solidarité sous la forme de coopératives d'achat, ce que nous appelons en France des syndicats agricoles, et parfois aussi des coopératives de vente.

On peut même dire que les syndicats agricoles ont commencé en Roumanie seulement depuis que la terre a été partagée et qu'une nouvelle classe de petits propriétaires a été créée.

Jusque là, les syndicats agricoles n'avaient pas de raison d'être parce que les grands propriétaires n'en avaient pas besoin, et quant aux prolétaires ruraux ils n'en avaient que faire, pas plus que les nôtres en France, puisque n'ayant pas de terres ils n'ont nul besoin d'engrais ni d'outils.

§ 3. — Associations forestières

Voici enfin une troisième forme de coopérative agricole qui est la perle de la Coopération roumaine. Presque chaque pays a une forme de coopération type qui lui est propre et pourrait servir d'enseigne dans une Exposition Coopérative Internationale : en Roumanie ce sont les coopératives forestières.

Les forêts tiennent une grande place en Roumanie, et plus encore dans la nouvelle Roumanie, c'est-à-dire dans les régions que le traité de Versailles lui a annexées et notamment en Transylvanie, dont le nom est assez significatif : la forêt d'au-delà des monts.

Or la forêt pose un problème économique. Car de toutes les formes de la propriété, celle de la forêt est la plus difficile à justifier. Pour la propriété foncière, ce n'est déjà pas facile puisque la terre est un don de la nature ; mais enfin , quand il s'agit de la terre cultivée depuis des générations, de la terre transformée par le travail de l'homme, la propriété foncière individuelle trouve pour s'asseoir une base assez solide.

Quand il s'agit de la propriété du sous-sol, de la propriété de ces trésors que la nature a déposés aux temps géologiques sous la forme de charbon, de pétrole, de cuivre ou de fer, on peut encore admettre que le travail énorme et les capitaux nécessaires pour mettre en valeur les gisements fournissent une justification.

Mais quand il s'agit de la forêt, ces arguments font défaut. Qu'est-ce que l'homme a fait pour la forêt ? Généralement, il s'est employé à la détruire ; et quand par hasard il l'a épargnée, en tout cas il ne peut prétendre qu'il l'ait créée.

Aussi la propriété individuelle, quoique aujourd'hui elle ait conquis presque toutes les terres, est-elle encore loin d'avoir accaparé la totalité des forêts. Il y a par tous pays de grandes étendues de forêts qui n'ont pas subi l'emprise de la propriété individuelle et qui appartiennent à la communauté, c'est-à-dire à l'Etat ou aux communes.

Mais néanmoins la propriété privée s'est déjà taillée une large part. Eh bien, qu'il s'agisse des forêts individuellement appropriées ou des forêts nationales ou communales, l'association coopérative peut jouer un rôle très bienfaisant.

En Roumanie l'exploitation des forêts, soient privées, soit nationales, est concédée à des entrepreneurs étrangers qui n'en donnent qu'un vil prix, d'autant moins que l'exploitation de ces forêts est très difficile.

Comme il n'y a pas de chemins de fer, ni même parfois de routes, les transports de bois sont extrêmement onéreux. Et comme les communes et l'Etat ne sauraient qu'en faire, ils acceptent n'importe quel prix qu'offrent cos entrepreneurs. D'ailleurs ceux-ci s'entendent entre eux pour ne pas se faire concurrence par des surenchères.

Mais quand il y a sur les lieux une coopérative, celle-ci peut offrir un prix supérieur et y trouver son compte, parce qu'elle utilise la forêt beaucoup mieux que ne le peuvent le faire les spéculateurs étrangers. On cite un cas où la coopération a payé le triple du prix offert par l'entrepreneur.

Ceux-ci se bornent à abattre le bois et le transporter, tant bien que mal, pour l'utiliser au dehors tandis que les coopératives forestières utilisent le bois sur place, sous toutes les formes : bois de construction pour les maisons des paysans, qui sont toutes construites en bois, bois de chauffage , planches débitées dans des scieries qu'elles installent, etc., et si ce sont des bois résineux, les coopératives distillent la résine. Pour ces utilisations les coopératives forestières sont obligées d'installer des stations de force motrice en utilisant les cours d'eau, de créer des chemins de fer locaux pour transporter les bois, et elles transforment ainsi le pays.

C'est toute une industrie du bois que ces coopératives créent dans les régions les plus inhabitées autrefois de la Roumanie.

Seulement, il faut des capitaux assez considérables d'abord pour payer la concession à la commune ou à l'Etat, puisqu'on la paye et même très bien, et après pour l'installation. Parfois même la coopérative ne se contente pas d'acheter l'exploitation mais elle achète la forêt elle-même, le terrain.

On a donc prévu un minimum de 50 membres pour constituer le noyau de la coopérative, et un minimum de 500 lei par action : 500 lei, c'est bien peu de chose :

une société forestière qui n'aurait que 50 membres, soit un capital de 25.000 lei, n'irait pas loin. Mais, en fait, chacun doit souscrire un nombre d'actions en rapport avec sa situation de fortune. Puis elles trouvent facilement à emprunter des capitaux, car la responsabilité illimitée de chaque associé est ici de règle comme dans les sociétés Raiffeisen.

Ces associations sont au nombre de près de 1.000, mais elles n'ont guère plus de 100 millions de lei de capitaux. Elles présentent certains caractères qui en font de vraies coopératives, beaucoup plus que les banques populaires.

1° Dabord elles sont obligées d'admettre tous les habitants de la commune qui demandent à y adhérer. Elles sont ouvertes à tous, hormis cependant les entrepreneurs et marchands de bois, les cabaretiers, les condamnés. Elles ne peuvent pas, comme le font certaines sociétés de production, dire : maintenant que nous avons fait des bénéfices et créé une fortune, nous la garderons pour nous !

Sans doute, il y a des villageois qui ne peuvent payer l'action, mais même ceux trop pauvres pour entrer dans la coopérative en bénéficient indirectement.

Ils en bénéficient d'abord en tant que membres de la commune, puisque le prix versé pour la concession profite à tous les habitants de la commune ; c'est donc pour tous, coopérateurs ou non coopérateurs, un revenu communal qui parfois peut être réparti entre les habitants, comme dans certaines communes Suisses, ou du moins peut rendre inutiles les impôts.

2° Les coopératives forestières ne peuvent pas viser au profit. Elles ne peuvent vendre le bois et les produits divers de leur industrie qu'à certaines catégories déterminées :

a) aux sociétaires, les premiers servis naturellement, mais seulement dans la mesure de leurs besoins ;

b) aux habitants de la commune, même s'ils ne sont

pas sociétaires, ce qui est encore un avantage pour les habitants non actionnaires ;

c) aux établissements d'utilité publique : écoles églises, hôpitaux, œuvres d'assistance ou d'utilité nationale ;

d) aux coopératives de consommation, et elles doivent leur vendre au prix fixé par la Banque centrale.

Nous avons vu que cette règle s'applique à toutes les coopératives de production en Roumanie.

3° Ces sociétés sont aussi des coopératives véritables par la façon dont les bénéfices qu'elles réalisent sont répartis.

Ils sont répartis d'après des règles fixées par la loi et qui sont impératives.

Les membres de ces sociétés forestières sont des paysans. Ils ont un double titre dans la société : ils ont le titre d'actionnaire, comme ayant fourni leur part de capital ; et ils sont aussi des travailleurs s'ils sont au service de la société, ce qui est généralement le cas. En tant que travailleurs, ils touchent 20 % sur les bénéfices ; en tant que capitalistes, ils touchent seulement 5 % des bénéfices alloués au capital-actions.

Une part des bénéfices (5 %) doit être consacrée à ce qu'on appelle d'un mot barbare, introduit depuis peu de temps dans notre langue — il vient de l'Allemagne mais commence à se généraliser — un fonds « culturel », ce qui veut dire destiné à la culture intellectuelle, écoles, livres, publication d'un bulletin, etc.

Il faut encore qu'elles fassent une part pour un fonds philanthropique : secours aux malades, aux infirmes, œuvres de charité.

4° Encore un dernier caractère : on ne veut pas que l'exploitation de ces coopératives soit dévastatrice, comme trop souvent celle des entrepreneurs. La coopérative ne doit pas détruire une richesse naturelle, qui d'ailleurs est celle de tous les habitants. Elle doit pren-

dre l'engagement de reboiser arbre pour arbre : autant
d'abattus, autant de replantés. Et pour avoir les plants
nécessaires pour reconstituer la forêt ou pour faire ailleurs des plantations qui remplaceront la forêt détruite,
elles doivent nécessairement établir des pépinières.

Ainsi, grâce à la coopération, la forêt retrouve un
peu de son caractère originaire du bien communal.

Voilà une forme de coopérative qu'il serait bien temps
d'introduire en France !

En somme, la Coopération en Roumanie donne bon
espoir. C'est parmi les pays latins, après l'Italie, celui
qui marche le mieux au point de vue coopératif ; et de
plus la Roumanie n'a pas subi la terrible crise qui vient
de ravager la coopération italienne. Elle compte aujour-
d'hui 3.849 coopératives des diverses espèces, avec
306.000 membres.

Je citerai un trait, de peu d'importance en soi mais
pourtant significatif du zèle coopératif qui se manifeste
dans ce pays. Pour la fête Coopérative Internationale,
qui a lieu — tout le monde l'ignore et même la plupart des coopérateurs ! — le premier samedi du mois
de juillet (cette année, donc, le 4 juillet) l'Alliance Coopérative Internationale a reçu de Roumanie la com-
mande de 40.000 petits drapeaux aux couleurs de l'arc-
en-ciel, pour pavoiser ses magasins coopératifs et ses
salles de conférence. Il n'y en a pas eu autant en
France, tant s'en faut !

APPENDICE

LA COOPERATION EN GRÈCE

Je voudrais dire quelques mots d'un pays qui n'est pas bien loin de la Roumanie et qu'on range parmi les Etats des Balkans, c'est la Grèce.

J'hésite un peu à en parler, parce que notre cours de cette année traite uniquement de la coopération dans les pays latins ; or, on ne peut pas dire que la Grèce soit un pays latin. Mais pourtant ne peut-on pas dire qu'elle est la mère, ou pour mieux dire, la grand'mère de tous les pays latins et plus particulièrement de ces pays qui sont assis autour de la Méditerranée ?

Au reste, il n'y a pas grand'chose à en dire. La Grèce moderne est plutôt un pays de commerçants et d'armateurs, et l'idée coopérative ne devait pas y trouver un terrain très favorable. Cependant la Grèce a eu des bergers, depuis Théocrite et avant, et les associations entre bergers pour la vente des produits des troupeaux semble avoir existé en Grèce, surtout en Thessalie, de temps immémorial.

Présentement il existe une forme de coopération que la nature même lui a imposée, comme la coopération forestière en Roumanie, la laiterie en Danemark. C'est l'association coopérative pour l'exportation et la vente des raisins secs, dits de Corinthe. C'est là en effet l'une des principales sources de richesse de la Grèce. Dans les bonnes années, la Grèce vend 150 millions de kilos de raisins de Corinthe.

Pour la vente de ce produit, la coopération semblait indiquée, parce que la préparation des raisins de Corinthe n'est pas facile sous la forme de production individuelle. Il n'est guère possible pour un propriétaire isolé de faire sécher ses raisins, de les mettre en boîte, de les emballer et de les exporter. Il faut pour cela une grande organisation. C'est pourquoi des coopératives auraient dû se former pour s'occuper du séchage, de l'emballage et de la vente, ainsi que de l'exportation, du raisin sec. Mais, en fait, il n'y en a qu'une, nationale et quasi officielle, qui englobe presque tous les viticulteurs de la Grèce. Elle ne s'occupe pas seulement de l'exportation du raisin, mais elle réglemente cette exportation en limitant la quantité à exporter, afin de maintenir leur valeur, comme les sociétés qui, au Brésil, s'occupent de la valorisation du café. Elle joue aussi le rôle de coopérative de production en distillant les raisins qui ne sont pas exportés en nature, et même celui de syndicat agricole du type français, en fournissant aux viticulteurs tous les ingrédients et instruments dont ils ont besoin pour la culture de leurs vignes.

Cette société n'est pas d'ailleurs conforme au type coopératif car elle a des actionnaires capitalistes qui touchent des dividendes, mais elle est pourtant en partie coopérative en ce sens qu'elle a aussi des sociétaires qui ont droit à des dividendes en tant que viticulteurs et au prorata de leur apports en raisins.

Vous savez que le principal emploi des raisins de Corinthe c'est la préparation du plat national anglais, le pudding. Il n'y a pas de pudding sans raisins de Corinthe.

Et parmi ces consommateurs anglais de raisins de Corinthe, un des plus gros est la Fédération Coopérative, la Wholesale de Manchester, dont nous avons parlé longuement dans notre cours de l'année dernière. Cette coopérative colossale, dont le chiffre d'affaires se chiffre par centaines de millions de francs d'or, par milliards de francs papier, achète chaque année jusqu'à 60 millions de kilogrammes de raisins secs pour les puddings des 5 millions de familles anglaises dont elle groupe les achats.

Ainsi voilà un produit qui est la fois vendu par une

coopérative agricole de production, et acheté par une coopérative de consommation. Malheureusement ce magnifique débouché est menacé par la concurrence des raisins secs d'Australie, qui se fait, elle aussi, sous forme coopérative.

Même en France, notre modeste Magasin de Gros coopératif, qui n'est pas à comparer à son grand frère anglais et qui ne fait encore que 400 millions de francs (papier) de ventes, a acheté 20.000 kilos de raisins de Corinthe.

Mais en dehors de cette coopérative, il n'y a pas grand'chose à signaler.

Il y a eu cependant un grave événement consécutif à la guerre, qui a donné une certaine poussée à la coopération en Grèce : c'est l'expulsion de tous les Grecs qui se trouvaient en Asie Mineure.

Vous savez qu'à la suite de la guerre déclarée, sans motif d'ailleurs, par la Grèce à la Turquie et qui s'est terminée par la défaite complète des armées grecques, les Turcs ont déclaré qu'ils ne voulaient plus de Grecs en Asie Mineure, et le Traité de Lausanne a légalisé cette brutale mesure. Il l'a seulement rendue réciproque, ce qui n'a fait d'ailleurs qu'augmenter le nombre de victimes. On a toléré les Grecs établis à Constanti-nople, mais ils ont été impitoyablement expulsés de partout ailleurs.

On en a expulsé ainsi 1.500.000, qui ont dû rentrer en Grèce, abandonnant tout : leurs maisons, leurs terres, leurs biens, leurs récoltes, leurs marchandises.

Et réciproquement, 400.000 Turcs, installés de temps immémorial en Macédoine, ont été condamnés à l'exil. A vrai dire, ce n'était pas simplement par mesure de représailles, mais la Grèce n'aurait pu loger les 1.500.000 immigrés qui rentraient sur son territoire si l'expulsion des Turcs n'avaient rendu disponibles leurs maisons et leurs terres pour les immigrés. Encore était-ce insuffisant, puisque la population turque expulsée ne représentait qu'un quart des réfugiés grecs.

On a vu alors ce spectacle vraiment atroce, devant lequel l'indifférence de l'Europe a été un scandale, de près de 2 millions de réfugiés grecs ou turcs, échangés, comme on a dit par un euphémisme cruel, et se croisant sur les routes, lamentables troupeaux.

Il a fallu donc que la Grèce recueillit ces réfugiés. Ce n'était pas une petite affaire. Il faut songer que la Grèce, même avec ses acquisitions de la dernière guerre, n'a que 5 millions d'habitants et que pour un pays de 5 millions d'habitants avoir à recueillir et à installer 1.500.000 immigrés, c'est, toutes proportions gardées, comme si la France devait recevoir 12 millions de réfugiés français ! Durant la guerre et l'occupation du département du Nord, le nombre des réfugiés n'a pas atteint, je crois, 2 millions.

On admire beaucoup la reconstitution des régions dévastées en France, et on a raison. Dans mon cours du mardi, j'ai montré ce qu'il y avait de grand dans cette reconstitution. Mais l'effort de la Grèce a été fort beau aussi et a exigé de très grands sacrifices. Un emprunt de 10 millions de livres (250 millions francs-or, 1.250 millions francs-papier) a été émis sous le contrôle de la Société des Nations.

A vrai dire, il n'a pas été nécessaire, heureusement, de caser tous ces 1.400.000 immigrés ; un million de ces Grecs, commerçants ou artisans, ont pu se caser par leurs propres moyens et reprendre leur métier. Mais pour les agriculteurs, il fallait bien les installer sur des terres, et il y en avait 550.000 environ ! Pour les caser, on a utilisé d'abord 530.000 hectares de terres qui appartenaient aux Turcs expulsés, ainsi que leurs maisons, et on y a mis les paysans grecs.

Puis, l'État a fourni 200.000 hectares. Et enfin, on a exproprié quelques propriétés privées, de façon à arriver tant bien que mal, à installer toutes ces familles de réfugiés.

C'est ici que je reviens à nos coopératives. Il semblait que c'était une occasion favorable pour la formation de coopératives. De même que la reconstitution des régions dévastées en France avait donné naissance à de nombreuses coopératives de construction, il semblait que ces réfugiés grecs ne pouvaient trouver mieux que d'associer leurs infortunes et de former entre eux des coopératives pour cultiver ces terres qu'on leur donnait.

Je regrette de dire qu'ils ne l'ont pas fait. Il y a bien eu quelques coopératives, mais bientôt dissoutes. Ici encore, l'intérêt individuel a été plus fort que la solidarité et le fait de se trouver tous naufragés sur le même radeau n'a pas suffi pour le faire abdiquer.

Pourtant, on m'en a signalé deux ! Deux associations de culture dans la Thrace, l'ancienne province turque annexée à la Grèce.

Toutefois si dans la campagne il ne s'est pas formé d'associations il s'en est constitué quelques-unes dans les villes.

Ces réfugiés ont apporté des industries nouvelles qu'ils exerçaient en Asie Mineure, par exemple la fabrication de ces beaux tapis d'Asie Mineure, de ces cuirs repoussés qu'on voit dans tous les bazars orientaux, avec lesquels on fait des babouches, et ainsi ont pris naissance 20 coopératives de tapis, autant de cordonneries, etc. De même, ils ont apporté la culture et la préparation du tabac : les tabacs d'Orient, les tabacs de Smyrne, sont célèbres. Or, le tabac est comme le raisin sec ; il nécessite une préparation pour le séchage, l'emballage et l'exportation ; et ces opérations ne peuvent être faites que difficilement par de petits propriétaires isolés. La préparation et l'exportation des tabacs a donc fait naître un certain nombre de coopératives.

Ainsi, cette catastrophe, comme celle de la guerre, aura servi finalement à la coopération. Et je ne doute pas que la Grèce ne se trouve grandement enrichie par ce retour au foyer de ces 1.500.000 réfugiés grecs — et que la Turquie ne s'en trouve appauvrie. Elle ne les remplacera pas facilement. Et je me plais à penser qu'elle les rappellera un jour et que les Grecs reprendront au rivage d'Ionie, mais pacifiquement, leur antique et glorieuse colonisation.

Quant aux coopératives de consommation, ce n'est que depuis la guerre qu'en Grèce, comme dans tous les pays d'ailleurs, la cherté résultant de la dépréciation monétaire en a fait surgir quelques-unes. Il y en a une au Pirée, qui est un centre ouvrier important ; j'en connais une à Calamatta, qui publie un petit journal.

En somme, la coopération a grandi depuis quelques années ; il y a actuellement 3.600 coopératives, dont 2.800 agricoles, surtout de crédit ; et un peu plus de 800 coopératives urbaines, dont une centaine de consommation, 200 de construction et 450 de production, c'est-à-dire des coopératives de ces petits artisans dont je viens de parler.

En 1014, une loi pour les coopératives, très complète, a été promulguée et elle a ce caractère qui ne se retrouve, que je sache, dans la législation d'aucun autre pays, de frapper de peines très sévères, jusqu'à six mois de prison : « toute personne qui, par intérêt personnel, empêche ou dissuade quiconque de devenir membre d'une coopérative, ou tente de l'en faire sortir, ou par des moyens illicites, cause à la société un préjudice ». Si ce texte de loi était en vigueur en France, il pourrait donner lieu à bien des poursuites !

Enfin, la preuve que le mouvement coopératif prend un certain développement en Grèce, c'est qu'une École coopérative a fonctionné l'année dernière à Salonique, et que cette année-ci une autre École vient de s'ouvrir à Athènes.

LIVRE IV.

L'AMÉRIQUE LATINE

§ 1. — Les difficultés de la coopération dans les pays neufs

Passons maintenant les mers : voici l'Amérique latine. Je ne dis pas Amérique du Sud, car l'Amérique latine comprend, outre les 10 grands Etats de l'Amérique du Sud, les 10 Etats, tout petits, il est vrai, de l'Amérique Centrale et des Antilles, et un grand Etat de l'Amérique du Nord, le Mexique.

L'ensemble de ces Etats représente une étendue immense, 21 millions de kilomètres carrés, beaucoup plus de deux fois la superficie de l'Europe, mais elle n'est encore habitée que par une population très restreinte, un peu moins de 100 millions d'habitants, tandis que si elle était peuplée à la densité de l'Europe, elle aurait un milliard d'habitants. C'est donc, en dehors de quelques points de densité spéciale, un immense désert. Et c'est aussi un désert coopératif.

Mais il faut considérer quelles sont les difficultés que trouve la coopération à germer et à se propager dans ces immensités des pays coloniaux.

Le premier obstacle c'est le fait même de l'extrême raréfaction de la population. La coopération, comme toute association, suppose un certain rapprochement entre les individus. On nous enseigne bien, dans la physique nouvelle, que dans les corps les atomes sont séparés par des intervalles relativement immenses, ce qui ne les empêche pas de vibrer à l'unisson. Mais les hommes ont besoin de contacts un peu plus rapprochés. Comment voulez-vous, par exemple, appliquer le principe fondamental de la coopérative de crédit, de

la coopérative Raiffeisen, qui est la responsabilité
solidaire de chacun pour tous, entre des hommes qui
sont séparés par des distances représentant une journée
entière à cheval ? Comment peuvent-ils se connaître ?
Comment pourraient-ils répondre les uns pour les
autres ? Comment pourraient-ils venir faire leurs achats
à un même magasin ? Comment pourraient-ils se réunir
pour les assemblées réglementaires ? C'est, pour reprendre une comparaison que j'ai déjà faite ici, comme un
foyer dont on disperserait tous les tisons à des kilomètres de distance : ces tisons s'éteindraient.

Un autre obstacle c'est que la colonisation demande
à ceux qui la pratiquent, des vertus d'un ordre tout à
fait différent, et je dirai même d'un ordre opposé, aux
vertus que l'on demande aux bons coopérateurs.

Ce qu'on demande au colon et ce qui peut seul assurer son succès c'est l'initiative individuelle, c'est l'esprit d'entreprise, c'est la poursuite du profit, c'est le
dédain des petits gains et des économies médiocres que
peut procurer une association coopérative. Que voulez-
vous que fasse un pionnier américain de quelques
ristournes ou de quelques bonis que pourra lui distribuer une société coopérative de consommation ? Cela
n'a aucun attrait pour lui.

Ce n'est qu'après que cette première poussée de la
colonisation s'est ralentie que l'esprit de la coopération
peut trouver un terrain favorable.

Voici un autre obstacle, plus spécial, celui-là, à
l'Amérique latine. L'Amérique latine, malgré le nom
qu'elle porte et qui lui a été imposé par une poignée
de conquérants, n'est en réalité rien moins que latine.
Ce sont des populations autochtones qui l'habitent, les
Astèques au Nord, les Guaranis au Sud. Cette population est restée à peu près telle que la conquête espagnole l'a trouvée, avec de nombreux métissages ; mais
ce métissage n'a pas entamé le fond de la population.
Il faut même rendre cette justice à la colonisation

espagnole, que malgré les actes de férocité qu'on peut reprocher aux conquistadors, comme Fernand Cortez ou Pizarre, tout de même elle a été plus humanitaire dans son évolution que la colonisation des puritains d'Angleterre. Car la colonisation anglaise, sans cruauté, si vous voulez, mais par le seul fait de la pression d'une race plus énergique et plus apte au travail, a presque complètement fait disparaître la race indigène de tous les territoires des États-Unis ou du Canada. Il n'en reste plus aujourd'hui que quelques débris que l'on conserve soigneusement, comme on aménage des réserves pour les bisons, afin que la race n'en périsse pas tout à fait.

Dans l'Amérique latine, au contraire, la race autochtone s'est conservée, précisément parce qu'elle n'a eu en face d'elle qu'une race moins laborieuse, moins entraînée au *struggle for life*, et impuissante à remplacer les indigènes.

Mais on comprendra alors que cette race indigène ne soit pas très préparée à la coopération et aux institutions sociales. Il faudra longtemps avant qu'elle ressente ces besoins nouveaux qui font naître les institutions sociales.

Pourtant, elle commence à se réveiller ; on voit se manifester un certain nationalisme indigène, avec un nouveau sentiment de sa dignité. Tandis qu'autrefois on ne voyait au premier plan que les Espagnols de pure race, de sang bleu, comme on dit (*sangre azul*) trônant au dessus de la foule misérable des indigènes, aujourd'hui on voit de ces indigènes qui se réclament d'être de pur sang indigène et dont quelques-uns ont déjà fourni de hautes personnalités. J'ai connu, ici-même, dans ce cours, pendant plusieurs années, un jeune Brésilien, qui justement travaille en ce moment à importer la coopération au Brésil, et qui s'est toujours vanté devant moi d'être un vrai guarani.

Il y a d'autres obstacles. Il y a que ces pays ont été

gouvernés depuis la conquête espagnole par le clergé catholique.

Je ne prétends point, et j'ai eu l'occasion de le dire ici plusieurs fois, que la religion catholique soit incompatible avec la coopération. J'ai dit, au contraire, que certaines formes de la coopération et particulièrement la coopération de crédit, ont trouvé dans le clergé catholique une aide puissante. Cependant, ce n'est pas faire injure au clergé catholique de dire que dans tous ces pays de l'Amérique latine, il a continué la tradition de ces fameuses Républiques des Jésuites du Paraguay, au XVII° siècle, qui connurent une prospérité relative sous un gouvernement théocratique paternel, mais ne laissant aucune place à l'individualité personnelle.

Au reste, nous allons voir que de tous les pays de l'Amérique latine, c'est celui qui s'est le plus émancipé de la tutelle du clergé, la République Argentine, qui est aussi celui où la coopération est la plus avancée.

Il n'y a que deux de ces pays, l'un au nord, l'autre au midi, où l'on trouve déjà aujourd'hui une certaine organisation coopérative, et en tous cas des aspirations coopératives déjà accentuées. C'est le Mexique et la République Argentine.

§ 2. — La Coopération au Mexique

Le Mexique est un très grand pays, même après que les Etats-Unis l'ont amputé, au milieu du siècle dernier, de près de la moitié de son territoire — et il est encore très menacé, se trouvant encerclé par la grande République américaine. Son étendue est quatre fois supérieure à celle de la France, avec une population relativement peu nombreuse mais qui atteint cependant 15 millions d'habitants.

On peut dire que ce pays est peut-être le mieux situé qu'il y ait dans le monde entier, le mieux logé, pour employer l'heureuse expression que M. Lucien

Romier, dans *Le Figaro*, appliquait à la France. Le Mexique a deux façades, l'une sur la mer des Antilles, l'autre sur l'Océan Pacifique. De plus, c'est le seul pays qui soit à forme pyramidale, avec autant de zones de culture qu'il y a d'étages, depuis la zone tropicale, au bord des deux mers, jusqu'aux plateaux qui atteignent 3.000 et 4.000 mètres d'altitude, où se trouvent par conséquent la zone tempérée et presque la zone polaire. Le sous-sol est aussi riche que le sol. C'est le premier pays qui ait produit l'argent ; en ce moment, c'est un des plus grands producteurs de pétrole — malheureusement pour son indépendance.

Comme régime de propriété foncière, le Mexique a passé par la même évolution que les autres pays latins dont nous avons parlé dans le cours de cette année. Il a été, jusqu'à ces derniers temps, le pays de la grande propriété ; il n'y a aucun pays où le régime des *latifundia* ait pris la même extension qu'au Mexique. Les conquistadors espagnols avaient tout pris ; ils n'avaient, pour ainsi dire, rien laissé à la population indigène. Elle s'est trouvée réduite à la condition de serfs, n'ayant d'autres ressources pour vivre que celle de travailler ses anciennes terres, dans la mesure où les Espagnols voulaient bien utiliser ses bras.

Cette expulsion de la population indigène ne s'est pas faite tout de suite : ce n'était pas possible. Le pays est si grand, le nombre des colons espagnols était si petit, qu'ils n'auraient pas pu réaliser cette expropriation. Elle s'est faite petit à petit et elle a atteint son maximum au milieu du siècle dernier, sous la présidence, ou pour mieux dire sous la dictature, du président Diaz, qui a duré un demi-siècle.

Mais il y a eu récemment, en 1917, un changement de politique. Le président Obregon qui sympathisait, dans une certaine mesure, avec ce nationalisme indigène dont je parlais tout à l'heure, a rendu aux villages indigènes la plus grande partie des terres dont on les avait dépouillés. Et il a déposé un projet de loi pour limiter l'étendue des grands domaines.

A vrai dire, cette loi n'a pas encore été promulguée mais elle est suspendue à l'état de menace sur les grands propriétaires espagnols du Mexique, les haciendéros. Le législateur leur dit : Devancez la loi, morcelez vous-mêmes vos grands domaines, cédez-les aux villages, ou vendez-les sous forme de propriété paysanne ; sinon, nous vous exproprierons de force et nous limiterons à 50 hectares l'étendue que vous pourrez posséder.

Pour comprendre ce que serait cette révolution, il faut savoir que là-bas, il est des domaines qui sont grands comme des départements français. Au Mexique, on ne comptait guère plus de 4 à 5 personnes sur 100 qui fussent propriétaires de la terre. Il y a même certaines provinces, comme la Nouvelle-Léon, où il n'y avait que 2 pour 1.000 de la population qui fût propriétaire. Certaines régions immenses appartenaient à une douzaine de familles, maîtresses de tout, non seulement au point de vue économique mais au point de vue politique.

Cette loi de 1917 a soulevé, cela va sans dire, une vive opposition de la part des anciens colons, parmi les Mexicains de race européenne, et aussi du clergé. Non pas que le clergé soit nécessairement le soutien de l'aristocratie foncière, de la grande propriété, ni l'exploiteur de la population indigène, mais parce que la domination de l'Eglise, depuis la conquête, a été étroitement mariée à la colonisation espagnole.

Je lisais récemment le compte rendu d'une réunion publique à Mexico, où un orateur indigène haranguait la population peau-rouge, sous la flamme fumeuse des torches, et disait : « C'est au nom du Dieu d'amour qu'on vous a battus, outragés, spoliés. C'est au nom de Jésus, le bon berger, que vous avez été réduits en servitude, dépouillés de vos terres et de vos maisons. C'est au nom de la Vierge Marie, qu'on a violé vos femmes et souillé vos sœurs et vos filles. Eh bien ! maintenant, c'est au nom du Diable que vous reprendrez vos terres, que vous garderez vos femmes et vos filles ». Et tout l'auditoire enthousiasmé s'écria d'une voix : *Viva el Diabolo !* Vive le Diable !

La querelle se complique aussi de difficultés avec les Etats-Unis, parce que la nouvelle loi *réserve* la propriété foncière et celle du sous-sol aux Mexicains proprement dits et exclut les étrangers, ou du moins ne les admet qu'après qu'ils ont obtenu la naturalisation mexicaine. Or, un grand nombre de ces terres, de ces puits de pétrole et de ces mines, appartiennent à des Américains, qui ne veulent pas accepter cette nouvelle loi.

Mais revenons à notre coopération. N'était-ce pas ici un terrain favorable pour voir naître la coopération, sous la forme de coopératives de culture en commun, que nous avons vues dans d'autres pays latins : en Espagne, en Roumanie, en Italie même ? Car ces terres que la loi nouvelle a déjà rendues ou va rendre à leurs villages, sous quelle forme vont-elles être cultivées ?

Au Mexique, ces terres autrefois étaient possédées en commun par les paysans. C'était, comme le mir russe, une propriété commune ; et même plus que le mir russe car je ne sache pas qu'on pratiquât au Mexique le roulement par périodes entre les paysans, qui caractérisait le mir.

On pouvait donc penser que ces petits propriétaires, réinstallés dans les terres dont on les avait dépossédés, accepteraient volontiers de les cultiver sous le régime coopératif ou même sous le régime communiste, plus facilement que le paysan d'Europe, si obstinément attaché au régime de la propriété individuelle.

En effet, il y a déjà 300 coopératives de culture. Voici un petit village, dont le nom apparaît sans doute pour la première fois dans un livre, Chapingo, qui en novembre 1923 a publié ce qu'il appelait sa Charte.

Déjà, ce nom de charte indiquerait une singulière évolution mentale chez ces paysans ; ils ont trouvé trop modeste l'expression de « statuts » ; ils se sont donné une charte coopérative.

Cette charte a été rédigée par une Ecole Nationale d'agriculture, établie dans ce village. Et que dit-elle ?

« Cette Ecole veut réaliser l'idéal humain de la coopération et de l'amicale camaraderie entre tous ceux qui travaillent la terre, sans essayer de les entraîner dans le gouffre de la grande exploitation, laquelle ne saurait fleurir et prospérer que par les souffrances de la foule d'esclaves travaillant sans espoir.

« Ce qu'il nous faut ici c'est que l'agriculteur devienne son propre maître, c'est qu'il devienne membre d'une communauté amicale ».

Le nouveau gouvernement mexicain a compris la valeur de la coopération. Il fait plus pour elle que la plupart des gouvernements Européens.

Il a élaboré tout un programme d'éducation et d'enseignement coopératif.

Il fait traduire les livres sur la coopération qui paraissent à l'étranger : l'un d'eux, un livre français, a été tiré à 10.000 exemplaires, pour être distribué dans toutes les écoles d'enseignement du Mexique.

Il y a au Ministère, une Section d'Education et propagande coopérative. Le gouvernement ne se borne pas à faire cette propagande ; il avance des fonds ; il a aidé à la constitution à Mexico, il y a plusieurs années, d'une société de consommation, dite « Coopérative Nationale », à laquelle il a fait une avance de 100.000 pesos, ce qui fait 250.000 francs or, qui ont été remboursés à bref délai.

Le public commence à s'intéresser à la coopération. Lors des dernières élections municipales, à Mexico, la question des coopératives a été une des « plateformes » du parti national.

Il y a déjà une grande association des employés et ouvriers de l'Etat (jusqu'à présent seulement ceux du ministère de la guerre), mais qui n'est pas très coopérative car les bénéfices n'y sont pas répartis au prorata des achats.

Il y a aussi une grande coopérative des employés de chemins de fer. Nous en trouverons d'ailleurs une semblable dans presque tous les pays de l'Amérique latine. Il est facile de comprendre pourquoi : c'est que le principal obstacle que je signalais tout à l'heure, celui de la distance, est sinon supprimé, du moins très atténué quand il s'agit d'employés d'un même réseau.

Une loi du 10 février 1926 a institué le Crédit agricole avec une Banque Centrale et des sociétés locales.

Elle suit les règles de Rochdale en ceci que les bénéfices doivent être répartis au prorata des achats ; toutefois, 10 pour 100 sont attribués au Conseil d'administration, ce qui est un peu trop.

Enfin une grande loi de la coopération vient d'être votée ces jours-ci (27 février 1927) dont le texte n'occupe pas moins de 18 colonnes, aussi compactes que celles de notre *Journal Officiel*.

§ 3. — La Coopération dans la République Argentine

Passons à la République Argentine.

Ce pays est encore plus vaste que le Mexique : cinq fois l'étendue de la France, et pour une population moindre : pas encore 10 millions d'habitants, sur lesquels 2 millions dans la ville de Buenos-Aires et près de 3 millions agglomérés dans une demi-douzaine d'autres villes. Il ne reste donc que 4 millions pour peupler l'immense campagne.

Toutefois, la République Argentine aurait pu présenter un terrain plus favorable à la coopération que le Mexique, en ce sens que c'est un peuple qui a beaucoup plus de sang européen que le Mexique.

Au Mexique, l'immigration européenne est presque nulle ; il n'y a qu'une immigration, la plus dangereuse d'ailleurs au point de vue politique, celle des Américains qui viennent par terre.

Au contraire, l'immigration en République Argentine est très considérable. Italiens, Espagnols et même Français, y vont en masse, et d'autant plus depuis que les Etats-Unis se sont quasi fermés. Ces immigrants peuvent fournir de bonnes recrues à la coopération.

Il est à remarquer que la première société coopérative qui ait été fondée en République Argentine, il y a très longtemps, en 1880, ce qui pour un pays neuf comme celui-là est l'antiquité, a été constituée par des immigrés venus du pays de Galles. Elle a été fondée à l'extrémité du continent américain, en Patagonie, dans cette terre désolée qui est presque dans la zone polaire australe. Les colons se sont aperçus qu'ils avaient là des terres extrêmement propices à la culture du blé. Mais vendre du blé en Patagonie il n'y a pas à y songer ! Ils ont compris alors que le seul moyen d'exporter leur récolte était de former une coopérative de vente. C'est ce qu'ils ont fait et depuis quarante-six ans qu'elle dure, ce qui est l'âge mûr et même la vieillesse pour une coopérative, elle n'a cessé de grandir et elle a ajouté à la vente des céréales celle des produits de ses troupeaux, la laine de ses moutons et le cuir de ses bœufs. Et ce qui est intéressant c'est qu'elle a pour clients quelques grosses coopératives anglaises.

Mais cette coopérative n'appartient à la République Argentine que par sa situation géographique, et celle-ci ne peut vraiment la revendiquer.

Si donc nous restons dans la République Argentine proprement dite nous voyons que la coopération n'y a apparu que beaucoup plus tard, seulement en 1904, au début de ce siècle.

Depuis lors, elle s'est assez bien développée. En 1925 on comptait, en Argentine, 200 sociétés coopératives, dont la moitié rurales. Elles comptaient 120.000 membres. Elles faisaient un chiffre d'affaires de 157 millions de pesos, ce qui représente près de 400 millions de francs d'or. Et si vous divisez, comme nous l'avons fait pour d'autres pays, le chiffre d'affaires par le nombre de coopérateurs, nous arrivons à une moyenne vraiment formidable de 3.000 francs-or (15.000 francs-papier, dix fois le chiffre obtenu en France).

Cela signifie que ces coopératives ne sont pas des coopératives de pauvres mais des coopératives de riches. Ce sont des coopératives rurales de planteurs grands propriétaires, ou de riches habitants des villes. L'argent, là-bas, a peu de valeur, les prix sont énormes, ce qui fait que le chiffre de la moyenne d'achats ne signifie pas grand-chose.

La plupart sont des coopératives de crédit ; mais, comme je le disais à propos de l'Espagne, celles-ci font un peu de tout. C'est le cas ordinaire dans les pays où la coopération est encore à l'état d'enfance ; les fonctions ne sont pas différenciées et les coopératives font à la fois le crédit, la production, la consommation, la vente, sans distinction. (1)

La « Fédération Agraire » a fait bâtir à Rosario, pour son siège social, un palais grandiose.

Les coopératives de crédit ne pratiquent pas le système de la solidarité, et j'ai expliqué pourquoi : les colons se trouvant à de trop grandes distances les uns des autres.

Quant aux coopératives de consommation, les prix et le coût de la vie sont très haut dans la République

____

(1) On cite comme la plus importante, celle dite du « Colonel Dorrego » dans la province de Buenos-Aires, qui est société de consommation mais fait aussi la vente du blé pour ses membres. Mais est-elle vraiment coopérative ? Elle compte 306 membres dont 75 seulement sont clients réguliers du magasin, les autres étant trop éloignés. Et sur les bénéfices, 15 % vont à la réserve, 18 % au Conseil de Direction, 2 % à l'Hôpital local, et 65 % aux sociétaires, mais, semble-t-il, répartis au prorata des actions.

Argentine, ce qui devrait stimuler cette forme de coopération.

Il n'y a pourtant qu'une grande coopérative à Buenos-
Aires qui a un caractère socialiste; on l'appelle le Foyer
Ouvrier (*El Hogar Obrero*). Elle a commencé par s'occuper de construction pour logements à bon marché ; elle
est devenue ensuite coopérative de consommation. Elle
a un journal qui porte le titre usité dans la plupart des
pays « l'Action Coopérative » (1).

Il y a aussi des coopératives très florissantes d'employés de chemins de fer, comme au Mexique et comme
dans les autres pays de l'Amérique latine, ce qui s'explique par les raisons déjà indiquées.

Toutefois, il faut dire que ces coopératives de chemins de fer sont plutôt des économats que de vraies
coopératives, en ce sens qu'elles sont gouvernées par les
Compagnies elles-mêmes, ou du moins par les employés
supérieurs ; elles n'ont pas la constitution démocratique qui caractérise les coopératives de tous les pays, où
chaque associé doit avoir une voix, ce qui établit l'égalité entre tous.

Il n'y a pas encore une Fédération Nationale coopérative en République Argentine ; il y a trois Fédérations régionales qui, loin de réaliser leur unité, se font
plutôt concurrence. Ceci est encore un trait de mœurs
de la coopération latine. Cependant, la principale de
ces Fédérations a adhéré à l'Alliance Coopérative Internationale.

Comme en Espagne et au Mexique, le gouvernement
a voulu avoir sa loi coopérative. Déjà, en 1910, un Con-

____

(1) *Le Foyer Ouvrier* a été fondé en 1905 comme coopérative de
construction : en 1911 il s'est adjoint la coopérative de consommation, la boulangerie, puis une Caisse d'Epargne. En 1927, elle
comptait 7.131 membres (ce qui n'est pas encore beaucoup pour
une capitale de près de 2 millions d'habitants). Ses statuts, origi-
nairement, étaient tout à fait capitalistes, car 05 % des bénéfices
revenaient aux actions, mais en 1920 ils ont été revisés dans le
sens coopératif.

grès s'est réuni pour discuter sur ce projet de loi coopérative. Ce Congrès a délibéré pendant toute une semaine et a publié son compte rendu en un gros volume de 500 pages, très instructif et où l'on voit que ceux qui ont pris part à cette discussion étaient bien informés du mouvement coopératif dans toute l'Europe. La loi organique vient d'être votée (10 décembre 1926).

Ainsi, trois nations latines auront promulgué presque simultanément une loi très complète sur la Coopération, tandis que la France attend encore la sienne.

§ 4. — La Coopération dans les autres pays de l'Amérique Latine

Dans les autres pays de l'Amérique latine, nous ne trouvons qu'à glaner çà et là.

Dans l'immense Brésil, dix-sept fois la superficie de la France, qui pourra contenir un jour un milliard d'habitants — il en a déjà 30 millions et augmente rapidement — il n'y a à peu près rien au point de vue coopératif, sinon, dans les États du Sud du Brésil, quelques coopératives d'employés de chemins de fer.

Il y a aussi quelques coopératives de crédit.

Le Chili n'est pas un des plus grands États de l'Amérique latine mais il s'est fait, au point de vue militaire et politique, une situation plus considérable que ne le comporterait ses dimensions et sa faible population. Vous savez qu'on appelle les trois grands États de l'Amérique du Sud, A. B. C. : Argentine, Brésil, Chili.

Ici encore, nous retrouvons les coopératives d'employés de chemins de fer.

Dans la grande île de Cuba, il y a en ce moment une poussée coopérative assez vigoureuse, par suite de circonstances toutes différentes de celles des pays dont nous venons de parler.

L'île de Cuba est un pays de monoculture ; il ne produit guère que du sucre, et rien en fait de culture vivrière, comme on dit, ce qui fait qu'elle est à la merci des importateurs. Tout ce qui se mange dans l'île de Cuba vient d'Europe ou d'Amérique.

Il y a des accapareurs qui attendent sur les quais les arrivages de grains, de beurre et de toutes denrées alimentaires, et qui, aussitôt débarqués, raflent tous ces produits qu'ils ne lâchent plus ensuite qu'à très hauts prix. C'est l'exploitation la plus caractérisée du consommateur.

Le gouvernement de Cuba s'est ému de cette situation et a cherché des remèdes. Trois solutions se présentaient à lui.

La première c'est de pousser à la culture des produits alimentaires. Par des avances faites aux cultivateurs, le gouvernement a cherché à stimuler la production du blé, du maïs, des bananes, des patates, et aussi du bétail. Mais cette intervention de l'Etat n'a pas donné grand résultat : les cultivateurs préfèrent produire le sucre qui donne plus de profits.

La seconde solution proposée c'est que le gouvernement prenne le monopole de l'importation de tous les produits alimentaires : blé, viande, beurre, etc., pour faire ensuite la répartition dans la population, au prix de revient, de façon à libérer la population de cette exploitation des intermédiaires. Mais c'est là un moyen très socialiste et qui susciterait une violente opposition de la part des importateurs, américains ou anglais.

La troisième solution c'est de pousser les consommateurs de Cuba à constituer des sociétés coopératives de consommation, de façon à supprimer l'accapareur, l'intermédiaire, en achetant directement au producteur étranger. Il y a déjà quelques réalisations dans cette voie. L'Etat a fait des avances à quelques sociétés coopératives de consommation pour les encourager.

Mais jusqu'à présent le consommateur cubain ne semble pas près de sortir de son apathie.

.·.

Ainsi se termine notre revue des pays latins. Ce que nous y avons trouvé n'est pas à comparer à ce que nous ont donné, les années précédentes, les pays anglo-saxons, germaniques, ou même slaves. Cependant, il ne semble pas que la Coopération doive renoncer à la conquête des pays latins, et particulièrement des pays de l'Amérique latine qui ont pour eux un immense avenir. Ils auront cette chance que la coopération leur sera apparue au matin de leur histoire — car c'est encore le matin qu'une existence qui ne date que de quatre siècles, et même d'un siècle seulement de vie indépendante. Ils auront la coopération pour soutien dès le commencement de leur évolution économique, tandis que l'Europe, la vieille Europe, ne l'a trouvée que très tard, alors que l'industrie et le commerce s'étaient déjà cristallisés en forme capitaliste. Si l'Europe avait connu la Coopération mille ans plus tôt, qui sait si son avenir économique n'en aurait pas été modifié ?

ADDENDA ET ERRATA

Page 80. — Le titre de l'étude d'Emile de Laveleye (qui est de 1875) doit être rectifié ainsi : « Le protestantisme et le catholicisme dans leurs rapports avec la liberté et la prospérité des peuples ».

Page 131. — Précisément au moment où s'achève l'impression de ce volume, nous avons la bonne fortune de recevoir le compte-rendu de la Session du Grand Conseil des Coopératives fascistes (7 et 8 novembre 1927). Nous regrettons de ne pouvoir le résumer ici ; voici tout au moins les chiffres qui ont été donnés :

3.180 coopératives de consommation avec un chiffre de vente de 925 millions de lires (ce qui représente 1.276 millions francs);

1.276 coopératives de travail ayant fait pour 370 millions de lires (500 millions francs) de travaux ;

954 coopératives agricoles de vente et production, avec 322 millions de lires d'opération (414 millions francs), plus 90 caves coopératives ;

350 coopératives de culture, exploitant 40.000 hectares ; .

237 caisses rurales de crédit ;

382 coopératives de construction.

Ces chiffres accusent une diminution notable sur les chiffres de 1920 (voir p. 131). Mais les fascistes l'expliqueront facilement en disant soit que les chiffres de ce temps n'étaient que du bluff, soit que leur réorganisation a eu précisément pour effet d'éliminer toutes les coopératives véreuses et non viables.

D'après ce qui a été dit au Grand Conseil, l'unification est aujourd'hui achevée dans toutes les catégories de coopératives. L'action des coopératives de consommation s'est déjà fait sentir pour la dernière année (juin 1926 à 1927) par une diminution de prix de 21,48 % en moyenne, « bien dépassée actuellement », et le mouvement va s'intensifier rapidement, « en suivant le commandement du Duce ».

En effet, il semble que la Coopération italienne reprend sa marche : cependant son organe fasciste *Il Lavoro Coo-*

pcrativo reconnaît que « la grave difficulté c'est de trouver des hommes capables sous tous les rapports pour être administrateurs ».

Page 139. — Contrairement à l'intention qu'ils avaient exprimée, les coopérateurs fascistes ne sont pas allés au Congrès de Stockholm et n'ont pas demandé à être réadmis dans l'Alliance Coopérative Internationale. Leur journal n'accorde d'ailleurs qu'une place infime à la coopération étrangère. La coopération fasciste a pratiqué jusqu'à présent la politique du « splendide isolement ».

Page 141. — Je dois dire que les coopérateurs fascistes nient qu'il y ait tendance à remplacer les coopératives par des économats. D'après eux, la tendance est en sens inverse.

Cependant il a été créé en 1926 une grande société d'approvisionnement (*La Provida*) pour les employés de l'Etat, qui est une sorte d'Economat national.

Page 180. — Dans la Cité linéaire, la zone ceinture de 100 mètres de large n'est malheureusement pas encore réalisée.

Pour les rues transversales, au lieu de 30 mètres de largeur, lire : de 15 à 20 mètres.

Page 186, dernière ligne. — Oui, ces servitudes existent, notamment celle de ne pouvoir bâtir sur plus de 1/5 du terrain; et ces règles collectives auxquelles le propriétaire ne peut déroger suffisent pour qu'on ait droit de classer la Cité Linéaire parmi les coopératives.

Page 187. — On nous écrit que la Cité linéaire n'est pas habitée exclusivement par des riches, et qu'il y a des ouvriers dont les maisons n'ont coûté que 6.000 pesetas (25.000 francs).

Page 199. — La création de cette Fédération Nationale des Coopératives de pêcheurs en Espagne est chose faite. (Congrès du 19-22 septembre 1927).

Page 209. — La 4ᵉ Centrale, celle des Coopératives urbaines, a été supprimée et incorporée dans la Centrale des Coopératives de consommation et de production.

Le Conseil d'administration de cette Centrale est composé de 9 membres, dont 3 nommés par l'Etat, 3 élus par les Coopératives de l'ancienne Roumanie, et 3 *choisis par cooptation* parmi les coopérateurs des provinces annexées — plus le directeur.

Page 256. — Dans les statistiques des coopératives de Roumanie, il est à remarquer que le nombre des sociétés qui ne répondent pas au questionnaire est très grand (1.504 sur 3.839, soit près de 40 %). C'est signe d'une certaine indifférence.

Page 258. — En Grèce, la Société pour l'exportation des raisins secs a été remplacée en 1925 par une institution d'Etat, « l'Office autonome du raisin sec ».

Page 270. — Signalons au Mexique un grand nombre de coopératives scolaires et, au-dessus, une grande « Coopérative scolaire d'enseignement technique industriel et commercial » qui met en vente les articles fabriqués par les élèves.

TABLE DES MATIÈRES

Avant-Propos.

I

ITALIE

CHAPITRE I. — *Origine et développement de la Coopé-
tion de Consommation.*

CHAPITRE II. — *La Coopération depuis la Guerre.*

II

ESPAGNE

III

LA ROUMANIE

IV

L'AMERIQUE LATINE

ASSOCIATION
POUR L'ENSEIGNEMENT DE LA COOPÉRATION

Cours au Collège de France
par Charles GIDE

Cours de l'année 1921-1922

I. — Le Juste Prix par la Coopération (épuisé)

II. — Fourier, Précurseur de la Coopération (1 volume) .... **9** » »

Cours de l'année 1922-1923

III. — Le Profit et la Coopération (épuisé)

IV. — Les Associations Coopératives de Production (épuisé)

Cours de l'année 1923-1924

V. — Le Programme Coopératiste (6 brochures) **9** » »

VI. — La Question du Logement et la Coopération (6 brochures)................. **7 50**

Cours de l'année 1924-1925

VII. — La Lutte contre la Cherté et la Coopération (1 volume)..................... **9** » »

VIII. — Les Associations Coopératives Agricoles (1 volume)........................ **9** » »

Cours de l'année 1925-1926

IX. — La Coopération a l'Etranger (Angleterre et Russie). (1 volume)................ **12** » »

X. — L'Ecole de Nimes (1 volume)............. **8** » »